◆ 济南军区空军政委　　冯永生（中将）

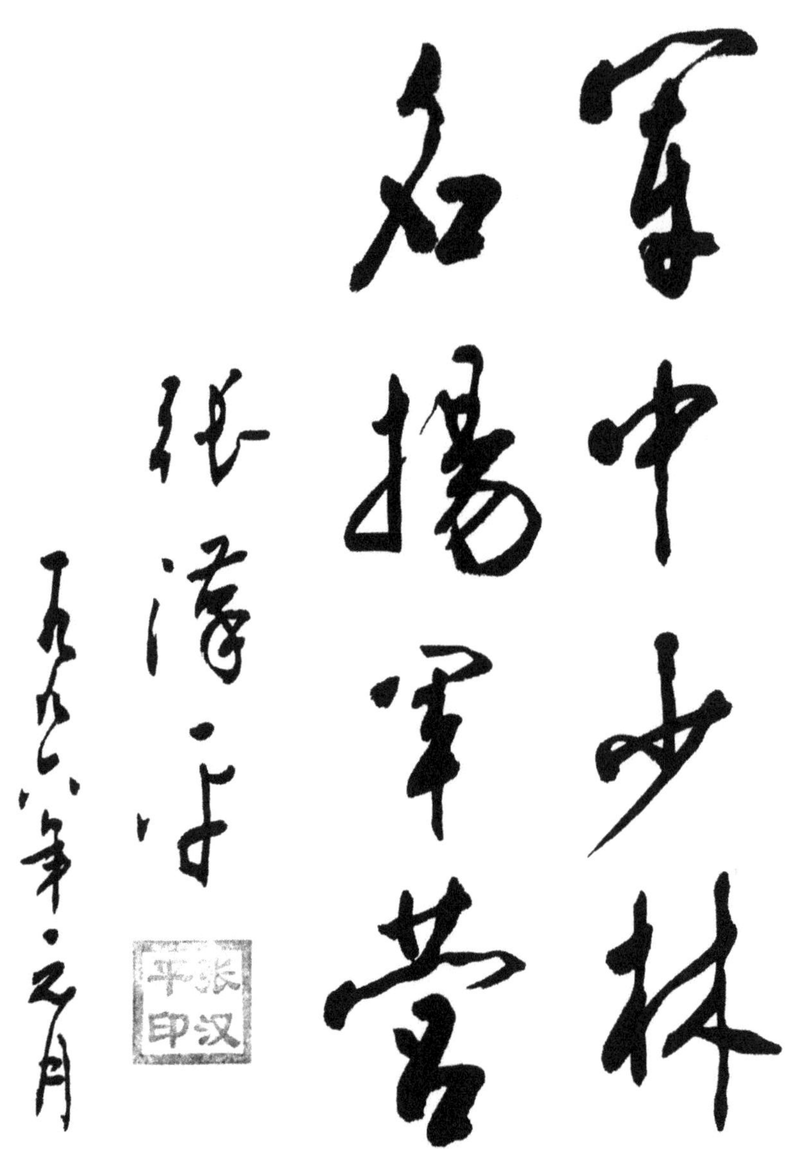

◆ 原济南军区空军政委　　张汉平（中将）

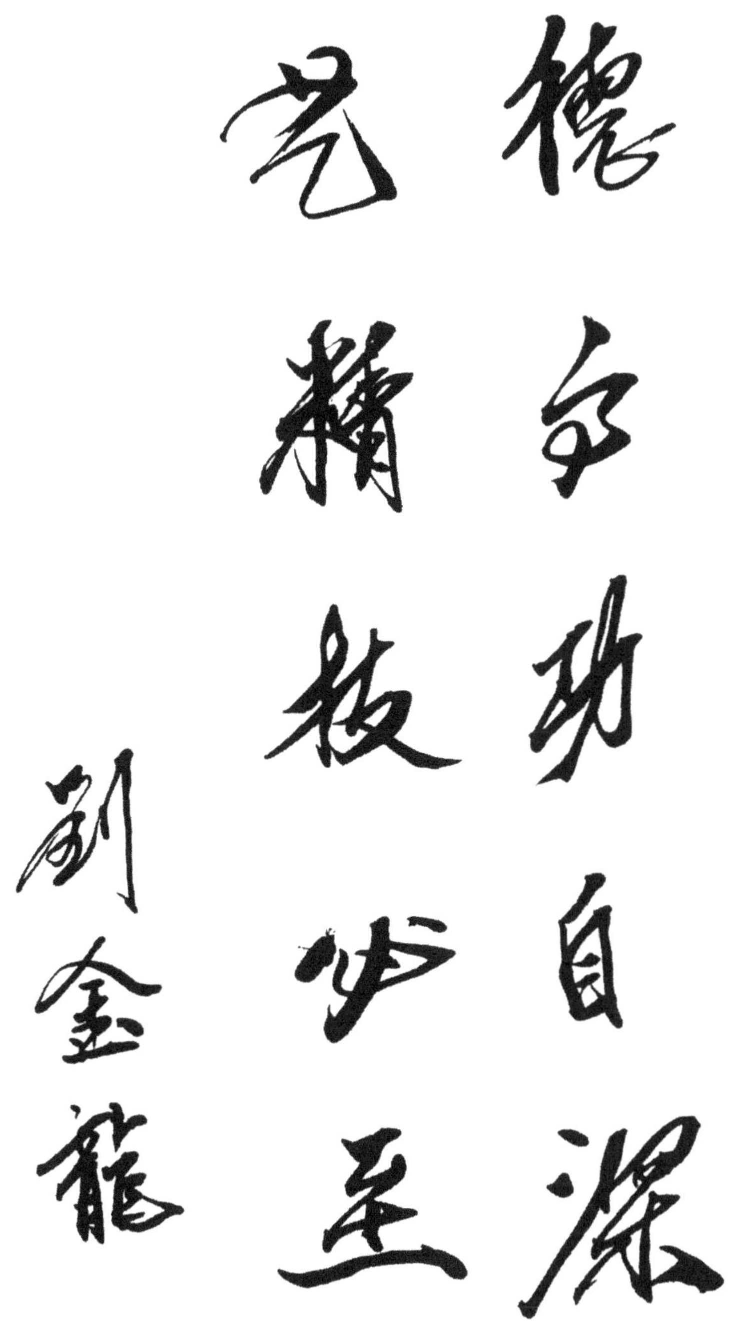

◆ 济南军区空军参谋长　　刘金龙（少将）

林少中軍
樊廷强书

周永福　武术家、武术教授、全国十大武术教练之一，山东武术专业队创立人。

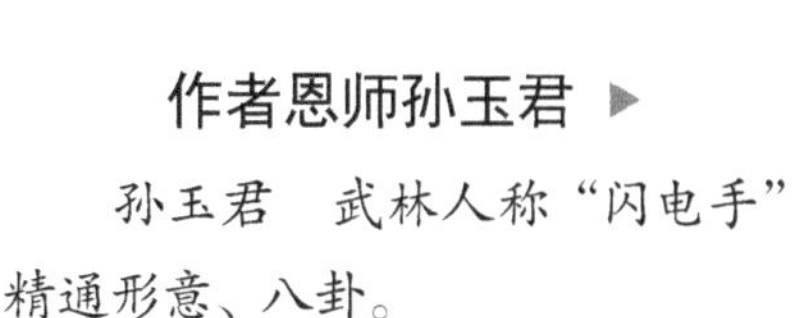

作者恩师孙玉君 ▶

孙玉君　武林人称"闪电手"精通形意、八卦。

作者恩师朱宪章 ▶

朱宪章　武林人称器械王"神钩"参加过新中国成立后第一、二、三届全运会。

◀ **作者恩师李占臣**

李占臣　江湖人称"铁腿李"精通九节鞭、八极大枪、参加过建国以来一、二、三、四、五届全运会。

◀ 作者在演练封臂进肘

作者在演练空中螳螂手 ▶

◀ 作者在演练拦马扣击

作者在演练行者蹬枝 ▶

樊廷强 著

李文庆 编撰

中国武术

中国书籍出版社

China Book Press

图书在版编目（CIP）数据

中国武术 / 樊廷强著；李文庆编撰 . — 北京：中国书籍出版社，2018.8
ISBN 978-7-5068-6939-3

Ⅰ . ①中… Ⅱ . ①樊… ②李… Ⅲ . ①武术—基本知识—中国 Ⅳ . ① G852

中国版本图书馆 CIP 数据核字（2018）第 164193 号

中国武术

樊廷强　著　李文庆　编撰

责任编辑	王志刚
责任印制	孙马飞　马　芝
封面设计	砚池文化
出版发行	中国书籍出版社
地　　址	北京市丰台区三路居路 97 号（邮编：100073）
电　　话	（010）52257143（总编室）　　　　（010）52257153（发行部）
电子邮箱	chinabp@vip.sina.com
经　　销	全国新华书店
印　　刷	三河国英印务有限公司
开　　本	710 毫米 ×1000 毫米　1/16
字　　数	270 千字
印　　张	18
版　　次	2018 年 8 月第 1 版　　2018 年 8 月第 1 次印刷
书　　号	978-7-5068-6939-3
定　　价	58.00 元

前　言

武术是中华文明的重要组成部分，是中国文化的宝贵遗产。

中国武术与中华文明相生相伴，共生共荣，由技术到技艺、术艺，最后发展成为一门综合文化学科，带有深深的"中国烙印"。这在世界武术史上是鲜有的文化现象。

单就技艺而言，中国武术与世界武术无异——为"战斗"而生。所谓战斗，先是在人类童年为生存而战，进而为改善生活猎取而战，继而为占有生产资料（资源）与其他部落（国家）而战。然而，中国武术在保持武术战斗性本质的同时，广泛汲取各种"文化"（包括哲学、社会学、经济、军事、科技、民俗等）营养，逐渐形成了"内外兼修"的本领，将普通文化技艺提升至学问、学说的高度。从而达到"知其然知其所以然"，"知己知彼，百战不殆"的境界。

现代社会，武术已经不再是人与人之间的"战斗"方式（至少不是主要方式）。然而了解、研习、体味武术，仍然具有现实意义。武术仍然是一个国家或民族情感、文化特质的社会"标识"和生动鲜活的窗口。譬如，上世纪七十年代，祖籍中国广东顺德，出生于美国，习武于香港的中国第一代功夫电影巨星李小龙，在美国拍摄了《唐山大兄弟》《精武门》《死亡游戏》《猛龙过江》《龙争虎斗》等一系列中国武术题材电影，他在影片中展示的经过改造的中国武术惊人打斗技巧，在美国及世界各地引起了极大的轰动，他的电影被称为"功夫片"，成为好莱坞炙手可热的新片种。李小龙的绝活"李三脚"、"地躺拳"和"双截棍"，尤其是他创立的截拳道获得国外武术界的权威公认。"中国功夫"（Chinese Kung-Fu）甚至成为外国人对中国武术的别称。众多海外人士，通过李小龙的"功夫片"了解到中国（尽管不是现代中国、尽管不是全面）的民族文化、性格和风土人情。

数十年过去，"中国功夫"对于许多外国人来说，仍然具有很强的吸引力，仍然是了解中国及其文化的一个既有风景又颇具特点的途径。但凡来中国学习武术的外国人（包括生活在海外的华人），往往会把学习中国武术与了解中国文化紧密结合起来。越是学习中国武术颇见成效的人，越是能深切理解中国文化的精深和美妙。"不识庐山真面目，只缘身在此山中"。这对喜爱武术的中国人应该是个很有益的启示。

从文化角度讲，学习研究中国武术对于完善提升现代人的精神境界也大有裨益。大自然物竞天择，优胜劣汰。一个人置身社会要想进步，首先要有进取精神。而研习中国武术不仅能强身健体，更重要的是通过体能锻炼，锤炼百折不挠的血性、克服困难的技能、进退有据的理念和博采众长的胸怀。这与"头脑简单，四肢发达，逞凶斗狠"的行为不可同日而语。

中国武术源远流长，究竟有多长？中国武术博大精深，究竟有多深？中国武术种类繁多，究竟何其多？中国武术流派纷呈，究竟怎样的纷呈？中国武术武艺高强，究竟有多强？中国武术的文经武略、文治武功具有怎样的境界？"外练筋骨皮，内练精气神"究竟怎么练？作者本着"起点高，开掘深，视野宽"和"专业水准，深入浅出，解疑释惑，老少咸宜，中外通用"的创作理念，就中国武术基本内容和基础常识，尝试全方位、多侧面做一番梳理，提供一部内容严谨、讲述通俗、好懂好用的武术专著。

目标很高，但究竟能否做到"动机与效果的统一"，还有待广大专家和读者评判。

作者
2018年1月18日

目　录

第一章

中国武术源流概述

中国武术，俗称"功夫"，由来已久。甲骨文（中国最早的文字）的"功"字，左边部首是夯的象形，上边一横是把手，中间一竖是夯柄，底下一横是夯头，加上右边的力，"功"字的本义是用力打夯。甲骨文的"夫"字，是头上别着簪子（上面一横，表示成年男子用簪子别住头发），四肢（第二横及撇、捺）伸展的男人的示意图。"功夫"，就是有力气的男人。用力打夯会有成效，"功夫"（亦称工夫）由此产生时长的含义。《说文解字》中，将"功"字解读为"以劳定国"。故有"功劳"之说。

外国人将中国武术称作"中国功夫"，与中国的俗称高度契合，可谓"英雄所见略同"。

中国古代称为"卞""手博""技击""武艺"，后统称武术。

武术是中华文化的重要组成部分，更是千百年世代传承的国粹。2016年，"G20杭州峰会"召开前夕，在《中国国家形象全球调查报告2015》海外受访者眼中最能代表中国文化元素的调查中，"武术"赫然位列第二。

千百年来，中国广大民众对武术始终热爱有加。武术也是中国文学艺术创作永恒的题材之一。海外娱乐界也常常以中国武术为题材，演绎出各种具有"洪荒之力""超凡能量"的神奇传说，编织历代中国武者江湖生涯，爱恨情仇的种种故事。

不过，中国武术内里究竟是何等世界，有何等色彩，这或是大多数人（尤其是海外人士）知之不多的。

告诉你：

——中国武术有太久的历史积淀。距今约1.4万年前新石器晚期，中国就出现了石匕首、原始戈等器械。大约2500年前，就有教授武术的学校。正所谓"源远流长”；

——中国武术有太多的种类和文化内涵。有专家统计，中国武术各类拳系达131个，加上各类器械套路可达千余种（参阅蔡宝忠：《武术与文化》，山西科学技术出版社，2015年11月版，第26页）。然据笔者所知，实际数字比这要大许多。因地域、民族、文化沿袭等历史文化积淀不同，形成精彩纷呈的各种流派。正所谓"博大精深"；

——中国武术有太多丰富而强大的击打手段。幻化多端，防不胜防，正邪兼有，攻守兼备。正所谓"出神入化"；

——中国武术有"超好的颜值"，外化于行，内化于心，刚柔并济，帅快巧奇，既好看又好用。正所谓"仙风道骨"；

——中国武术有广泛的群众基础。城镇都府，山野乡村，打拳练剑者数以亿计，且老少皆有，世代不绝。正所谓"十步芳草"；

——中国武坛名人辈出，千古流芳，其身前身后的故事撼人心魄，荡气回肠。正所谓"剑胆琴心"；

武术是中华文明的"护花使者"，亦是中华文化极为精彩、极富特色的组成部分。可歌可泣！

这里，笔者决非凭一己偏好之情，极尽溢美之辞，在之后的讲述中，会让各位读者一一领略。

中国武术博大精深，初学者会有"老虎吃天，无从下口"的感觉。中国武术各有机巧，"门外汉"常常会觉得无所适从。怎么办呢？大家不必多虑。中国古代先哲说过："不离于宗，谓之天人"（《庄子·天下》）；"千举万变，其道一也"（《荀子·儒效》）。"纵横不出方圆，万变不离其宗"。凡事无论形式如何变化，总有其基本的内在规律可循。

据此道理，《中国武术总要》第一章就先从中国武术之"宗"说起。

第一节　关于中国武术的定义

人们每做一门学问（或手艺），总会先问，"这是一门什么样的学问（或手艺）""其本质特征是什么""其内涵和外延又是怎样的"之类的问题，用以回答上述问题的表述，叫做定义。

当下，关于中国武术的定义大致有以下几种：

一、"武术，犹言军事"。此说来自中文最权威的语文性词典《辞源》（1991年版）：《文选》南朝宋·颜延年（延之）《皇太子释奠会》诗："偃闭武术，阐扬文令。庶士倾风，万流仰镜。"（"偃闭"是制止的意思；"武术"指战争）。后多指强身、自卫等技击之术。

二、"武术，是我国民族体育的主要内容之一。是几千年我国人民用以锻炼身体和自卫的一种方法"。此说来自中国最大的综合性词典《辞海》（1979年版）。

持此类说法的还有《中国大百科全书·体育》（1982年版）。

各专业体育学院也多持此说；

三、"武术是中国传统的技击与健身技术，是以套路和对抗为基本运动形式的体育项目"。此说来自《中国武术大词典》（1990年版）。

四、"武术是以技击动作为主要内容，以套路和格斗为运动形式，注重内外兼修的中国传统体育项目"。此说来自《武术学概论》（人民体育出版社，1996年11月版）。中国武术界多数人认可此说。

五、其他。如"强身健体加自卫说""看家护院说""止战说"等。

我们来分析一下上述几种定义。

关于军事说。此说基于"武术即战争"的早期表述，与武术的现代指向相去甚远，故不做详细讨论了。值得注意的是，《辞源》说武术，并未出现"体育项目"字眼。

关于"体育项目说"。《辞海》《中国大百科全书·体育》《中国武术大词典》《武术学概论》及专业体育院校对武术的定义表述各有不同，但有共同之处，即武术是体育项目。"体育项目说"突出了武术的竞技、健身和自卫功能。当然，武术部分项目本身确有体育项目的竞技功能。从这个角度说，《辞海》等工具书及专业体育院校的定义无可厚非。然而，事实是体育运动中的武术仅仅是中国武术中很少部分。绝大部分武术形式不具有体育项目特点，也不能为体育项目所涵盖。况且"体育"一词是十九世纪末由日本传入中国的舶来词，用"体育说"涵盖中国武术深厚文化底蕴和特色，难胜其任。

关于"技术说"。从狭义角度说，武术是一门技术。从广义上说，作为中华文明的组成部分，武术是一个内涵深厚、外延广博的文化体系，用"技术"解读显然"力不从心"。

关于"强身健体加自卫说"。武术有强身健体之功，且还具有简便易行，老少咸宜等优点。不过以"强身健体加自卫"定义武术，内涵和外延皆失之于浅显。

关于"看家护院说"。此说源自战国时期贵族私养武士之风，彼时的侠客（多为剑客），为人看家护院，不过以武谋生而已。这只可算作武术的一种社会功能。

关于"止战说"。这种观点依据是：中文的"武"字由"止"和"戈"组成。从而引申出"止戈为武"，进而得出"中国武术是停止战斗的技术"的结论。这是很大的误读。

甲骨文中的"止"字，原本是脚趾的"趾"字的象形字。《说文解字》解读为："止，下基也。象草木处于址。故以止为足"。"武"字本意是拿着戈行动，由此产生勇猛和军事行动的意思。在中文里，"武"字同时具有军事、技击、强力、勇猛、刚健、武士、乐名、足迹、继承、步履（六尺为步、半步为武）、姓氏等多重含义。除姓氏外，皆有"前进"的含义。

"术"字，在甲骨文中属于会意字，由胳膊举起的象形和"八"构成。篆文和繁体"术"字由"行"和"术"构成，"术"字有高粱的意思，"行"字表示实行，整个字的意思是用形状像高粱那样的前头粗壮的大木头撞击。由此产生技艺和方法的含义。《说文解字》解读为："术（繁体），邑中道也"。中文里的"术"字，含有道路、方法、学术、技能、天文历法等意思。

显然，"武术"二字加在一起，构成的是"进攻的技术"或是"行动的技术"。将甲骨文中的"止"（趾）等同于现代的止，从而得出武术即为"止战"的结论，可谓"南辕北辙"。"以战止战"，是战略家们克敌制胜的一种策略。《左传·宣十二年》载："夫文，止戈为武。武王克商。作《颂》曰：'载戢干戈，载櫜弓矢。我求懿德，肆于时夏。允王保之'"。意思是说，就字面而言，止和戈合起来是武字。周武王以武力战胜殷商。但他还是希望将武器收藏起来，不再诉诸武力，并将此美德推之于华夏，希望周王朝能因此保持下去。

对此，西汉著名经学家刘向说得更直白："凡武之兴，为不服也；文化不改，然后加诛"（刘向：《说苑·指武》）。正所谓"先礼后兵"是也。

以上几种关于武术的定义，各有道理，也各有不足。

军旅武术家樊廷强，从事武术训练和教育事业数十年，对武术的发展过程及各武术流派、门派多有涉猎和研习，有许多切身体会；军旅作家李文庆，对中国武术发展历史以及相关历史典籍做了仔细研读、分析和思考。认为，武术既是中国的国粹，其定义就应体现其自身诞生、发展的史实、要诀及内涵。根据各自的实践、思考和研习，综合中国武术的起源、发展、历史地位及其在现代生活中的功能和作用等多方面因素，提出了如下定义：**中国武术是以拳术为基础，技击为核心，讲究攻守兼备，注重内外兼修的文化现象，是中华文明的重要组成部分。部分武术技艺具有很强的竞技和观赏价值。**

其理由如下：

一、将拳术视为武术的基础，是因为武术所有门类的训练和实战，都必须有强劲全面的体能，灵活敏捷的反应，而身体素质训练，正是拳术练习的强项和重点。《汉书·艺文志》曰："技巧者，习手足（拳术），便器械（兵刃），积机关（计谋），以力攻守之胜者也。"这里把"习手足"放在首位，说明古人早已意识到拳术对于武术的基础作用。另外，拳术最能培养和体现中国武学思想精髓，这方面的重要性，与打好体能基础同等重要，甚或更重要。

二、将技击作为武术的核心，是因为武术最终目的是战胜对手。中国武术无论哪个门类、流派，都把技击作为战胜对手的最高目的和手段。中国武术技击的核心是"一招制胜"。换句话说，"强身健体"只是武术功能的一部分。

三、攻守兼备，这是中国武术战术层面的精髓。是中国阴阳辨证哲学观在武术中的集中体现。中国武术将打击敌人与保护自己同等看待，讲求进退有序，虚实结合。攻则"攻其不备"；防则"滴水不漏"。正所谓"以力攻守之胜者也"。

四、注重"内外兼修"，这是中国武术战略层面的精髓，是中国武术的最高境界。"习武先修德"，"动武先动心"。武艺高低是表象，内心修为深浅，则关乎武者最终的成败。正所谓"两强相遇勇者胜"，"勇者相遇智者赢"。这是中国武术最显著的特点，最奥妙之处，故此称其为"文化现象"。

五、说武术是中华文明重要组成部分，是因为中国武术中体现了中国文化的哲学观念，处世观念，是非观念，审美观念。历史实践证明，中国武术堪称"中华文明的护花使者"。

六、所谓"部分技艺具有很强的竞赛和观赏价值"，是指列入体育项目的武术技艺，虽然仅为全部武术技艺的很少部分，却一直为广大体育爱好者所喜爱，甚或宠爱。

第二节　中国武术"生逢其时"

总体说，武术的起源可以分为两种。一是作为技能的武术的起源；二是作为文化学科的武术的起源。

就技能而言，人类所有的"武术"，都起源于史前时期。那时，人类为了自卫和猎取生活资料，逐渐练就了一些自卫和进攻的本领。先是拳打脚踢，进而学会使用棍棒、石块，再后来学会制造器械（石匕首、石斧等），再后来出现了大量冷兵器，如刀、枪、剑、戟等，并由此演练出各种武术技能。这是作为原始意义上的武术起源，是人类童年的本能所致。但这足以证明，武术是先于体育而存在的，现代社会将武术归属于体育范畴，不是武术自身发展的必然结果。

当然，武术技能无论多么娴熟、精湛，但仅仅停留在具体实用层面，是不能称之为学科的。作为文化学科的武术的起源，是从理论的层面解读武术发生、发展、成熟、兴盛等重大课题，并将此理论运用于指导技能的训练、使用之中，对武术的内涵和外延予以最大限度的挖掘、提高和拓展，使之形成整体的、更大的威力。

这里，我们再来探讨一下作为文化学科的中国武术的源头。

中国武术界有一个基本共识：武术诞生于春秋时期。（一说战国时期）

"春秋"是时代名，因中国古代思想家、政治家、教育家孔子（前551~前479年）修订史书《春秋》而得名。春秋时期距今约2700多年，是中国历史上非常重要的时期。中国社会由此开始从奴隶社会向封建社会过渡。

公元前770年，以周王室迁都洛邑（今河南洛阳一带）为标志，长达300年历史的西周王朝宣告结束。中国进入了东周时期——即春秋时期。此时的周王室尚有140余个诸侯国，由于王室衰微，不再有控制诸侯的力量，诸侯国之间相互兼并，互相征伐，战乱频仍绵延200多年。据史书记载，春秋242年间，有43名君主被臣下或敌国杀死，52个诸侯国被灭，有大小战事480多起，诸侯的朝聘和盟会450余次。后人常用"礼崩乐坏"一词，形容当时的社会状态。

公元前546年，以晋楚两国召开弭兵大会为标志，春秋时期进入了一个相对稳定的局面。此时东周的诸侯国只剩下20余家，其中齐、宋、晋、秦、楚五个诸侯（一说齐、晋、秦、吴、越），被称为"春秋五霸"。

虽然总体局势相对稳定，但各诸侯之间、尤其是"五霸"之间的明争暗斗，从未停息。这期间各诸侯国之间争斗也逐渐由单一的军事讨伐，演变为政治、经济、文化等更多领域综合国力的较量。

常言道，"国无防不立，民无兵不安"。面对日益全面而激烈的综合国力的较量，如何加强军队建设，为军队提供充足和高质量的兵源，以保卫和保障国家的可持续发展环境和能力，成为各诸侯国共同面临的战略问题。

中国武术诞生于这样的历史背景下，可谓"生逢其时"。

第三节　中国武术"出身名门"

中国武术界大都认为，孔子是开启中国武术教育大门的第一人。

直接依据至少有二：

一、孔子"杏坛讲学"中纳入武术学科。公元前484年，69岁的孔子结束了14年的周游列国，带领弟子返回故里鲁国，"杏坛讲学""有教无类"。依《周礼》，设置德行、言语、政事、文学四科，教授"六艺"即"礼、乐、射、御、书、数"等课程。其中的"射"，即射箭；"御"，甲骨文的"御"字，左为"行"的省写，中为绳索形，右是"人"形，意为人握辔行于道中，即驾驭马车。引申为驾驭战马。二者皆为武术科目。

二、孔子身材高大，气力过人。《史记·孔子世家第十七》载："孔子长九尺有六寸，人皆谓之'长人'而异之"。《列子》载："孔子劲能招国门之关，而不肯以力闻"。这里的"关"，指的是古代城门的门闩，很大很重。郭沫若在《十批判书》中也说孔子是"千斤大力士"。

孔子的先人是殷商后裔、宋国贵族，后曾祖逃难到鲁国。他3岁丧父，之后家境贫寒。身处春秋末期，面对公室卑弱，大夫兼并，宗族制度在瓦解，社会发生大变动的情势，贵族出身的孔子毕生致力于"克己复礼"，倡导遵守周朝传统的贵族等级制度，但始终不得其志。他曾"周游列国"，推行自己治国理念，屡屡受挫。在生命的最后5年中，他把自己"未竟的事业"，以开办私学的形式传给后人。《史记·孔子世家第十七》载："孔子以《诗》《书》《礼》《乐》教，弟子盖三千焉，深通六艺者七十有二人。"

相传当年孔子在杏树下讲课，故曰"杏坛讲学"；孔子讲学"有教无类"，他面对大众招生，不论出身贵贱，年龄达到十五岁，只要愿意学习，都可以入学，且因材施教。在他之前，只有贵族阶层的人们才权力接受教育。孔子开启中国历史"民办教育"之先河，广受欢迎，"弟子三千"，可见当时之盛况。

因为武术课目最初由孔子带入讲堂，所以我们说，中国武术是"名门出身"。

第四节　中国武术"基因优良"

有说孔子是因为熟悉或喜欢武术，才将其列入教学内容的。这种说法未免太过轻率和浅薄，太"不懂孔子的心"。孔子泉下有知，没准儿会"委屈落泪"。

历史地看，孔子"杏坛讲学"，"有教无类"，教授"六艺"之人，有着深远的谋略，是他为实现"未竟的事业"的再实践，甚至是他人生的"最后一搏"！

孔子厌恶战争，主张恢复周礼，希望社会和谐（中庸）。所谓"子之所慎：斋、战、疾。"（《论语·述而》）孔子最谨慎对待的事是：斋戒，战争，疾病。但他讲学时却将武术（射、御）列入科目之一，这又怎么解释呢？《论语·子路第十三》有句话，说"不教民战，是谓弃之"。这句话的意思是说，"用没有受过训练的民众去作战，等于抛弃他们"。此言也可以佐证，孔子教授武科，是着眼于国家和民众安危大势的。也可视为"以战止战"的一例。

孔子非常推崇周文王和周武王。他说过："文王以文治，武王以武功。去民之灾，此皆有功烈于民也"（《礼记·祭法》）。他夸赞文王以文教施政，武王以战绩扫荡人民的患害，这都是于人民有益的勋劳功业。

孔子生于春秋末期，熟知"五霸争雄"之惨烈与谋略。他将武术列入教学科目，通过亦文亦武全面施教，培养文武兼备的"安邦治国"之才。人们可以从孔子"弟子三千，贤人七十二"，"深通六艺者七十有二"的历史讲述中，反证孔子眼里"贤人"的标准。孔子讲授武术科目，既非从零开始，也非另起炉灶。因为那个时代，中国武术技艺已经达到很高水平。角力手博，骑马射箭，各类拳术武艺，刀、枪、剑、戟，盾、斧、钺、棍，镗、铲、抓、叉等等，不一而足，各具威力。以剑术为例，当时的剑器从制造到使用，达到登峰造极的程度。越王勾践剑制造之精良，名闻天下，传诵至今。"仗剑而行"，甚至成为那个时代流行文化的符号。那时候，武林高手层出不穷，武林传奇争奇斗艳。

孔子要做的不仅仅是教授武术技艺，而是将武术技艺加以整合、总结、提高。心怀"克己复礼"大志的孔子，在讲学中要求学生"深通六艺"，就是要提升和培养那些有志于武术的人，增强文化修为，历练道德素质，避免成为"头脑简单，四肢发达"的"赳赳武夫"。孔子此举为中国武术此后的发展，注入了优良的"基因"，武术也由此打上"内外兼修"的深深烙印。

将武术由技艺变成术艺（学术道艺），这在武术"进化史"上具有划时代意义。

实践证明，中国武术在数千年历史波澜沉浮中，始终保持"可持续发展"的态势，为中华文明的传承发展，做出了独特而重要的贡献。特别值得注意的是，直到今天，中国的武术界依然保持着孔子确立的"学武先做人，练武先修德"，"心险者，好斗者，狂酒者，轻露者不传"（参阅黄百家《内家拳法》）的"遗传基因"，这在世界文明史上堪称奇迹。

故此，我们建议当今中国武术界，应该郑重地将孔子作为武术的"万世先师"加以尊奉。

第五节　中国武术的"成长日记"

中国武术传承历史达2500多年。在这其中，大致分为：初创期，成型期，成熟期，鼎盛期，多元发展期等五个阶段。期间先后呈现出"自生自灭""文武分途""官民结合""举国体制""多元发展"等五种状态。

一、孔子建立私学，开启中国武术的初创期

孔子"杏坛讲学"，对处于自然散乱状态的武术状况给予规范性教育，标

志着中国武术初创期的开启。当然，由于孔子"杏坛讲学"属于个人行为，因而这一时期的中国武术还属于"自生自灭"的状况。

长期以来，大部分舆论（包括一些权威人士）都认为孔子教学收费。学费标准是"十条腊肉"。依据是"自行束脩以上，吾未尝无诲焉。"（《论语·述而》）这句话通常被解释为：只要学生自觉缴纳十条腊肉，我没有不教的。

这里的关键是对"束脩"一词的解读。

《辞源》（商务印书馆，1991年版）对"束脩"有四种解释：十条腊肉；十五岁入学；约束整饬；收拾行装。

其中，"收拾行装"和"约束整饬"，似乎与教学不太搭。不论。

依"十条腊肉"论，孔子办私学有"经济创收"之嫌。诚然，从筹措经费角度说，孔子讲学收费无可指摘。只是，他干嘛偏规定"十条腊肉"做学费呢？

孔子喜好吃肉，"六十非肉不饱"（《礼记·内则》）。大概与他崇尚《周礼》有关。但这不能成为他将"十条腊肉"作学费的理由。因为孔子"食不厌精，脍不厌细。食饐而餲，鱼馁而肉败，不食。色恶，不食。臭恶，不食。失饪，不食。不时，不食。割不正，不食。不得其酱，不食"（《论语·乡党》）。如此"难伺候"的食客，能接受和食用没有任何"卫生检疫"保障的腊肉吗？这是其一。

其二，史载孔子弟子三千，每人十条腊肉，累计三万条。其弟子来自鲁、齐、晋、宋、陈、蔡、秦、楚等不同国度，腊肉的制作、携带、保鲜等，实在是不小的工程量。其时尚未发明冰箱、冰库，万余条腊肉如何保存？

其三，孔子弟子中有贵族，有平民。平民备十条腊肉做学费，尚且说得过去，贵族携珠宝做学费才符合身份，让他们携十条腊肉前来入学，很不靠谱。再者说，孔子"谋道不谋食"。"忧道不忧贫"（《论语·卫灵公》）。像颜渊这样一贫如洗的学生，孔子对他却赞誉备至，亦算一例。

其四，"杏坛讲学"时孔子届古稀之年，"克己复礼"大业尚未实现，唯一的儿子又先他而逝，挣钱何用？

果真此处能排除"十条腊肉"含义，那么认定"自行束脩以上，吾未尝无诲焉"，即愿意上学的，年龄达到十五岁，我从未有不教的解读当属正当。

"吾十有五而志于学，三十而立……"（《论语·为政》）一语，明确说明孔子对"十五岁上学"之事很在意。以此反推，证明孔子教学并无私利，唯有"大公"。

当然，这是2500多年前的事儿，"人证、物证、旁证"皆无，对此，今人只能"见仁见智"。

二、中国武术跨越千年的成型期

由战国时期至公元702年，武则天正式建立武举制度，是中国武术的成型期。

历时一千多年。这期间，中国武术分别经历了"单门单干""文武分途""单项突出""修成正果"的几个阶段。

战国时期，武术多为"单门单干"

孔子去世时，中国社会已进入战国时期。春秋时的一百余国经过不断兼并，形成了魏、赵、韩、齐、楚、秦、燕七国。史称"战国七雄"。"战国"时代名，亦由七国之间战争激烈而来。

在激烈的战争状态下，孔子"民间办学"教授武术的方式没能延续下来。这一时期的武术发展形态以"单门单干"为主。何者"单门单干"？主要是士民。士民，古时四民中，学道艺或习武之人，地位略高于庶民，属最低级贵族阶层。

战国时期，"礼崩乐坏"，领主地位岌岌可危。达官贵人中兴起养士之风，希冀依靠天下之士巩固自身地位与安全。以"诸子百家"为代表的士阶层，以自己或文或武之长，游走于各国豪门之间。《韩非子·五蠹》载："儒以文乱法，侠以武犯禁。而人主谦礼之"。韩非子看似讥讽士阶层，其实是在形容当时士阶层的影响之大。

史载，齐国宗室大臣孟尝君田文、赵国宗室大臣平原君赵胜、魏国宗室大臣信陵君魏无忌、楚国公室大臣春申君黄歇，并称"战国四公子"，门下养士均在3000人以上（范文澜：《中国通史》（第1册）人民出版社1965年11月版，第214页）。那时候士民亦称侠客、游侠。养士之风催生了游侠的出现，并为其发展提供了空间，扩大了武术的影响，客观上起到推动武术发展作用。这期间，武士们也不负众望，在事关国之安危的大事上多有建树。

"毛遂自荐"的成语妇孺皆知，其中故事之惊心动魄，则鲜为人知。

毛遂，平原君的门客。公元前257年，秦兵攻打赵国，赵王派平原君到楚国求救，平原君领门下"有勇力文武备具者二十人"随行。挑了19人，差一个找不出来。此时，毛遂主动请缨。平原君问：先生到我这儿几年了？答：三年。问：三年中你左右无人称道，我也没听人赞誉过你。你没有什么才能，还是留下吧。答：我不过是请求机会，我像是囊中之锥，锋芒总会脱颖而出。于是，平原君带上他去了楚国。

在楚国，平原君与楚王"日出而言之，日中不决"（《史记·平原君虞卿列传》，下同）。谈了一上午没结果，其他19人公推毛遂前去打探。

"毛遂按剑历阶而上，谓平原君曰：'从（古同"纵"，合纵连横的意思）之利害，两言而决耳。今日出而言从，日中不决，何也？'楚王谓平原君：'客何者为也？'平原君曰：'是胜之舍也。'（说毛遂是他舍下的高明之人）楚王叱曰：'胡不下！（还不退下）吾乃与而君言，汝何为者也？'毛遂按剑而前曰：'王之所以叱遂者，以楚国之众也。今十步之内，王不得恃楚国之众也，王之命悬于遂手。吾君在前，叱者何也？且遂闻汤以七十里之地王天下，文王以百里之壤而臣诸侯，岂其士卒率众多哉，诚能据其势而奋其威。今楚地方五千里，持戟百万，此霸王之资也。以楚之强，天下弗能当。白起，小竖子耳，率数万之众，兴师以与楚战，一战而举鄢郢，再战而烧夷陵，三战而辱王之先人。此百世之怨而赵之所羞，而王弗之恶焉。合从者为楚，非为赵也。吾君在前，叱者何也？'"

一个跟随君主出访求助的门客，居然敢仗剑要挟被求助国之王，而且还以慷慨陈词数落对方，毛遂所为，后果何等不堪。

颇具戏剧性的是，楚王听罢，非但没生气，反而很认同毛遂之言。这等情节人们只在电影里见到过。

"楚王曰：'唯唯，诚若先生之言，谨奉社稷而以从。'毛遂曰：'从定乎？'楚王曰：'定矣。'毛遂谓楚王之左右曰：'取鸡狗马之血来。'毛遂奉铜盘，而跪进之楚王曰：'王当歃血而定之从，次者吾君，次者遂。'遂定从于殿上。毛遂左手持盘血而右手招十九人曰：'公相与歃此血于堂下，公等录录。'"

楚王宽宏，毛遂本应就此下台阶。但他竟然继续"发飙"，要楚王歃血以明誓。此举非过人之胆者，不能为。

"平原君已定从而归，归之于赵，曰：'……毛先生一至楚，而使赵重于九鼎大吕。毛先生以三寸之舌，强于百万之师。胜不敢复相士。'"

大起大落，有惊无险。一个武侠，居然为国家化解了一场危机。

司马迁形象生动的记述了毛遂的气度、胆魄、作用和政治影响。

毛遂因此流芳。

后人在毛遂身上，看到、听到、体味到战国时代的武士、游侠们，身怀武艺，腹有诗书，仗剑而出，尽显阳刚威武之气；三寸之舌，博闻强辩，纵论天下国之大事，是何等的倜傥风流。

司马迁在《史记》专列《游侠列传》，不吝溢美之词："布衣之徒，设取予然诺，千里颂义，为死不顾世，此亦有所长，非苟而已也。故士穷窘而得委命，此岂非人之所谓贤毫间者邪？"（平民百姓之人，看重取予皆符合道义、应允能实现的美德，千里之外去追随道义，为道义而死却不顾世俗的责难，这也是他们的长处，并非随便就可做到的。所以读书人处在穷困窘迫的情况下，愿意托身于他，这难道不就是人们所说的贤能豪侠中间的人吗？）

人们从毛遂的故事中，还可以找到关于中国武术的种种启示和"线索"。

首先，战国时期是否有武术专科学校，未见史料记载。毛遂是否属孔子三千弟子的"再传弟子"，亦不得而知。但大批游走于社会上层的"毛遂们"，以其"偶像"的魅力，大大扩展了武术在战国时期的影响和传播。

其次，即便没有专科武术学校，然"毛遂们"绝非"石头缝儿里蹦出来的"，也就是说，当时民间一定有（可能还不少）隐于江湖的武术家，不仅私相授受武术技艺，且依旧遵循孔子的教学理念，在培养文武兼具的武术人才。

《史记》及其他古籍经典中，记述的战国时期著名侠客（保括武功过人的刺客）还有许多，譬如，荆轲刺秦王，"图穷匕首见"的故事，此不赘述。

总之，今人有说中国武术起源于战国时期，情有可原。说中国武侠文化起源于战国时期，此言不虚。历史上的"司马迁们"多有力证。

秦汉时期，武术"先抑后扬"

公元前221年，秦灭齐。秦王嬴政经过多年励精图治，东征西战，终于在"战国七雄"中最后胜出，统一了中国。为彰显其霸业，嬴政弃用"王"之称谓，说"朕为始皇帝"，"秦始皇"声名由此而起。

秦帝国统一天下，建立了专制主义的中央集权封建主义制度，制定了一系列有利于协调和满足社会各个阶层利益的政策，建章立制，"车同轨，书同文"（《礼记·中庸》），亦称"书同文，车同轨"，综合国力迅速增强。

然而，秦始皇在"大展宏图"的同时，却偏偏"与武术过不去"。靠武力征服天下的始皇帝，当然知道天下百姓若身怀绝技，手握兵器，一旦起事，会威胁秦帝国的政权。于是，他下令民间严禁习武，"收天下兵器，聚之咸阳，以为金人十二，以弱天下之兵。"（《过秦论》）将收缴天下的兵器，集中在咸阳，销毁刀刃和箭头，用来铸成十二个铜人，以此震慑和昭示天下。

"东边日出西边雨"。秦皇收缴天下兵器，固然减少了来自民间的兵革之患。然而，却不能捆住民众的手脚。而武术便宜之处，就在于随时随地都可以开练。于是乎，角抵（春秋时期称角力，晋代称相扑）和手搏（春秋时称卞）开始在秦朝盛行起来。湖北省江陵县凤凰山秦墓出土的一件木篦背面上彩画有当时角抵比赛的盛况：有台子，台前还有帷幕和飘带，3个赤裸上身的男子，下身穿短裤，腰部系带，足穿翘头鞋，2人比赛，1人双手前伸，像是裁判的样子。从场面上看，比赛规格不低。

据有关专家研究，角抵类似摔跤，不准拳打脚踢，以较力为主，多以表演娱乐的形式出现，因此在秦代非但没有被禁，反而兴盛起来。

角抵和手搏的技艺广泛开展，为后来农民起义储存了巨大潜力。这是"计划外"的事情。

公元209年，为了反抗秦王暴政，陈胜、吴广"斩木为兵，揭竿为旗，天下云集响应，赢粮而景从。山东豪俊遂并起而亡秦族矣。（《过秦论》）。"手无寸铁"的农民们砍树作兵器，举竹竿当旗帜，天下百姓如天上的云彩一样集拢而来，以作响应，"志愿者们"担着粮食如影随形跟随其后。在持续3年的农民起义中，秦帝国轰然倒下，"享年十五"。

这里，请读者注意，"山东豪俊遂并起而亡秦族矣"一句。此前15年，山东齐国等六国皆为秦所灭。之后，秦皇极端专制，刑罚极端残酷，被山东六国称为"虎狼之国"。15年后，在导致秦帝国灭亡的起义中，山东的英雄豪杰纷纷起事，却成为"压倒秦帝国的颇具分量的一根稻草"。

世人皆知，山东大汉惹不得！即从那时开始。

及至汉代，武术迎来了"大发展的春天"。何故？战争使然。武术自诞生之日起，就与兵事紧密相连。汉在建国初期，（即西汉时期），采取"与民休息"的政策，轻徭役，减赋税，慎刑罚，饱受战争创伤的社会经济得到恢复和发展，百姓安居乐业。然而，日渐强盛的北方匈奴，却对中原构成愈来愈严重的威胁。

汉高祖刘邦甚至亲身经历过"白登之围"的险境：公元前200年，长城北面的匈奴来犯中原，刘邦亲率20万大军前去征讨。孰料，却在平城（今山西大同市）东北白登山，被40万匈奴精锐骑兵包围。当时正值严寒时节，连日雨雪不断，刘邦和将士们都冻得手脚发僵。被围3天后，粮食也快吃完了，汉军饥寒交迫，危在旦夕。多亏部下用计，贿赂匈奴单于冒顿的王后，刘邦才得以逃出重围。此事《史记·韩王信传》《资治通鉴·十一卷》均有详载。

如果说汉高祖刘邦在秦末诸强争霸中，最终夺得天下，那么，汉武帝刘彻，则是真正实现天下大一统的一代枭雄。据《汉书·地理志》载，那时汉朝疆域东抵日本海、黄海、东海暨朝鲜半岛北部，西至中亚，北逾阴山（今蒙古国境内），南至南海暨越南中部，西南至高黎贡山、哀牢山。空前繁荣强盛的汉代，在空前规模的统一过程（汉代版图面积达2560万平方公里），其用兵之多，优秀兵源需求之大，带动和助推了武术的广泛开展。

"兵民合一""劳逸结合"，两汉时期全民尚武。汉武帝时，更是达到高峰。例如，汉武帝晚年，发生了一起大案——"巫蛊之祸"。此案"剧情"极为复杂，此不赘述。仅说事件中一个细节：太子刘据遭诬陷，为自保，他假借父皇之名，临时征召数万长安的市民抵抗，这些"草民"居然与前来杀伐的朝廷"正规军"激战了五昼夜。

在汉代，年轻男性一生中大都有习武的阶段。尚武习俗遍布社会的各个阶层。

汉代武术发展特点是"偏科发展"显著，"学科建设"滞后。有太多资料证明，汉代武术技艺方面"全面开花"，角抵、手博、刀、枪、剑、戟、戈、矛、殳（用竹子做成的兵器）、斧、弓、弩、钺、狼牙棒等各种器械，都得到长足发展，有些如拳棍刀剑等技艺，已达到炉火纯青的境界。

同时，作为学科而言，秦汉时期的建设进展不大，少数武术专著（或许称论文更恰当），亦都限于武术技艺。《汉书·艺文志》收入的"兵技巧"类有13家，凡199篇。皆属此类。

至于武术教学，不见史载。即便有，最多属于"民办公助"之结果。

魏晋南北朝时期，武术的"官方色彩"浓厚

魏晋、南北朝时期的社会特点是动荡，分裂，战乱频仍，兵祸连连。同时也因民族迁徙频繁，文化多有交融，使得武术的发展呈现出"官方色彩"、"全民皆武"、与宗教交集、多民族武术技艺交汇、理论研讨成果初现等鲜明的时代特色。

所谓"官方色彩"。一是朝廷重视和喜爱。这一时期正值所谓"五胡乱中华"之际。"马背民族"的皇权氏族，都喜好武术，甚至是武术高手。有道是"上有所好，下必甚之"，如此一来，为武术的普及与发展注入了强劲的活力。二是基于备战的需要，自北魏起，出现了"府兵制"。府兵制具体形制是，在全国各地按照战略地位和防御需求建立军府。府兵可携带家眷居住府内，政府分给一定数量的土地，农时务农，农闲受训。府兵制萌芽于春秋时期，又称世兵制，军户制，士家制，士兵制。魏晋时期，为抵御草原民族的侵扰，豪强大户还纷纷发展地方武装，建立"坞壁"（战时防御用的土障），其形制与府兵制类似。《汉书·樊宏传》《晋书·庾衮传》均有记载。

入选的府兵（包括士兵），都是青壮年，且须具备良好的武术功底。"引弩

三十六钧，弓四均，立标简试"。平战结合，亦兵亦民。如《晋书·安平献王孚传》载："关中连遭贼寇，谷帛不足，遣冀州农丁五千屯于上邽，秋冬习战阵，春夏修田桑。"这些政策虽出于战争所需，但客观上也保护和推动了武术的发展。

所谓"全民皆武"。除男丁外，还有一个少有的重要标识，就是妇女习武成风。两晋南北朝时期，因了马背民族习俗的影响，妇女习武现象非常普遍。《北史·齐本纪中第七》载："是月，帝在城东马射，敕京师士女悉赴观，不赴者，罪以军法，七日乃止。"帝王骑射，要妇女前去观看，不去者治罪。这一时期妇女习武，同样显示出强悍的特点。《南齐书·魏虏传》载："太后（文明太后）出，侧妇女著铠骑马近辇左右。"文明太后乃北魏文成帝的妻子，她是汉族人，但也遵从鲜卑族的习俗，尚武好武，身边伴有身着铠甲的女兵。其后的宣武帝后胡氏更有甚之。《魏书·皇后列传》载：胡氏"幸西林园法流堂，命侍臣射，不能者罚之。又自射针孔，中之。"贵为皇后，竟能射中"针孔"（估计是对"靶心"的夸张溢美之词），可也了得。

上行下效，这一时期的妇女习武之风，确也出现了赫赫有名的"巾帼英雄"。

"苟灌娘年少突围救城"。东晋太守苟崧之女苟灌，字灌娘，亦称苟灌娘。适逢叛军围城，城内粮绝，关键时刻苟灌娘站了出来。"灌时年十三，乃率勇士数千，逾城突围夜出，贼追甚急，灌督厉将士，且战且前，得入鲁阳获免。"搬来救兵三千人。"贼闻兵至，散走，灌之力也"（见《晋书·卷九十六列传》）。

"太守夫人替夫指挥作战"。梓潼太守苟金龙之妻刘氏，在丈夫有病不能指挥守城作战的紧要关头，"刘遂率历城民，修理战具，一夜悉成，拒战百有馀日。"（见《魏书·列女传》）

"李雍容赛裙逐马"。北魏百姓中曾传唱一首歌："李波小妹字雍容，赛裙逐马如卷蓬，左射右射必叠双。妇女尚如此，男子那可逢"。说的是广平人李波率族人对抗朝廷时，其妹骁勇之姿（见《魏书·李安世传》）。

北魏最著名的女英雄当属"花木兰"。"花木兰替父从军"虽属文学故事（见北朝名诗《木兰辞》），但却真实再现了当时妇女尚武的史实。

所谓"与宗教交集"。魏晋南北朝时期武术发展的一大特点。这一时期儒释道尤其是佛教盛行，据专家统计，两晋南北朝时期，中国寺庙多达数千所，僧尼人数有十数万之众。为自保，寺院僧侣多有习武，既锻炼身体，也能看家护院。少林武术即发源于北魏。

连年不断的战争，民族的大迁徙，导致了这一时期多民族武术大交汇，武术的技战术水平，得以交融、丰富和提高。

隋代武术，时间短名人多

隋代只存在了39年，然而却是实现中国再次统一的极为重要的朝代。单就武术而言，隋代可谓"英雄辈出"。

沈光，隋朝名将。人称"肉飞仙"《隋书·卷六十三》载："吴兴人沈光，自幼骁捷，善戏马，为天下之最。初建禅定寺，其中幡竿高十余丈，适遇竿绳脱落，没人能上得去。"光以口衔索，拍竿而上，直至龙头。系毕绳，手足皆放，透空而下，以掌拒地，倒行数十步。观者骇悦，莫不嗟异"。他跟隋炀帝攻辽东，"以冲梯击城，竿长十五丈，光升其端，临城与贼战，短兵接，杀数十人。贼竞击之而坠，未及于地，适遇竿有垂絚，光接而复上"。在打高句丽时，直接跳崖没死。其刀法更是诡异。

隋炀帝常常把正在吃的食物和身上穿的衣服赏赐给沈光，同僚中没有人能与他相比。

史万岁，隋朝名将，京兆杜陵（今陕西西安）人。曾在两军阵前，单挑并击败突厥第一猛士。《隋书·卷五十三》载："万岁少英武，善骑射，骁捷若飞。好读兵书，兼精占候"。"与迥军相遇，每战先登。邺城之阵，官军稍却，万岁谓左右曰：'事急矣，吾当破之。'于是驰马奋击，杀数十人，众亦齐力，官军乃振。""及高智慧作乱江南，以行军总管从杨素击之。万岁率众二千，自东阳别道而进，逾岭越海，攻陷溪涧不可胜数。前后七百余战，转斗千余里。""万岁为将，不治营伍，令士卒各随所安，无警夜之备，虏亦不敢犯"。

军营不设防，士卒皆"放羊"，敌人仍不敢来犯。史万岁之威，可见一斑。

张须陀，隋朝大将，有"万人敌"之美誉。《隋书·卷七十一》载："张须陀，弘农阌乡（今河南灵宝）人也。性刚烈，有勇略"。"时下承平日久，多不习兵，须陀独勇决善战。又长于抚驭，得士卒心，论者号为名将"。张须陀曾屡建战功，动辄杀敌成千上万，多次完成"急难险重"之大任，最终战死疆场。

值得一提的是，"会兴辽东之役，百姓失业，又属岁饥，谷米踊贵，须陀将开仓赈给，官属咸曰：'须待诏敕，不可擅与。'须陀曰：'今帝在远，遣使往来，必淹岁序。百姓有倒悬之急，如待报至，当委沟壑矣。吾若以此获罪，死无所恨'"。适逢粮歉米贵之年，百姓遇"倒悬之急"，张须陀甘冒犯上死罪，果断开仓赈济灾民。身为武将，却能做出如此大义之壮举，尽显中国武者"内外兼修"的良好品德。

除了"官方档案"记载，民间"隋唐十八条好汉"的故事，更是世代流传。

"西府赵王李元霸""天宝大将宇文成都""银锤太保裴元庆""紫面天王熊阔海""南阳太守伍云召""双镋无敌伍天锡""少保罗成""靠山王杨林""花刀大将魏文通""银面韦陀秦用""呼罗国王""四宝大将尚师徒""神拳太保秦琼""皂袍大将尉迟恭""赤发灵官单雄信""银枪将苏定芳""勇三郎王伯当""大刀王君可"等，这些人不见正史，却因《说唐演义全传》《兴唐传》《混唐后传》等诸多小说，而妇孺皆知。

综上所述，自秦汉以来，中国武术"成型期"历经千年，其状态大致可用"官民结合"来概括。

三、唐宋元，中国武术的成熟期

武术的兴衰，从来与社会发展状况密切相关。唐、宋、元历时750年。包括唐，五代（后梁、后唐、后晋、后汉、后周）十国（北方朝代+南方的吴、南唐、吴越、前蜀、后蜀、楚、闽、南平、南汉等九国），北宋、辽，南宋、金，元。这其间，中国武术经历了"马鞍型"发展轨迹，与时代进程相因应。

唐代，武则天首置"武举"制度

唐代是中华文明发展史上最强盛、最繁荣、最文明、最先进的历史时期。

其时武术的发展也处于历史最好时期之一。其"标志性事件"就是武则天实施"武举"。

在武则天之前，唐太宗于贞观三年（公元629年）曾颁诏："白屋之内，间阎之人，但有文武才能，灼然可取。"

唐高宗显庆至调露年（公元656～680年）间，也曾先后诏令五品以上官员及诸州牧守荐举武勇之才。

盛唐初期皇帝重视武术，但还处于"发号施令"的层面。真正将武术以"国家制度"的形式加以弘扬的，是中国历史上大名鼎鼎的女皇帝武则天。《新唐书·卷四十四·选举志》载："武举，盖其起于武后之时，长安二年（公元702年），始置武举。"《唐会要》录有武则天敕曰："天下诸州，宜教武艺，每年准明经（科举科目），进士贡举例送（按选拔进士、贡士的程序举荐选送）"。

一个本属男人的"行当"，却由一个姓武的女人将其"置顶"，说来颇具玩味。当然，作为杰出的女政治家，武则天大力推崇武术绝非一时心血来潮，而是出于国家安危、革故鼎新、为大唐"可持续发展"挖掘勇武之才之考量。有人说，武皇帝此举还有培养忠于自己的军事力量之考量，笔者以为此言值得商榷。因为，此时的武则天已稳坐天下近半个世纪，且年近80高龄，此时才想起通过设置武举制度，巩固自身权力，未免太晚了些。这个事例倒是反证了武则天"置武举"，给予武术这般旷古未有的"待遇"，确为国家长治久安之大策。武举制其后延续千年之久（后来改称武科），也表明了武则天做事之高瞻远瞩。

关于唐代武举考试科目，《唐六典·选举》载："武举以七等阅其人。"

据台湾师范大学龚鹏程博士考据，"唐代武举考试，主要是两部分：一是骑射及兵器运用，包括骑射、马枪等；二是步射、负重、材貌、言语等，属于身体条件和文化素质"（龚鹏程《武艺》山东画报出版社，2009年1月版第253页）。

武举考武术科目，自不必多说。值得注意的是，唐代武举考试科目中，有"言语"的科目。有道是"语言是思想的外壳"；"肚里有货，口中有词"。唐代要求武者的"言语"也要达到相应的水准，这在相当程度上，是"强制性"要求武者要做到"内外兼修"。之后宋代的策问和兵书墨义；明代的兵法、天文、地理；清代的第二问、论一篇等，都"贯彻"了孔老夫子"钦定"的内外兼修的理念。

武则天"置顶"武术的举动，具有划时代意义，堪比孔子"杏坛讲学"中设立"射、御"科目。初唐、盛唐时期，因了国家提倡，唐代民间尚武风气浓厚，武术得以广泛开展，呈现大繁荣、大交流、大发展的局面。

宋代武术"官民并举"

宋代武术发展特点是"官方重视与民间兴盛并举"。这听上去与大唐尚武之风无异，但其内里却缘于"盛世危局"。这么说有什么依据吗？

惯常称谓的"宋代"经历了364年，其中包含五代十国，北宋、辽，南宋、金三个历史阶段。"五代"，指后梁、后唐、后晋、后汉、后周。"十国"，指与"五代"同时存在于南方的吴、南唐、吴越、前蜀、后蜀、楚、闽、南平、南汉。

宋朝是中国古代最富有、内外贸易最发达、科技文化成果最显著、国内局势相对稳定的历史时期。然而，宋朝富而不强，军事上长期遭受东北地区的辽国和西北地区西夏国的侵扰，对外作战，屡战屡败。如，宋真宗景德元年（1004年），宋辽大战于澶州，其时宋军并无败势，然宋真宗畏战，却主动与辽军讲和，"愿岁输银十万两，绢二十万匹"（《辽史·卷十四·圣宗五》）。史称"澶州之盟"。后金国灭辽，1127年，金兵攻陷宋朝都城开封，居然将宋徽宗、宋钦宗父子俩皇帝及其他皇室成员3000多人被俘，连同朝廷的舆服、法物、礼器、浑天仪、铜人、漏刻、藏书、府州县图、金银币帛，以及伎艺和倡优一起掳走。史称"靖康之耻"。

幸免于难的宋朝宗室赵构南逃临安（今杭州），建立南宋，与金国隔江对峙。双方交战，南宋依然败多胜少。再后来，蒙古人崛起，与南宋联合灭了金国，随后，南宋又被蒙古军队所灭。南宋政权存续了152年。

总体看，宋代军队从募兵到训练，均依"教法格"（即"训练大纲"）训练，在提升官兵身体素质的同时，也促进了武艺的发展。南宋名将岳飞率领的军队抗金作战，屡建奇功，在南宋军中独树一帜。敌军闻风丧胆，竟称"撼山易，撼岳家军难！"岳飞所创岳家枪，历来为武术界所称颂。《宋史·卷三百六十五·岳飞传》载：岳飞"生有神力，未冠，挽弓三百斤，弩八石"。"复遇敌，飞单骑持丈八铁枪，刺杀黑风大王，敌众败走"。曾"左挽弓，右运矛，横冲其阵，贼乱，大败之"。岳家枪动作古朴，攻防兼备，招招制敌，有"枪中之王"的美誉。

其时，官方亦采取"民办公助"之策，建立"乡兵"，无战事，民众"生活习武自理"；有战事征用，给钱给物。《宋史·卷一九一》载：民众"自置裹头无刃枪、竹标排、木弓刀、蒿矢等习武技。遇捕盗则官给器械"。无奈朝廷尚武"重形式轻实战"，黎民百姓只好"自求多福"。于是，宋代民间大众纷纷习武强身，大量半民半官的武术组织应运而生，如"保毅、忠顺、强人寨户、弓箭社、义勇、护寨、土丁、蕃兵、保甲"等等（参阅《宋史·卷一百九十、一百九十一、一百九十二》）。有些武术组织还演变成准军事组织。中国古典名著《水浒》中山东梁山好汉一百单八将的故事，生动再现了宋代武术发展状况，是研究宋代武术的珍贵资料。

元代，武术"官兴民禁"

元代是中国第一个少数民族建立的大一统王朝。1271年，元世祖忽必烈（成吉思汗之孙）灭南宋，取《易经》"大哉乾元"之意，建立元朝。之前，蒙古大军曾横扫欧亚大陆，足迹远至莫斯科、贝加尔湖、维也纳、巴格达、大马士革，朝鲜半岛。《元史·志第十地理一》载："自封建变为郡县，有天下者，汉、隋、唐、宋为盛，然幅员之广，咸不逮元"。元代疆域东北抵鲸海（日本海），以位于朝鲜半岛中部的慈悲岭为界；北抵日不落之山；西至额尔齐斯河、巴尔喀什湖、阿姆河；西南接尼波罗、印度、缅甸、越南；东南至海。陆地面积超过1200万平方公里。

元代存在的97年间，时局总体处于"征战与征服"交错的态势。武术发展状况则是"官家兴盛，民间禁武"。元代军队由于征战疆域广阔，战事频繁惨烈，保持军队强有力的战斗力势在必然。因此，武术在军队训练作战中得到广泛重视和使用。《新元史·卷之一百三十六》载，太宗召见武士力浑，"选力士与之博，无相对者，帝壮之，赐金，命备宿卫。"《元史·卷二十二·武宗一》载："以拱卫直都指挥使马沙谋角抵屡胜，遥授平章政事"。《元史·卷二十三·武宗二》载："辛未，赐角抵者阿里银千两、钞四百锭。"之后的元代皇帝对优秀习武者也多有赏赐。元军本来就善骑射、角抵、槌、锤，等具有民族特色的兵械。同时使用剑、刀、枪、棍、斧等兵械的水平也十分了得。元代有速不台、者勒蔑、忽必来、者别等武艺高强之人，并称"铜的额颅、凿子似的嘴、铁的心、锥子似的舌"的凶猛战将（参阅《元史·卷之一百二十二、二十三》）。其中，者别在金庸小说《射雕英雄传》中称"哲别"，其人其事为人熟知。

武术在元代军中得以光大，但不准民间习武。元代把人民分为四等：蒙古人为一等，色目人（西夏、回回、西域人）为二等，汉人（原来金国统治下的汉人和契丹、女真人）为三等，南人（南宋统治下的汉人和西南各民族人民）为四等（见张岱年主编《中国文史百科》浙江人民出版社1998年6月版，第505页）。元代为了维护国家政权稳定，防止汉民族及其他民族的反抗，严禁民间习武，并制定了严苛的法律条文。据《元史·刑法志》载："擅造军器者，禁之"。"诸都城小民，造弹弓及执者，杖七十七，没其家财之半"。"诸汉人执兵器者，禁之"。"诸民间有藏铁尺、铁骨朵，及含刀铁柱杖者，禁之"。"弓箭私有十副者，处死；五幅以上，杖九十七，徒三年；四副以下者，七十七，徒二年；不成副，笞五十七"。"习角抵之戏，学攻刺之术者，师、弟并杖七十七"。好家伙，造个弹弓就得杖打七十七下，外加没收一半家财！练习角抵，连老师带徒弟都要杖打！！元代对民间武术控制之严，令人惊悚。

然而，"手大遮不住天"。有资料显示，元代蒙古人和色目人各约100万人，"汉人"约1000万，南人约6000万。人口处于"绝对少数"的元代统治者，终归无法彻底有效约束下层民众习武。智慧的人民以游戏、演艺、庆典乃至文学的样式，传承发展着"千年国粹"。元末明初民间武术家张通、张定边、王英、王弼等，都为中国武术界所熟知。当时也有不少武术家隐姓埋名，以秘密家传的方式冒著生命危险进行传授。有的习武组织甚至转变秘密民间组织。

不过，由于朝廷禁令的影响，元代民间武术的发展，还是受到相当程度的阻滞。

四、明清，中国武术的鼎盛期

明清时期，历史学家称之为中国封建时代的"回光返照"。从1368年至1840年鸦片战争之前的470年间，中国社会总体上保持了经济持续发展，重工业和轻工业在世界上遥遥领先，商品经济繁荣，徽、晋、闽、粤等商贾云集，某些轻工业内的生产方式和生产关系，还出现了"资本主义萌芽"。

长达百余年的"康乾盛世"，经济总量为当时世界第一，被称为中国历史上第四个黄金时代。其时中国疆域西起葱岭、巴尔喀什湖，东至库页岛，北抵西伯利亚南部萨彦岭和外兴安岭，东临太平洋，东南至台湾岛及其附属岛等，南及南沙群岛。国土总面积1310万平方公里。

明清社会延续了前朝皇权高度集中的封建专制主义，总体保持了相对稳定，统一的多民族的封建国家的进一步巩固；明清文化、科技成就斐然。哲学思想、小说、戏剧、史学、典籍编纂、建筑、绘画等成果丰硕，名著流芳，大师云集。农学、医学、科学技术、天文历算、地图测绘等科技水平多走在世界前沿。1405年郑和下西洋，1661年郑成功收复台湾，成为明代综合国力和军队实力的标志性事例。

明清时期的社会条件，为武术由"成熟期"进入"鼎盛期"提供了良好氛围。主要有三大特点：一是首次出现系统而完备的武术理论著作，从不同侧面和角度，就拳术、器械的产生、命名、沿革、特性、技术等，提出了各自的理论分析与结论，为后世研究武术提供了重要依据；二是历经2000多年的探索、实践、积累，武术技艺在这一时期正式形成了以功法、套路、技击为主要技术特征的中国武术体系。三是在不同地域、不同文化背景的地区，形成了各具特色和优势的武术流派，丰富和推动了中国武术的传承光大。

这其中，明代抗倭名将戚继光无疑是最杰出的代表。作为武术家，戚继光精通枪、棍、剑、拳。作为武术理论家，他留下的《纪效新书》《练兵实纪》，是武术家们历来推崇的重要的武术文献。

清代武术名家众多，如霍元甲、黄飞鸿、杨露禅、董海川等，皆为世人所熟知。

1911年辛亥革命后，中国进入现代社会，社会形态、文化氛围等都发生了根本性变化。武术也随之进入了"多元发展期"。

第二章

中国武术拳术的种类与特色

中国武术种类纷繁，达千余之多。总体分为两大类：拳术和器械。

这一章，我们先来说说中国武术的拳术。

中国明代著名军事家、武术家戚继光说："其拳也，为武艺之源"（戚继光《拳经捷要篇》）。习武之人，必先练拳。对此，戚继光给出的理由是，"拳法似无预于大战之技，然活动手足，惯勤肢体，此为初学入艺之门也"（同上）。

这里，我们将西方的拳击与中国的拳术做个比较。西方的拳击是一对一的对攻。其核心理念是硬实力至上。即便是面对多人实战，拳击手也还是要面向对手各个击破。

中国拳术则是"眼观六路，拳打八方"，"因势利导，攻守兼备"，"不招不架，只是一下，犯了招架，就有十下"。打踢摔劈，蹬踹顶推，前后左右，进退攻防，轻重缓急，声东击西……各种技击方式高度融合，交替使用，变幻莫测，运用自如。且因作战者平时的文武修为及"战时"心绪状态的不同，而"活学活用"。这种"单兵立体作战"的战法，生动体现了中国文化"阴阳合一"，"动态平衡"的思维方式。

有道是"行家一伸手，就只有没有"。凡看过中国拳术训练或表演的人，都会有"眼花缭乱"、"流畅之极"的印象。是的，中国拳术能将肌体各部位功能都调动起来，并发挥到极致。进攻，可聚集全身力量；防守，则各显所长。中国拳术可以将人的血肉之躯，变成"全攻全守"的"作战堡垒"。

"刀枪不入，百战不死，飞檐走壁，无所不能……"，这是人们在武打片电影中常看到中国拳术的"英姿"。那是影视技术艺术加工的结果，当然有夸张的成分。

对于真正的中国武术家来说，拳拳致命，招招制胜，"三五个人，不在话下""七八个人，不能近身"，绝非神话。

如此丰富而深奥的中国拳术，源于何时，兴于何时，如何练就的呢？

第一节　中国武术拳术探源

关于中国拳术的起源，中国武术界有多种观点。一说，拳术起源于史前的"人兽相搏"；一说起源于战争；一说起源于"角抵"；一说起源于西周"武舞"；一说起源于秦以后的"禁兵"，一说成于剑术……等等。笔者以为，关于拳术起源的说法如此不同，皆因对拳和拳术的关系理解差异所致。

一、拳与拳术是什么关系

中文的拳字，包含"手""拳头""力气""拳法、拳术""徒手武术"等多种含义。这是一般意义上的表述。就武术理论与实践而言，拳和拳术还是有区别的。

拳与拳术的区别在哪里呢？

原始人类，用拳打、脚踢、撕抓、跳跃等动作，来满足自身生存和猎取生活资料的需要，这是人类本能的体现，这一时期的拳，属于"胡打乱踢"的自然形态。即"手""拳头""力气"的层面。

这也是拳术最早的自然形态，不能称其为拳术。世界各国，概莫能外。

进入新石器时代，人类开始学会以用"石头木棍"做武器，学会了从"单兵作战"到"群体行动"。拳术也从"胡打乱踢"的自然形态，开始进入有想法，有章法，有战法的阶段。"有想法，有章法，有战法"，是真正意义上的拳术诞生的起点。

二、拳术的雏形始于上古时期

上古时期，是中华文明的起源时期，大约在公元前7000年至公元前4000年间。传说这一时期中国经历了"三皇五帝"。所谓"三皇"，一般认为是伏羲，神农，黄帝；而"五帝"，一般认为是少昊，颛顼，帝喾，帝尧，帝舜。当然，这一时期的"三皇五帝"，其实就是部落首领，"皇"与"帝"的称谓，是后人出于敬仰而遵奉的。考古发现，上古时期，中国先民已经开始使用石斧、石锛、石铲、石刀等工具，骨器有骨凿、锥、针、梭等。制陶业开始繁荣。已经出现铜器部件，玉器，麻布。（参阅范文澜《中国通史》第一册第一章。王玉哲：《中华远古史》世纪出版集团、上海人民出版社2003年4月第1版，第106—123页）。

这里，我们提醒特别大家注意伏羲这个人物。伏羲是中国历史上传说最早、最多、最重要的人物。《周易·系辞（下）》载："古者包牺氏（伏羲还有很多称呼）之王天下也，仰则观象于天，俯则观法于地，观鸟兽之文，与地之宜，远取诸物，近取诸身，于是始作八卦，以通神明之德，以类万物之情"。"上古结绳而治，后世圣人易之以书契"。说伏羲作八卦，造书契，替代结绳记事，开启了"中国式思维"的大门；《古史考》说，"伏羲制嫁娶，以俪皮为礼"。俪，即伉俪、夫妇。说伏羲结束群婚制，首定夫妇伦理，最初制定了"中国式婚姻制度"；教民结网，从事渔猎畜牧；始创陶器；为事物命名；始创音乐，等等。总之，历史传说中的伏羲，是个"圣人"，是大能人！（参阅尚秉和《历代社会风情饰物考》岳麓出版社1991年6月版，第3—5页）

这里面，当然神话色彩很多。中国民俗学开拓者之一、历史学家顾颉刚认为，"中国古史，尤其是夏、商、周以前的故事基本上是传说材料，即神话。神话虽然看来荒诞不经，但它是民间文学、民俗学、社会学等方面的重要的研究资料"（顾颉刚：《周易卦爻辞中的故事》，燕京学报第六期单行本，民国十八年十二年）。著名文史专家玉哲先生也认为，"对于远古传说，既不能盲目的信为实录，也不能全部斥之为荒诞不经。这些古代传说大都多少带有口耳相传的依据，不会完全是向壁虚造"。（王玉哲：《中华远古史》世纪出版集团、上海人民出版社

2003年4月第1版，第48页）。

这也是民俗地理学很重要的基础。

上古时期，中国先民留下了如大禹治水，苍颉造字，指南车（司南、指南针的雏形），蚕丝织绢，青铜冶炼等诸多"原创文化"，且领先世界数千年之久。如此聪慧的中国先人，当然不会在拳术的"研发"上"无所作为"。那样，既不符合社会发展规律，也不符合中国武术发展的实践。

事实是，随着中华文明发端，中国"自然形态"的拳就开始向着"有想法、有章法、有战法"的拳术过渡，并逐渐形成自己的"武术思想"。

这里简单举例：

一，中国武术界对《易经》推崇备至，而《易经》的阴阳辩证思维是由伏羲所作八卦而来。动静、刚柔、张弛、攻防等武术理论，源头即是伏羲时代，这应该不存在争议。伏羲时代还诞生了东西南北、春夏秋冬、四时八节、前后左右等。还有，中医的"辨证施治"，兵法中的"以易演兵"，青铜冶炼中的淬火，绘画中的浓淡干湿，饮食烹饪中的食材配比，等等，这一切汇成了中华民族傲立世界的文明大河。这些造福人类万代的精神文化遗产，是近万年前中国先人智慧的结晶。那时，人们经过对宇宙运行方式的长期观察和思考，逐渐总结其中的规律，并在实践中加以运用。最终形生了"天人合一"的阴阳辩证思维。

请注意，在中国文化中，"天"是指自然规律，是可知的。"不是春风地不开，不是秋风籽不来""雪打正月节，二月雨不歇""今夜露水重，明天太阳红"……。中国人看云识天气的本事，既悠久又广博。中国浙江余姚河姆渡新石器时代遗址和桐乡罗家角新石器时代遗址出土的炭化稻谷遗存，已有7000年左右的历史。中国人常说的"谋事于人，成事于天"，"顺乎天而应乎人"，是"阴阳合一"思维方式在理论思想层面的表述。孔子将此总结为："一阴一阳之谓道"（《周易·系辞上》）。再加上"阴阳相对应，阴阳平衡，阴阳转化"，形成了中国易学"一个中心，三个基本点"的核心内容，这也是中华文明独有的辩证思维方式。

二，《诗经》中，有"无拳无勇，职为乱阶"的诗句（《诗经·小雅·巧言》），这是中国古籍中最早出现的"拳"字。《诗经》的内容，涵盖西周初期到春秋中叶。对于《诗经》中的"拳"字，中国武术界有不同解读。有人认为此"拳"非拳术，而是力的意思。《诗经·巧言》一诗，是士大夫写给皇上的"申诉书"，"举报"一个没有真本事，专事扰乱职场的人。作者在诗中用"无拳无勇"，而没有用"无力无勇"。如若想要状告此人没力量，显然后者最明白无误。况且，自甲骨文起，力字始终只有力量的含义，这位士大夫不可能不知道。他此处用"拳"不用"力"，显然是有意为之。再者说，《诗经》是孔子编纂的。这个"拳"字若有不妥，"孔圣人"这般"高级编辑"，也会予以纠正过的。笔者以为，《诗经·巧言》中这个"拳"字，恰恰证明，至少西周初期，"拳术"的概念已经广为人知。

三，《汉书·哀帝纪赞》载："雅性不好声色，时览卞射武戏。"说汉哀帝经常看"卞射"和"武戏"。"卞"是手博的古称谓。颜师古注引苏林曰："手博为鬪，角力为武戏也。"甲骨文中，斗字是俩人进行拳斗的象形。鬪是斗的古音字。也就是说，汉哀帝观览的手博是玩儿真的，堪比古希腊竞技场上的角斗士。《汉书·艺文志·卷三十》收录的《手博》六篇（已佚），这或许是最早有记载的"拳类专业著作"。这也证明，汉哀帝看的，是经过训练的"专业手博"。"射"当然就是射箭。至于此处把角力称为"武戏"，笔者以为，很可能是拳术类的"表演版本"。

四，宋代有个名叫调露子（显然是笔名）的人，写有《角力记》一卷，被称为中国最早的体育史论著（见《宋史·艺文志·五》）。该书有序、述旨、名目、考古、出处、杂说等篇。其中"述旨"一节中说，"夫角力者宣勇气量巧智也"。指拳术者既要宣示勇气，又要讲究技巧。这恰恰是拳术的要诀。

"窥一斑而知全豹"。至此，我们从中大致可以看出中国拳术形成的"脚印"。

事实上，前辈代代相传的拳术实践及各类拳术心得，虽少有成书，却为后来真正理论意义上的拳术专著的出现，奠定了坚实的基础。即使明清时期武术理论大家的著作，也概莫能外。

至于其他关于拳术起源的观点，如"人兽相搏"说，战争说，"角抵"说，

"武舞"说，"禁兵"说，剑术说等多种观点，笔者以为都各有道理，应视为是拳术在成型、成熟各个阶段中的典型状态。限于篇幅，就不一一详述了。

三、真正理论意义上的拳术专著，出现在明朝

戚继光的《纪效新书》，唐顺之的《武编》，以及郑若曾的《江南经略》中的拳术部分。赵光裕的《新镌武经标题正议注释》中，甚至还有"拳势歌"："七星拳进步难当，埋伏势地能使下，下着势看者不忙，不开门攻进何方。当头炮连忙放下，永凭拳走进江南。朝阳势金鸡独立，右神拳惯打南方"。把拳术中的"势"编成了歌。明末清初的黄宗羲写有《王征南墓志铭》，其中有关于武术和拳术的重要内容。其子黄百家撰写《王征南先生传》一文，其中也有关于拳术的重要论述。这些都是真正意义上的拳术专著。

前面说中国拳术与中华文明同步前行，真正意义上的拳术专著却到明代才出现，这不是互相矛盾吗？笔者以为，究其原因，不外有四个：

一是早期文字记载困难。文字自诞生到完善，经历了很长的过程。初期的文字显然不具备记录功能；

二是历来武者擅练不擅写，擅写的人大多不懂武术。"万般皆下品，惟有读书高"的传统思想，对武术的传承普及也有不小影响；

三是中国武术传承主要是家传、秘传，口传心授。各门武术"绝活儿"或"门道儿"，常常世代珍藏，秘不示人，武术行内称其为"行字拳书"。不愿"开门办学，资源共享"，这在相当程度上影响了武术（包括拳术）的理论与实践的交流和传播。这一条是最主要的原因。正因为如此，江湖上寻觅武术秘籍的传奇故事才层出不穷；

四是拳术理论的完善过程，必然滞后于拳术本身的发展。这符合事物发展规律，实践出真知，理论既来自实践，也与社会经济、文化、科技发展水平息息相关。

另外，各朝代对武术（特别是民间武术）的态度不尽相同，有倡导，有禁令，客观上也会影响拳术理论研究。

第二节　中国武术拳术的主要技术

就像本章开头介绍的那样，中国拳术技术极为丰富，常常令人望而却步。然而，亦如第一章所说，万事万物，"万变不离其宗"。无论中国拳术种类何其多，拳法拳路何其多，也依旧"有宗可循"。正所谓"大道至简"。

中国拳术的主要技术分为三部分（或称三个阶段）：基本功、套路、技击。

一、中国拳术的基本功

中国拳术的基本功，包括腿部、腰部、裆部、手眼、冲拳、桩功、鼎臂等，共七项。

基本功阶段的训练重点是身型和身法。犹如为建造摩天大厦打地基。中国民谚有语："三岁看大，七岁看老"。武术基本功的训练很单调，见效慢，但极为重要。所谓"坐如钟，站如松，动如风"，皆源于此。衡量一个武者基本功是否扎实，也是看此阶段的训练水平。

有过军旅生活的人都知道，新兵连是"从老百姓到军人"的重要阶段。入伍前，无论你多么自由散漫、举止不羁，经过两三个月新兵连训练生活，人人都会"脱胎换骨"，成为军姿勃发的军人。武术的基础训练也是同样道理。

（一）腿部训练。腿在拳术中起着举足轻重的作用，突然出击，快速退守，左右周旋，提膝防守等，都与腿部力量有着直接的关系。有道是"打拳不遛腿（踢腿，练腿），必是冒失鬼"。腿部力量训练非常重要。

武术腿部训练方法包括：压腿、搬腿、劈腿和踢腿，持壶铃蹲起，脚勾壶铃腿屈伸，马步负重等。

（二）腰部训练。腰部处于身体的中间部位，起到联系上下，协调全身的重要作用，同时也是全身劲力完整统一的关键所在。

武术腰部训练方法包括：前附，后甩，涮腰，下腰等。

（三）裆部训练。裆部是指两胯根中间的部位，即会阴。武术之为"海底穴"，泛指裆部。裆部与腿、脊、胯紧密相连，攻则为敌之要害，守则为己之重点。武术界有句行话，说"裆内自有弹簧力，灵机一转鸟难飞"。可见其在拳术中作用之重要。

武术裆部训练方法有：圆裆（亦称合裆、绷裆），松裆，活铛，塌裆等。

（四）手眼训练。中国武术有八种主要技术：手眼、身、法、步，精神、气、力、功。通称"八法"。手眼位列首位。这很自然，眼睛是心灵的窗户，看不见就成了"瞎打"。通常人们做事，手、眼、身、法、步往往是一个整体。在武术中，对手眼的要求是"手疾眼快"，手到眼到，手眼相随。最高境界是"眼观六路，拳打八方"。

武术的手眼训练方法，常常是先进行手型动作的规范练习和眼睛注意力抗干扰的单项练习。之后，再结合在一起练习。

（五）冲拳训练。冲拳（包括手掌）是拳术主要进攻手段之一。冲拳（形意拳称崩拳）最大的特点一是快，"两拳往来似箭连珠"；二是拳路多变；三是力道足。

冲拳的训练方法主要是，马步训练，前冲动作训练，冲拳动作与肩部、腰部、腿部的综合训练。

（六）桩功训练。桩功是中国拳术很重要的基本功。因为，在实战中武者必须站得稳，方能从容地进退、防守或反击。

桩功的训练包括动桩和静桩。动桩包括一般的武术套路练习和单式反复练习；静桩也称站桩，是中国传统武术最重要的特点之一。

（七）鼎臂训练。鼎臂是为了发展臂部力量。鼎臂训练可以增进肩关节韧带的柔韧性，加大肩关节的活动范围，提高上肢运动的敏捷、松长、转环等能力，为提高拳术能力提供必要的专项素质。

鼎臂的训练包括肘鼎，肩鼎，头鼎，手鼎，推鼎，单臂功等几个方面，具体动作包含压肩，松肩，单臂绕环，双臂绕环等。

以上七项中国拳术基本功，既是武术入门的"ABC"，又是习武者终身的训练科目。戚继光说："拳法似无预于大战之技，然活动手足，惯勤肢体，此为初学入艺之门也"（戚继光《拳经捷要篇》）。这里的"活动手足，惯勤肢体"，绝非随意活动，而是上述之每日必做的功课。

练习拳术基本功，要持之以恒，切忌急功近利；要脚踏实地，切忌浅尝辄止；要专心致志，切忌懒散懈怠；要潜心刻苦，切忌患得患失。练习武术，最好有专家老师指导，以避免因练习方法损伤身体。

中国古人有语："业精于勤荒于嬉"。中国武谚则说："打拳不练功，到老一场空"。

二、套路，中国拳术的"塔尖"

套路是拳术训练的重要阶段，也是中国拳术独有的训练方法和特色，还是最具中国文化范儿的表演方式。"黑虎掏心"、"白鹤亮翅"、"乌龙摆尾"、"抱虎归山"等等，都是观众耳熟能详喜闻乐见的拳术招式。

拳术的套路，是拳术高级阶段的训练方式。在练好基本功的前提下，进行套路练习，可以提高拳手对基本功的综合运用能力和身体整体实力。通过套路练习，拳手可以从更高层面上了解和掌握拳术的技术与精神内涵，以达到"内外合一、形神兼备"的境界。中国文化的博大精深，也是通过拳术门类（门派）各具特色的套路展现出来的。

拳术套路的形成，经历了漫长的过程。其原因与拳术理论形成过程大致相同。据史料记载，早在汉代就出现了观赏性和健身性的象形舞，如"沐猴舞"、"醉舞"和五禽戏等。这些或许算是拳术套路的雏形。及至宋代，拳术套路已经很盛行。

拳术套路由踢、打、摔、拿、击、刺、劈、扎等攻防技击格斗动作技术组编而成。传统拳术套路总数约千余种之多，且各具风采，各有"绝活儿"。近现代新的拳术套路亦在不断增加。观赏拳术套路，是了解中国拳术的最佳方式。

熟悉中国拳术的人，都会在拳手身上感到一种昂扬挺拔的状态。这种状态就是中国功夫特别强调的"精气神"。所谓"精"，是指构成人体、维持人体生命活动的物质基础。即精血，津液。通过滋养和锻炼，精血旺盛，内力十足；所谓"气"，包括两个方面，一是物质的气，即运行于体内微小难见的物质，一是人体各脏腑器官活动的能力。气，既需要养也需要练。中国拳术是以动养气。气对于中国武术有着极其重要的意义。故此有"外练筋骨皮，内练一口气"之说；所谓"神"，即神态，是指精神层面的活动。人的精神状态如何，可以通过魂、魄、意、志、思、虑、智等现象表露出来。中国自古就有"得神者昌，失神者亡"之说（《素问·移精变气论》）。所谓"声若洪钟，中气十足"、"气势如虹，先声夺人"，就是这个意思。

"精气神"是一个由物质到精神、由精神到物质的辩证统一体，精气神三者互为前提，互相补充，互相制约。人们常说拳术的最高境界是"天人合一"，就是这个意思。"精气神"在拳术训练和比赛中，是判断拳手综合素质高下的重要标准；在拳术套路表演中，是最具观感的要素。

套路训练是否严格、精准、娴熟，是保障拳手在实战中能否获胜的重要前提。

另外，拳术中的散手、推手也归于套路系列。

三、技击，中国拳术制胜的"核心"

拳术最初的目的是制胜。技击是拳术制胜的最高手段。

很长时期以来（包括当下），对拳术技击的理解大致分为两种。一是制胜。二是表演。制胜的意思很明白，无需赘述。这里说的表演并非指演艺，而是指演绎。所谓演绎，是说在相当多的情况下，拳术技击术会以近乎实战的方式，展现其型、步、法、招，着眼于取胜，"拳拳到肉，招招致伤"，手段简洁明了，通过很直接、很坦白的技击术，表达拳术的威力所在，完全不屑于观感。然而，尽管不是刻意的，但这种"看得见摸得着"技击方式，仍然留有"演"的痕迹。

中国拳术真正的技击术，"看得见但看不清"、"不好看但很实用。这不是故弄玄虚，是实话实说。我们举一个樊廷强先生亲身经历的实例。

多年前（具体时间不便说），有多国驻华使馆武官向中国有关方面提出，要求学习"真正的中国武术"。中国有关方面初定，聘请获得国内外大赛奖项的武术家前来执教，却遭到外国武官的婉拒。何故？对方表示学习中国拳术套路"不实惠"，他们想见识见识中国武术"一招制胜"的绝活儿。这些外国武官的果然"不外"，中国拳术技击的"核心机密"正是"一招制胜"。

为此，国家相关部门请来樊廷强教官（樊时任某军校武术教官）。初次见面，外国武官眼见樊教官个头不高，体态瘦削，很不以为然，当场提出先与之"切磋"一下。樊教官很清楚外国武官的用意，当场答应对方的要求。外国武官们推选出一位来自非洲某国的驻华武官，此人体重近三百斤，肌肉发达，个头高过樊教官一头还多。"切磋"之前，樊教官嘱咐中方工作人员，站到距这位外国武官身后三米远的墙边，在场的人都感到不解。"切磋"伊始，外国武官首先发力进攻。通常看，面对如此健硕的大汉"来袭"，瘦削的樊教官必定会灵活躲避。但事实是，樊教官站在原地，对方的大力推搡并未使他有丝毫移动，数秒钟后，樊教官突然发力，高大的非洲武官居然被"击打"的"飞"将出去，直至身后墙边，若非事先有工作人员站在那里保护，这位"武官大汉"的脑袋就会撞到墙上——见此情景，各国武官都为之一惊。他们谁也没看清这位中国武术教官用什么方法击倒了对方。惟有俄罗斯武官微笑着鼓掌，说"我们想学的就是这个！"据樊教官介绍，俄罗斯人对中国武术的了解程度，远在其他国家之上。

此后的一个月，各国武官甘心情愿的"掏学费"，学习中国拳术技击的"一招制胜"。当然，一招制胜，绝非一日之功。"要真正学会，有很长的路要走"。樊教官曾这样"谆谆教诲"他的洋徒弟们。

以上实例证明：一招制胜，很不适合表演，却最"适合"制胜。一招制胜舍弃太多的过程和架势，选取最有效的进攻途径，采用最有效的进攻手段（手段当然很多），凝聚最有效的力量（硬打或巧打），要求在最短的时间内，取得对抗的胜利。这就是中国拳术技击的"核心机密"。

当然，这里讲一招制胜，绝非贬抑有"演"的痕迹的技击术。恰恰相反，后者是前者的基础和前提，也就是说，近乎实战的技击套路训练，是达到"一招制胜"的必由之路。二者之间，也是一个辨证关系。一定要说二者的区别，那就是在于二者是实战中不同阶段的不同选择。

第三节　中国武术拳术的分类

第一章我们讲过，中国拳系多达百余种，各大类中所包含的拳法则达千余种。其分类的方法也不尽相同。

当下，对中国拳系的分类，大致有以下四种：

一是五大类分类法：

（一）内家拳类（包括内家拳、太极拳、形意拳、八卦拳、通臂拳等）。

（二）长拳类（包括查拳、华拳、炮拳、洪拳、花拳、三皇炮捶、通背拳、拦手拳、少林拳、戳脚、翻子等）。

（三）短拳类（又称短打，一种较为古老的拳种。包括绵张短打、绵张拳等）。

（四）南拳类（包括洪家拳、蔡李佛拳、虎鹤双形拳、侠家拳、咏春拳、五祖拳、太祖拳、鹤拳、罗汉拳、武林脱铐拳等南方各省流行的拳术）。

（五）像形拳类（包括醉拳、鹰爪拳、猴拳、蛇拳、螳螂拳、鸭拳、地躺拳等）。

二是命名法分类：以佛圣道仙、神祇鬼怪命名，以"门"命名，以姓氏命名、以地名命名，以动物命名，以日常杂物命名，以手法命名，以步法、腿法命名，以文化或功能命名，还有醉拳类、跌打拳类等十余种。

三是以"南拳北腿"分类。"南拳北腿"之说流传甚广。中国南北地域之分，大致以江淮为界。对于"南拳北腿"的区别，民国著名文人徐震在其武术专著《国技论略》中这样描述："长江一带拳术，架式小而势紧促者为南拳，亦曰南派。以鲁豫一带拳术架势大而势宏敞者为北拳，亦曰北派"。现在，南派泛指流行于长江流域以南地区的拳术。北派泛指流行于黄河流域及其以北地区的拳术。也有人以南北方拳术或侧重用拳、或侧重用腿加以划分。

四是以内家拳、外家拳分类。中国明末清初时，开始有"内家拳"、"外家拳"之说，将出家人练的拳术称作外家拳，将在家（包括各道观）练的拳术称作内家拳。也有以外家拳注重力道，以刚硬见长；内家拳注重内力，以柔克刚的特点为分类依据。明末清初著名经学家、史学家、思想家、地理学家、天文历算学家、教育家黄宗羲有一段名言："少林拳勇名天下。然主于搏人，人亦得以乘之。有所谓内家者。以静制动，犯者应手即仆。故别少林为外家。"（黄宗羲《王征南墓志铭》）

清代以后，中国民间将以武当拳、太极拳、形意拳（心意、六合、意拳）、八卦掌等为代表的拳术称为内家拳。此外的拳种统称为外家拳。现在普遍的内外家武术之分即是依据此说法的。

笔者根据自身实践和研究，认为依据技战术特点及拳法着力点为拳术分类，更具合理性和科学性。相比上述几种分类方法，以内家拳、外家拳作为中国拳术总体分类，更容易理解和掌握中国拳术的脉络及特点。需要说明的是，以是否出家为依据划分外家拳、内家拳，过于简单化。实践证明，内家拳、外家拳二者之间主要区别在于：外家拳以刚为主，着力硬功，以攻为主，但也讲求刚柔并济；内家拳则以柔克刚，着力内功，以守为主，但也讲求刚柔相济。内家拳、外家拳之间绝无高低、优劣之分，相反二者之间互有借鉴和融汇，属于"同宗同文的兄弟"。

对拳术合理分类，有利于了解和掌握中国拳术的传承和发展，有助于在更大范围弘扬中国武术文化。各类拳术之间应该相互了解、相互借鉴、取长补短，共同进步。各门拳术应避免有大小、轻重、优劣之分，门户之见、高下之争的嫌隙。

下面我们对中国传统拳术分别做一介绍，共计十一大类、六十四分类（鉴于篇幅所限，现当代中国拳术暂不列入）。分类之下的小拳种未列其中。

一、内家拳

中国的内家拳，就像是"性格内向，行事稳重，深藏不漏的先生"。

黄宗羲在其《王征南墓志铭》一文中记载。"有所谓内家者。以静制动，犯者应手即仆”。内家拳偏重精、气、神的内功修炼。其特点是：思想以道家理论为主，练拳以养生为主，修为以练意为主，身法以松柔为主，呼吸以腹式呼吸为主，技击战略以用法为主。

内家拳按阴阳、刚柔、虚实、进退、互变等对立统一规律，做闪展腾挪、攻防招架、运动组合。其套路严紧有序，强调内强体魄，外以御敌。

内家拳现在主要有武当内家拳、四明内家拳、太极拳、形意拳、八卦掌、通背拳等六大类。

（一）武当内家拳

关于武当内家拳的历史渊源，我们将在第四章里详述。这里，着重介绍武当内家拳的技战术特点。

今人对武当内家拳评价甚高，认为武当内家拳是一种集武术、养身为一体的精妙拳法，有以静制动，以柔克刚，以四两拨千斤，后发先制的特点，亦有动如行云流水，绵绵不断，刚柔相含，含而不露的风格。更有发人潜能，开人智慧，充人精神，壮人体魄，去病健身，益寿延年的独特功效，实不愧为是“中华武术之晶体，中华文化之瑰宝”。

关于武当内家拳的拳法，黄白家在其名著《内家拳法》中，总结了“敬、紧、径、劲、切”的“五字心法”。“敬”为静，指心静。“紧”为敛，指内敛；“径”为近，指直接；“劲”为力，指内劲；“切”为听，指观察。

基本手法包括：斫、削（xiāo）、抖、磕、靠、掳、逼、抹、芟、敲、摇、摆、撒、镰、嚣、兜、搭、剪、分、挑、绾、冲、钩、勒、耀、兑、换、括、起、倒、压、发、插、削（xuē）、钓等。

其练法有：练手者三十五：斫、削、科、磕、靠、掠、逼、抹、芟、敲、摇、摆、撒、镰、嚣、兜、搭、剪、分、挑、绾、冲、钩、勒、跃、兑、换、括、起、倒、压、发、插、删、钓。

练步者十八：瓦步、后瓦步、碾步、冲步、撒步、曲步、踏步、敛步、坐马步、钓马步、连枝步、仙人步、翻身步、追步、逼步、斜步、绞花步。

有应敌打法、穴法、所犯禁病法若干，总摄于六路和十段锦中。

"物来触我，我不着物"。两者差之毫厘，谬以千里。这是武当内家拳最突出的特点。（参阅于志均《中国传统武术史》卷六）

（二）四明内家拳

四明内家拳被认为是武当派最原始的内家拳种。15世纪中叶后盛行于浙东四明一带，故名。曾出现过张松溪、叶继美、王征南等代表人物。有资料显示，四明内家拳，原本只是一种具体的拳术，亦称剑术、鹅头颈拳。后几近失传多年，传至民国时期，经过剡源人夏明土去表存真，尽心整理，保留了内家拳的核心：七十二加一的变法、三十九打法、二十四加一的正侧，以及最精华的小九天（阴阳十八法）和十二成一（十三丹功）；其中又有贯气诀、文十段、武十段、十二段锦、强硬拳术的四明长剑技和伤科易算等。

有武术理论专家认为，四明内家拳以中国传统哲学文化为基础，以拳道为介质，修身养心提升自我，洞明世事为一体，是一点就通的东西。

（三）太极拳

中国拳术中名气最大、传播最广、练习者最多的，当属太极拳。在中国城市乡村，东西南北，随时随地，都能看到男女老幼练习太极拳的场景。节庆时节，动辄就有上千人、上万人同时表演太极拳。2006年，太极拳被列入首批中国非物质文化遗产名录。

太极拳最大特点是简便易行，老幼咸宜。具体说，太极拳有三大特点：

一是内涵丰富。该拳术涉及中国哲学、文学、物理、养生、医学、武学、生理、心理、运动生物力学等多种学科。人们在练习太极拳的同时，身心会得到上述各种学科的熏陶和滋养。

二是适应各种群体练习。由于太极拳动作柔和、速度较慢、拳式易学，且练习标准、运动量的大小皆可因人而异。因此适合不同年龄、体质、目的不同的人练习。也就是说，武术家可以高标准、高难度的练习；普通人锻炼身体、养生保健同样可以适当练习。

三是安全。鉴于太极拳法有松静柔顺、圆活畅通、用意不用力的运动特点，人们既可以通过打太极拳纾解身体的拙力僵劲，又不易出现肌肉、关节、韧带等器官的损伤。

故此，可以说太极拳对于提高中华民族身心健康有着悠久历史和重大贡献，故而深受中国人民喜爱。

从技术层面来说，太极拳的核心是"以柔克刚"。松、静、慢、用意不用力，顺势而为。将太极阴阳养生理论、太极拳拳术套路、太极拳器械套路、太极推手以及太极拳辅助训练法有机融合。其拳术套路有大架一路、二路、小架一路、二路。

关于太极拳的命名，最早出现于内家拳名家王宗岳所著《太极拳论》。王宗岳生活于明中期，精通拳法、剑法、枪法。所著《太极拳谱》中之《太极拳论》，被视为太极拳经典理论。据此可以认定，太极拳问世至少已有距今约有400余年。后经多人、多路传承光大。相继形成了陈式太极拳、杨氏太极拳、吴式太极拳、武氏太极拳、孙氏太极拳、赵堡太极拳（亦称和式太极拳）、郑氏太极拳、常式太极拳、武当太极拳、神门太极拳、八卦太极拳、忽雷太极拳、原式太极拳等拳种。排在前五名的陈式、杨式、吴孙、武式、孙氏太极拳，我们将在第五章中详述。这里我们先介绍一下对其他几种太极拳：

1. 赵堡和氏太极拳，形成于河南温县赵堡镇。赵堡太极拳以明朝山西王宗岳为师尊，在河南赵堡村内单传六代，由陈清平传于世人。而以赵堡村传人和兆元在原来基础上大改而成。由于赵堡村规严，世代祖训不外传，所以至今外人对赵堡太极拳知识不多。

2. 郑氏太极拳，创始人郑曼青，浙江永嘉人。民国时期任上海暨南大学美术教授，曾拜师杨派太极拳传人杨澄甫，并得其真传。他根据自身体验，撷取杨氏太极拳"柔"之一端，加以提炼简化，创建了郑氏太极拳。又称"简易太极拳"。其独特手法"美人手"闻名天下。1949年郑曼青移居台北，继续传授太极拳。据知，郑氏太极拳已传至香港、东南亚、拉美地区、澳洲、欧洲、日本、韩国、俄罗斯。（参阅龚鹏程《武艺丛谈》）

3. 常式太极拳，又称全佑老架。别名班侯小架。创始人常云阶，蒙古族人。1906年出生在北京一代武术世家。其父常远亭师从吴式太极拳奠基者全佑，深得太极拳之奥秘。常云阶六、七岁时就随父练太极拳，十几岁时便能练得一手漂亮柔韧、极其挺秀的太极拳。他在家传的基础上深探太极理论，并集百家之长，形成独特的龙形、古朴苍劲、低沉婉转、循经导脉、武医相融的太极拳术。其技战术特点主要有"八法四步"，松、稳、慢、匀以及连绵不断、平气舒展。

4. 武当太极拳，并非是单纯的太极拳套路，而是由太极、两仪、无极，等不同层次的拳术、功法组合而成的一套由外至内，由动至静，从初级到高级，动静结合，内外兼修完整的太极体系。包括太极十三式、三丰太极拳、原式太极拳、秘传太极拳、武当太极拳等，都是在太极拳传承过程中，衍生出来的。既承继了武当太极拳的基本要义，又增加了新的内容。总体来说，武当太极拳主要以养气、练意、正形体为宗，慢时如抽丝，快时似闪电，静时如山岳，动时如脱兔，蓄劲如开弓，发劲似放箭。拳法充分体现了武当内家拳的风格。

5. 神门太极拳即神门拳。神门拳是崆峒武术的最高武功，可拳打不实，用意而不用力，如游龙一般，神出鬼没，招式诡秘，以内气伤敌内脏，各种兵器亦以气伤敌，是崆峒派武术中登峰造极的功夫。（参阅龚鹏程《武艺丛谈》）

6. 八卦太极拳，是集八卦掌，杨氏太极拳，形意拳特点为一身的奇特拳术。创始人为董海川。清末时期武学昌盛，武术门派林立。八卦太极创立后，迫于当时武林环境，加之此拳的练习难度甚高，一直未曾公开。此拳的武术价值很高，要求传承者必须具有相当的条件与基础。因此董海川秘传刘德宽，经获传艺者，大多将此拳视为私房武术，从不轻易示人，从中也反映了解当时的武林风气。

7. 忽雷太极拳，被称为中国太极拳中的一支奇葩。忽雷太极拳发源于中国河南温县，创始人为太极名家李景延。李景延曾师从于太极名家陈清平。此拳演练起来发劲不断，顿促有声，如闷雷风起，动作刚劲精巧，连续不断，身手忽起忽落，忽柔忽刚，快如迅雷电闪，两脚挫碾震促，嚓嚓有声，浑身如雄狮出水抖擞有力。拳架开展而紧凑，看似刚劲实则松柔，别具风韵。

（四）形意拳

形意拳也称"心意拳"、"六合拳"。是中国武术主要拳种之一，也是外形与内意高度统一，内为养身之术，形为运动之道，固本壮体，内外兼修的拳术。2011年5月23日，形意拳经国务院批准列入第三批国家级非物质文化遗产名录。形意，关于心意拳的创立大致有三种说法：印度高僧达摩所创；宋代抗金名将岳飞所创；明末清初姬际可所创。

关于"达摩所创说"。徐哲东（1930年）著《国技论略》，唐豪著《少林武当》，龚鹏程著《武艺丛谈》，余水清《中国武术史概要》，都论证达摩与武术无关。国家武术一级裁判、形意拳专家杨遵利编著的《形意拳述真》、形意拳名家周永祥、周永福、姜周存、邹勇编著的《中国形意拳》，皆不取此说。

中国武术界不排除宋代名将岳飞首创心意拳的说法，但苦于没有文字记载。

而心意拳，六合拳源自姬际可，李洛能创建形意拳，则是中国武术界的基本共识。姬际可，明未清初山西蒲州诸冯里宗村人（今山西永济张营乡尊村），他访道终南山得《岳武穆拳谱》，精心研习，尽得其妙。之后姬传曹继武（安徽贵池人，清康熙科武试状元）、河南洛阳人马学礼（生于康熙年间，殁于乾隆年间）。曹传山西祁县人戴龙（隆）邦（生于康熙年间，殁于嘉庆年间），戴传侄子戴文雄（生于乾隆年间，殁于同治年间），戴文雄传李洛能（亦称李飞羽、老农，生于1808年，殁于1890年）。李洛能是中国武术史上非常重要的人物，他在心意六合拳基础上，吸收道家的养生观点和哲学思想，结合平生武术实践，取长补短，改革创新，将"心意"改为"形意"，形意拳之名由此开始；河南马学礼后被称为"河南派"心意六合拳之始。下传马三元、马兴、张志诚等。

形意拳有六个主要特点：简、均、严、整、速、稳。讲求三层功夫练习：明劲、暗劲、化劲。形意拳以五行拳和十二形拳为基本拳法，以三体式为基础桩法。在长期实践中，形成了山西、河北、河南等地域不同风格和流派。山西形意拳拳势紧凑、美观、劲力灵巧；河北形意拳拳势舒展、稳健、气势豪快；河南形意拳则拳势剽悍、勇猛、气势雄浑。

1. 形意拳之五行拳

五行拳以劈、崩、钻、炮、横五种拳法，对应阴阳五行中的金、木、水、火、土。其中：

（1）劈拳在五行中属金，其形似斧，取其劈山之意。拳势和顺严谨，乃五拳之首。劈拳有定步劈、疾步劈、抽撤劈、拗步劈、退步劈、进退步劈六种；

（2）崩拳在五行中属木，其形似箭，有射物之意。两拳往来似箭连珠，有"半步崩拳打天下"之美誉；

（3）钻拳在五行中属水，其形似电，如闪电巨浪涛翻之意，敏速令人捉摸不着；

（4）炮拳五行中属火，其形似炮，如炮炸裂之意，拳势猛烈；

横拳在五行中属土，其形似弹，形圆性实，如盘中滚物之意，拳势圆弹朴实，上下兼顾。

2. 形意拳之十二形拳

十二形拳包括以龙、虎、猴、马、鸡、鹞、燕、蛇、鹰、熊、鼍（音tuó，是扬子鳄中最小的一种，俗称"猪婆龙"）、（鲐），（音tai，鹰的一种）等十二种拳法，对应甲、乙、丙、丁、戊、己、庚、辛、壬、癸以及子、丑、寅、卯、辰、巳、午、未、申、酉、戌、亥等十二干支。

形意拳之形拳（包括外家拳之形拳）拳种繁多，限于篇幅，这里我们只作简要介绍：

（1）龙形，主要锻炼身法起落、手法屈伸、步伐的跳跃转换，要求其如伏龙升天，落如霹雳击地，矫健灵活，手法如探爪取物。龙形拳大致有龙拳、龙形拳、龙化拳、行龙拳、飞龙拳、火龙拳、青龙拳、飞龙长拳、青龙出海拳、龙桩拳等；

（2）虎形，要求把虎之跃进扑食之能，蹿山跳涧之勇，拳取威猛之势，在虎扑中表现出来。拳有抽撤步虎扑，疾步虎扑。虎形拳大致有虎拳、虎形拳、黑虎拳、青虎拳、白虎拳、饿虎拳、猛虎拳、飞虎拳、伏虎拳、五虚拳、七虎拳、八虎拳、虎啸拳、小虎拳、虎豹拳、回头虎拳、侧面虎拳、车马虎拳、隐山虎拳、五虎群羊拳、工字伏虎拳、黑虎交叉拳、虎鹤双形拳，狮虎拳等；

（3）猴形，用于拳术，主要取其轻巧、灵活、闪展、腾挪等优长。猴形主要锻炼左右旋转，前后进退，纵跳伸缩。猴形拳大致有猴拳、猿功拳、猿形拳、猿糅伏地拳、白猿拳、白猿短臂拳、白猿偷桃拳、白猿孝母拳、白猿献果拳、白猿出洞拳、白猿攀枝拳等；

（4）马形，马为战畜，有抖毛之威，疾蹄之功，冲撞跳河之勇，用于拳术取其奔腾冲撞之特点。马形拳在步伐上要求后腿用力远蹬，两臂拧转向前冲撞，上下整齐如一。

（5）鸮是鹰的一种，属猛禽类，以兔为食，尾巴可以竖起来。取之于拳，用两臂左右回环之后，两拳向前冲击叫做（鸮）形。其特长是一起一落如雷似电，两臂与上身用劲完整；

（6）蛇形，蛇的特点是柔韧性好，有播草之巧，缠绕之能，首尾相顾之妙。取之于拳能展能绕，能伸能蟠，能刚能柔，首尾相应。蛇形拳已知有蛇拳、毒蛇吐信拳；

（7）鼍形，鼍长约二、三厘米，有浮水之能，浮在水面既稳定又灵活，俗称"水担杖"。用于拳术取其漫游轻灵之特点，纵横翻拨之气势；

（8）鸡形，鸡是斗性动物，有独立之能，抖翎之威，争斗智勇，啄之巧。用于拳取之走步、争斗、独立、食米、报晓等功能。鸡形拳已知有鸡拳、鸡形拳；

（9）鹞形，鹞是猛禽，有束身之威，翻身之疾，入林之巧，钻天之能。用于取其在林中往来穿刺，灵巧无比等特长。鹞形拳已知有鹞子拳、鹞子长拳；

（10）燕形，燕是轻捷鸟类，有抄水之巧，钻天之能，跃身之妙，回旋之灵。用于拳取之抄水、钻天、轻捷等机能，久练能轻骨，身法展舒，完整不懈。

（11）鹰形，鹰为猛禽，有攫取之精，其爪锋利，其目敏锐。取之于拳取其捉拿之技，迅雷不及掩耳之势。在形意拳中，鹰形素有"起手鹰捉，出手虎扑，步步不离鸡腿"之说，可见其战力之强。鹰形拳已知有鹰爪拳、老鹰拳、岩鹰拳、雕拳；

（12）熊形，熊乃猛兽，有竖顶之力，甩膀之力，出洞之威。取之于拳，取其竖顶之力，防御之能，进攻之勇。

3.其他象形拳

（1）鹤拳，南拳的一种。动作刚柔相济，激烈勇猛，舒展大方，轻巧快捷。

（2）狮形拳、（3）金狮拳、（4）二狮抱球拳、（5）彪拳、（6）豹拳，属洪拳类，共同的特点是；形神合一，内外相合，静中待动，凶猛无比，刚柔并济。

（7）蝴蝶掌，属洪拳的一种。因掌型张开像蝴蝶而得名。

（8）黄莺落架，亦称黄莺架子，属少林武术系列。

（9）鸭拳，属峨眉武术系列。其特色是两臂自然甩动、双腿交替、脚蹬撩踢、身体前后左右摆晃，手法以掌为主。

（10）鸳鸯拳，属武当武术系列。动作多为左右对称，阴阳互补，式式有法，招招可用，实用性很强。

（11）螳螂拳，属山东武术系列，有（12）硬螳螂拳（13）阴阳螳螂拳、（14）秘门螳螂拳（15）六合螳螂拳（16）七星螳螂拳（17）八步螳螂拳（18）梅花螳螂拳（19）摔手螳螂拳（20）光板螳螂拳（21）玉环螳螂拳等。螳螂拳的特点是刚柔相济，强刚极柔，长短兼备，变幻莫测，上下交替，内外相接。

（22）象拳，属峨眉派武术。其动作生动奇巧，维妙维肖，劲发快柔，风格殊异。

（23）狗拳，即地术拳，中国南方稀有拳种。此拳观察模仿狗的格斗动作，翻滚跌扑，灵巧多变，快速凶猛，机警灵敏。2011年5月23日，地术拳经国务院批准列入第三批国家级非物质文化遗产名录。

（24）龟牛拳，湖南地方拳种。龟牛拳取牛之动，龟之静，动静兼蓄，静则思动，动时则运力于四肢。

（25）螃蟹拳，川西地区稀有拳种。以模仿螃蟹横行，夹钳的动作而故名。行拳时注重吞吐，含胸拔背，潜气内转，发劲刚脆，发力于掌指，步法多侧绕疾进；

（26）蝎子拳，属少林武术。

（27）蛤蟆拳，属少林武术。动作多蹿、蹦、跳、跃、扑等，手法多推、捎、盖、压、按等，腿法有截、跺、踹、合、铲、扫等。

（28）鱼拳，属南少林武术。此拳套路简短，动作简单，且多左右兼练，以柔克刚、度势借力。

（29）蜘蛛拳，属东安武术。

（30）华佗五禽戏，发源于安徽亳州，是东汉医学家华佗根据中医原理、以模仿动物的动作和神态编创的一套导引术。"五禽"指虎、鹿、熊、猨（猿）、鸟等多种动物。"戏"在此指特殊的运动方式。2011年5月23日，华佗五禽戏经国务院批准列入第三批国家级非物质文化遗产名录。

五禽戏的动作遍及全身，是一套能使全身肌肉和关节骨骼都得到放松舒展的医疗保健体操，实用性非常强。《三国志·魏书·卷二十九·华佗》载："熊颈鸱顾，引挽腰体，动诸关节，以求难老。""体中不快，起作一禽之戏，沾濡汗出，因上着粉，身体轻便，腹中欲食。"

形意拳之十二形拳及其他象形拳，是中国人用仿生学的思维，观察学习各种动物赖以生存的优势，将其"形"与拳法的"意"相融合，以达到丰富和提升拳术的战力及养生效果。所谓"外行看热闹，内行看门道"。如若仅从"好看、好玩儿"的角度理解和练习形意拳，那就辜负了中国先人创编形拳的智慧与用心。

（五）八卦掌

八卦掌是中国武术的主要拳种之一，亦称八盘掌、游身八卦掌、八卦连环掌等，是一种以掌法变换和行步走换为主的传统拳术，因为包括"四正"、"四隅"八个方面，与太极八卦相似，故称"八卦掌"。八卦掌在中国各地乃至海外拥有众多的练习者。2008年6月7日，八卦掌经国务院批准成为第二批国家级非物质文化遗产名录。

八卦掌的基本掌型有仰掌、俯掌、竖掌、抱掌、劈掌、撩掌、挑掌、螺旋掌；基本步伐包括起、落、扣、摆；基本内容是八母掌，也称老八掌。

当下有影响较大的八卦掌流派是：尹派（尹福），程派（程廷华），梁派（梁振甫），张派（张占魁），史派（史计栋）。

关于八卦掌的起源，有多种观点。有说为河北省文安县董海川所传；有说为四川峨眉山一带的碧云、静云法师所传；有说八卦掌雏形始于河南人冯克善、牛亮臣；有说八卦掌的前身是江南一带曾经流传的"阴阳八卦掌"；有说河北人李振清传八卦掌；等等。

一种拳法的起源有多种说法，这是中国武术史上常见的现象，也是正常现象。不过，八卦掌的情况比较特殊，各种起源各有故事，相互之间又多有重合。所谓"一传十，十传百"，"剪不断，理还乱"，直至成为"八卦故事"。

是水总有源头。这里我们按照上述几种起源说法朔源而上，先将涉及八卦掌起源的代表人物的生活年代做个排序：然后作纵向和横向比照，梳理一下八卦掌传承的大致轮廓。

碧云、静云法师，于明嘉靖年间（即1522～1566年；一说明末清初）曾于峨眉山传授八盘掌。暂列第一位；

济宁人王祥于嘉庆二年（即1797年）教授冯克善，牛亮臣开始学武。暂列其二；

河北文安人董海川，生于清朝嘉庆三年（即1796年10月13日，一说生于嘉庆十八年，即1812年），暂列其三；

江南"阴阳八盘掌"相传为董梦麟高祖所创，枝蔓较多，暂列其四。

李振清于青年时期（1850年前后）带艺投师，暂列第五。

关于峨眉山碧云、静云法师传八盘掌。碧云、静云法师从何而来，所传八盘掌为谁之后，未见史料记载。龚鹏程在其《武艺丛谈》（山东画报出版社2009年1月版）一书中转述四川省武协峨眉武术工作委员会主任吴信良著《峨眉拳实用技法》所载："明代嘉靖年间由峨眉山碧云、静云两位法师传授下来的八盘掌，经河北文安县董海川在清嘉庆末年来川习学，苦心习练，结合自己游历江南习学的名家拳法之精华，经八年而创编成'八卦掌'，现在国内外广泛流传"。这段文字包含了三条信息，碧云、静云法师曾于明嘉靖年间（1522～1566年）在峨眉山传授八盘掌；董海川（生于1796年）曾于清嘉庆末年（1820年）到四川（峨眉山）学习八盘掌；董海川历经八年（1830年左右）将八盘掌与江南名家拳术之精华融汇，创编八卦掌。

以上资料虽不够详尽，但也大致看出其中脉络：碧云、静云法师→四川师承碧云、静云法师的八盘掌练习者→董海川入川学艺并创编八卦掌。

关于冯克善、牛亮臣创八卦掌雏形。据清《蓝簃外史》"靖逆记·冯克善"载："冯克善，河南滑县人，少猛鸷，有膂力，曾从滑县朱召村人唐恒乐习武伎"。"嘉庆丁巳（清嘉庆二年，1797年），有山东济宁人王祥教克善拳法，克善尽得其术"。"庚午（嘉庆十五年，1810年）春二月，其僚婿滑县库书（官府仓库中掌管造册登记的吏员）牛亮臣见克善拳法中有八方步。亮臣曰：尔步伐似合八卦。克善曰：子何以知之？亮臣曰：我所习坎卦。克善曰：我为离卦。亮臣曰：尔为离，我为坎，我二人离坎交宫，各习其所习即可也"。上述文字也包含了三条信息：冯克善早前曾跟唐恒乐习武；后随济宁人王祥学拳法；曾与女婿牛亮臣切磋拳法。

据查，唐恒乐是朱召村齐大壮的弟子，齐则是康熙年间武探花（梅花拳大师）杨丙（一说杨炳）的弟子。故冯克善就是梅花拳的再传弟子。故宫博物院明清档案部藏《军机处录付奏折·农民运动·卷2392第2号》载："（嘉庆十八年十二月十六日）冯克善又供……又有掌离卦的郜二，山东东昌府城内人，系现已病故王充之师，王充系王祥之师，王祥即我师。"王充的师傅郜二是康熙年间八卦拳名师，由此可知冯克善跟王祥所练拳法是八卦拳。

中国武术界大都认为，八卦拳与八卦掌虽然都尊崇传统八卦理论，但二者之间还是有区别的，故"冯克善、牛亮臣始创八卦掌雏形"一说，还有待深入研究。

关于江南"阴阳八盘掌"。在清代也称"阴阳八卦掌"，相传为江南人董梦麟所创。而董梦麟曾告诉弟子，阴阳八盘掌在董家已传了三代。第一代应在清乾隆年间，董梦麟的祖上与通背创始人董成。据董梦麟弟子再传弟子任致诚1937年出版的《阴阳八盘掌法》一书记载，河北人董海川（1796～1882年）与其师李振清（1879～1976年），均为河南董梦麟的先后入室弟子。

董海川墓志铭（第一碑，光绪九年立，1883年）载："少任豪侠，不治生产。……及长，遍游四方，乃过吴越巴蜀，举凡名山大川，无不应临搜奇，以壮其襟怀。后遇黄冠，授以武术，遂精拳勇。"这段铭文证明董海川先是"遍游四方"，而后"过吴越巴蜀"学艺求学，在创八卦掌的过程中完全有可能将阴阳八盘掌的优点融汇其中。至于"黄冠"是谁，多有解读或故事，此处不做详述。

关于李振清传八卦掌。清代曾有"阴阳八卦掌"，与李振清所传阴阳八盘掌仅一字之差。鉴于直至今天，李振清再传弟子依旧在练习阴阳八盘掌，故此说"李振清所传八卦掌"，应为阴阳八盘掌之误传。

关于八卦掌的五大流派。

（1）尹派八卦掌，为八卦创始人董海川第一个徒弟尹福所传。尹派八卦掌以"牛舌掌"为基本掌型，以"鹤型步"为基本步法，讲究手、眼、身、步、气力合一，崩弹力多，其敏捷如打闪韧针，讲借劲使劲，以巧破千斤。

（2）程派八卦掌，为董海川的第三个徒弟程廷华所传。程廷华在悉心学习师傅所传的八卦掌精华的同时，还吸收了形意、太极拳术之精华，创立了以"龙爪掌"为基本掌型、以"鸡形步"为基本步型的八卦掌，其动作圆活，多摔法，尚横劲。

（3）梁派八卦掌，为董海川的晚年幼徒梁振莆所创。梁派八卦掌以穿、带、挑、塌、推、等掌法为多；身法以拧、坐、揉、抖、旋、翻等身法见长，步法上以扣、摆、挫、跺、趟等步法为主；在战术上以善趋其后、以正击斜，声东击西、避实击虚、以巧制拙为上。

（4）张派八卦掌，为董海川的再传弟子张占魁所创。他早年学过少林、迷踪、形意等拳法，后师从程廷华学习八卦掌。张派八卦掌的特点是：重视意念配合，强调内外兼修。亦称"张派形意八卦掌"。主要有"阴阳运转法"、"阴阳守气法"、"意气运转法"、"意念示意法"、"内外修身盘膝法"。其掌法细致，武医结合，招法丰富。

（5）史派八卦掌，为史计栋所创。史计栋，河北省冀州人，早年学过弹腿。后拜董海川为师，董海川晚年身边无亲，有义女陈思思，嫁给史计栋，并悉心授艺。所传之技艺有；八卦六十四掌掌法，腿法多种与各种器械。史派八卦掌以腿法多，翻身多和钩镰掌式等特点独树一帜。

至此，相信大家对八卦掌的源流有了大致了解。同时，想必大家也注意到了"董海川"这个名字。的确，中国武术界都认为，在八卦掌发展史上，影响最大、贡献最大、弟子最多的当属董海川先生。董海川，原名董明魁，1797年（一说1812年）生于清朝河北省文安县朱家务村，1882年病逝于北京。

（6）通臂拳

通臂拳亦称通背拳、通备拳，属长拳类，是内家拳的主体。清《通臂拳论》载，"明万历年间，拳家费大环（一说费大桓）创通臂拳五路"。戚继光的《纪效新书·拳经捷要篇》中对通背拳有叙述，此证通臂拳起源还要更早一些。

通臂拳讲求技击的实效性，出手准确，放长击远，依靠步法的闪展腾挪，讲求腿法与步法配合运用，出手为掌，点到成拳，虚虚实实，灵活多变，用拳不多，掌法占主要。

通臂拳有洪洞通背、白猿通背、少林通背、劈挂通背、串拳通背等多种风格的套路。

二、外家拳

依据技战术特点及拳法着力点为拳术分类方法，内家拳以外的拳术皆可称为外家拳。这也是中国武术界惯常的说法。

前面我们说过，外家拳以刚为主，着力硬功，以攻为主，但也讲求刚柔并济。如果用"温文尔雅，不卑不亢的才俊"来形容内家拳，那么外家拳，就是"身强力壮，武艺高强，脾气爽直的汉子。"

外家拳的种类较比内家拳要多很多。

外家拳总体分类大致有五大类：一、少林拳；二、长拳；三、短拳：绵张短打、绵张拳；四、南拳洪家拳、蔡李佛拳、虎鹤双形拳、侠家拳、咏春拳、五祖拳、太祖拳、鹤拳、罗汉拳、武林脱铐拳等；五、散手。

（一）少林拳

少林拳是中国武术主要拳种之一，也是外家拳中具有代表性的拳种。少林拳功夫过硬，风格独特，立足于实战。其拳术套路结构紧凑，动作朴实健壮敏捷，攻防严密，招式多变，力量运用灵活而有弹性，不练花架子。作为中国武术主要流派之一，有关少林武术的详情将在第四章中详述。

（二）长拳

"长拳"的名字最早出现于《纪效新书·拳经捷要篇》中："古今拳家，宋太祖有三十二势长拳。""至今之温家七十二行拳、三十六合锁、二十四弃探马、八闪番、十二短，此亦善之善者也。"长拳的特点是姿势舒展大方，动作灵活快速，出手长，跳得高，蹦得远，刚柔相济，快慢相间，动迅静定，节奏分明。

长拳是一个统称，具体包括查拳、华拳、炮拳、洪拳、花拳、少林拳、戳脚、翻子等拳种。

（1）查拳　中国武术重要拳种，在山东、山西、河南，河北、上海、北京、四川、新疆、广东、广西、宁夏、辽宁、吉林、江苏、湖北、香港、台湾等地广为流传。查拳重视弹腿，拳套共分10路，每路有30～60个动作。构成查拳体系基本动作和技击方法的步型、步法、手型、手法、腿法、平衡、跳跃旋转、击、刺、劈、砍等。

有关查拳的起源有多种说法。一说明朝西域回民查尚义（查密尔）为抗击倭寇侵略我国沿海，应征到内地，行至山东冠县因病疗养，受到当地百姓精心护理，为表达感激之情，查尚义将自身拳艺传授给了当地百姓。从此，山东人民就将查尚义传授拳艺称作查拳；一说是唐代安史之乱时，一支东征军队路经冠县，青年将领滑宗岐负伤滞留该地，在当地群众的精心照料下恢复了健康。留住期间，他把自己的武艺架子拳传授给当地村民，以后又把旅居长安的师兄查元义（查密尔）请来一同施教。滑、查二人故去后，当地人把查元义所传的身法势叫"查拳"，将滑宗岐所使架子拳命名为"滑拳"，总称"查滑拳"。当下影响较大的查拳流派有山东冠县"张氏（张尹庄）"和"杨氏（杨鸿修）"、河北深县"李氏（；李存义）"等三大分支。

（2）华拳　华拳讲究"三华贯一"，"三华"指精、气、神，华拳因而得名。华拳的内容有徒手、器械、单练、对练。1—12路华拳是其中具有代表性的拳术套路。

华拳多由踢、打、摔、拿等攻守格斗动作，按照攻防进退、动静疾徐、刚柔虚实等规律组成。经常练华拳，能训练人的格斗技能，对人体各部肌肉的发展、关节的灵活、韧带的伸张和强固，以及平衡器官、中枢神经的协调机能有良好作用。动作势式讲究运用"撑、拔、张、展、钩、扣、翘、相、蹦、顶、塌、收、沉"等"骨法"。

关于华拳的起源，据说唐代开元年间华山蔡茂所创。至明嘉靖年间，华山蔡氏后裔山东济宁人蔡挽之，并留有拳法的理论著作《华拳秘谱》，使华拳形成了一个完整的拳种。

（3）炮拳　炮拳名称的来由与其动作特点有关。炮拳的动作刚健有力，以刚为主，套路短少精悍，实战技击攻防严密，招式多变，虚实相兼，风格独特。炮拳有三路炮拳、六路炮拳、九路炮拳等三个套路。其总体要求是"内要提，外要随，起要横，落要顺，打要近，气要催，拳如炮，毁敌身"。

炮拳还是多个拳术流派的基础功名称。各派技法也各具特色，如梅花炮、起手炮、贯耳炮、踩堂炮、回溜炮、冲天炮、追风炮、卧心炮、飞云炮、连环炮、迎面炮、裹鞭炮、五行炮、五花炮、十二横锤、安身炮、绞山炮、开山炮、连珠炮、挨身炮等。

关于炮拳起源的说法主要有两种：一是创于宋代时期，是由福居禅师根据十八家短打逐步演变而成，久练出拳如炮，成为少林拳术的精华套路。有"诸拳之五"之称；一说是流传在我国西北地区古老的地方优秀拳种。相传清嘉庆年，燕山常巴巴所传。最初始于兰州，后经过不断发展，逐渐传入青海、新疆、宁夏等地。

（4）洪拳　亦称洪家拳，其名字的由来是清代南方民间秘密结社三合会（洪门）假托少林所传习的一种拳术。也有说是由元、明时期陕西地方拳术红拳加上其他拳术演变而来。洪拳的技击原则是：以防为主，攻防交织，挑劈护中，闪穿封截，正面突破，长短结合，连环进击，偏门巧入，以刚为主，刚柔相济。技法多以长桥大马，以坚固著称。桥手以虎爪、剪手为本，马步则以四平大马、子午马、麒麟马、吊马、坐盘为主；以洪拳五战为主（即铁线拳、工字伏虎、虎鹤双形、五形及十形），加之以黄飞鸿所创之十毒手。这是训练习者体会洪拳技法，务必掌握的方法。

洪拳相传已有300多年的发展历史。一说是清康熙或顺治年间民间秘密结社洪门假托少林所传习的一种拳术；一说是明将郑成功在台湾创立的"金台山"，该组织以明太祖朱元漳年号"洪武"的"洪"字立门，故称洪门拳；一说相传洪拳真正的发源地，是福建蒲田少林寺，由主持至善禅师所传。

洪拳在广东流行甚广，是广东"洪、刘、蔡、李、莫"五大拳之首。在国内一些地区影响也很大，如四川、湖北、湖南、广西、陕西，香港、澳门等；国外如澳洲、美国、加拿大及东南亚一些国家和地区也颇有影响。

经过200多年的演变，洪拳分支较多。当今主要可分为两大派，即是陆上洪拳和水上洪拳。所谓陆上洪拳，就是洪家弟子在陆上授技练习；所为水上洪拳，是因为火烧南少林后，洪拳弟子流浪到红船"戏班"将洪家拳传于梨园子弟，因在船上练武，故称水上洪拳。

（5）花拳　中国有句俗语"花拳绣腿"，用来形容那些做事（包括武术）好看不好用、华而不实的人和事。其实花拳之"花"有"幻化"之意。其拳理讲究"出手似百花顿开，使人眼花缭乱"。其动作却是"沉着朴实，严紧完整；出手快速敏捷，迅速连珠；劲力充实劲整，刚柔相济"。花拳既有长拳的快速有力，节奏鲜明的特点，又有刚中蓄柔，坚硬如铁的独特风格。

花拳的功法是"五要四求"。五要是：一要筋长，二要气足，三要劲活，四要根固，五要完整。四求是：一求身法似游龙，二求步法快如风，三求手法如穿梭，四求眼法如闪电。花拳有散手一百二十字、七十二擒拿法、三十六腿、二十四势。花拳练习实打之法，有抄手、抄腿、肘击、肩靠、股插等法。

关于花拳的起源，中国武术界较为认同的说法，相传是清代雍正年间甘凤池在江浙一带所传授，属于少林派系。甘凤池，江苏南京人，清代著名武术家，生卒年不详。他自幼爱好武功，先后拜黄百家、一念和尚为师，精内外家拳，善导引之术。有"江南大侠"之称，著有《花拳总讲法》。《清史稿·卷五百五·列传二百九十二》有"甘凤池传"。

（6）戳脚　亦称鸳鸯脚，中国拳术之一。戳脚顾名思义，一听便知腿脚上功夫了得。戳脚分文、武两种趟子。武趟子是戳脚的本源，舒展大方，矫捷刚健，放长击远，刚柔兼施，以刚为主。基本腿法有挑、剪、丁、转、迎门插拦、左右八腿（即丁、踹、拐、点、蹶、错、蹬、碾等八种踢法）。武趟子套路也叫"九转连环鸳鸯脚"，简称"九枝子腿"，一共九路，各路可互接互换练习；文趟子动作明快，节奏鲜明，其练法是心到神到，手到脚到。手法有推、提、棉、转、贴、川、缠、展；步法有进、退、闪、摆、抽、换、窜、旋。其战术讲究一步一脚，出人不意，诱敌深入，后发制人，下肢发脚，半步赢人，似踢非踢，声东击西。

关于戳脚的起源，未见确凿史料，有些古籍经典中涉及戳脚的相关情况，可以起到旁证作用。譬如，一说戳脚起源于宋代。旁证典籍是元末明初人施耐庵创作的《水浒传》，他在"武松醉打蒋门神"一回中，讲述了武松使用戳脚技法玉环步、鸳鸯脚的细节。尽管《水浒传》是文学作品，却能旁证至少在元代以前戳脚技法就已存在了；一说戳脚在明代已经盛行。旁证典籍是戚继光《纪效新书·拳经捷要》中有"腿可腾飞，而其妙也，颠起倒插；而其猛也，披劈横拳"的字句，其中"颠翻倒插"就是戳脚技法；一说最早流传于河北衡水地区一带。2014年，河北省上报的"戳脚"位列第四批国家级非物质文化遗产代表性项目名录。据相关材料介绍：戳脚，源出少林，创于宋，成于元明，盛于清，是"北腿"的主要代表，有"北腿之杰"的美誉。在我国北方几个省市广为流传，现在河北衡水饶阳沃地村被认为是戳脚的本源正宗。

戳脚与沃地村之间是怎样一种关系呢？这里面的关键人物是冯克善。此人我们在介绍八卦掌时曾经谈到过。范文澜《中国通史简编》关于1813年天理教起义一节记载："李文成见林清口才出众，大喜，共推林清为天皇，冯克善为地皇，李文成为人皇。……冯克善在组织援军过程中于献县被捕，后成功越狱，从此开始了在饶阳一带长达二十余年的授拳生涯"。在饶阳流传的"戳脚十三脚密诀"中，有"十三脚恩师传，漂流江湖四十年，玉容师音难寻觅，祖祖辈辈念老灿"。这里的"老灿"指的就是冯克善（一说是太平军战将赵益灿）。饶阳宋氏戳脚十三脚，被称为"戳脚之魂"，是中华武术的活化石。现今虽未见确凿史料证明戳脚为冯克善所创，但戳脚在绕阳一带长期流传却是事实。

此外，中国东北一带还流传一种"东北戳脚"，腿法独特，技击性强，相传为近代武术家胡奉三（1852～1942年）所传。以八根、八母、八法十六字诀、三十二字根本用法为核心，刚柔相济，短小精悍，上身紧凑，下身活，手法缠绵，腿法刚劲，贴身近战，灵活多变为，又称"胡氏戳脚"。胡氏戳脚以文趟子为主，兼习武趟子。

（7）翻子　亦称八闪番，翻子拳，母子拳，枝子门，是十大拳种之一，属少林宗法。翻子拳的特点从名称上就可以看出：拳有八下（八种技击方法）；动如"闪"电；"翻生不息"（一手接一手），所谓"翻手为云，覆手为雨"。翻子拳以直拳摆拳为主，并以腰力贯穿其身法，"双拳密如雨、脆快一挂鞭"，使人防不胜防，非常实用，被视为中国武林中的精华。翻子拳讲求手脚并重，突出腿活，动作舒展，架势较大，攻防明显，硬攻直进，快速勇猛，放长击远。翻子拳的基本套路是站桩翻，其次有萃八翻、轻手翻、捞手翻、健中翻等套路。在河北、京津一带传习的还有六手翻、燕青翻、鹰爪翻等。翻子拳的套路一般短小精悍，发力迅猛。强调脆、快、硬、弹。"旗鼓势"是翻子拳独具的出门架子。

关于翻子的起源，未见确凿史料记载。一般说法是起源于宋，流行于明，盛行于清。尤其在中国北方盛行，是"北腿"的代表拳种。百余年来，翻子拳和戳脚逐渐融和，使技术内容更加丰富，在攻防方法上更加全面。也有说翻子在北方的主要传人为赵洛灿（赵益灿），清末农民起义领袖之一，起义失败后，隐居河北蠡县赵锻庄刘洛尚家中传授武艺，刘洛尚三个儿子刘攀贵、刘观澜、刘贵馨三兄弟习武，同时习武者还有魏昌义、魏洛芳等人。刘观澜曾在东北沈阳、长春、哈尔滨等地传授。河南、陕西、山西、西北地区都有传授。这两种说法总体上不矛盾。

值得一提的是，戚继光在《纪效新书·拳经捷要篇》中有"至今之温家七十二行拳、三十六合锁、二十四弃探马、八闪番（后称八闪翻）、十二短，此亦善之善者也"的字句。由于"温家拳"是当时中国武术赤、伯、春、温四大门之一，戚继光将"八闪番"与"温家七十二行拳"并称，可见翻子在明代就已颇有名声了。

（三）短拳

短拳被列入长拳类，原因就在于短拳是长拳的基础。短拳之"短"，一则出手较短，二则套路短小精悍。其特点为：简明快速，拳法密集，猛起硬落，一气呵成。技击原则是紧攻硬逼，近身靠打，挨身肘发。其套路有绵掌拳、八间翻、十二短、绵张短打、随手、劈心掌、玉环步、里外发、鸳鸯拐、开天辟地、八卦拳等。

每部短拳都是专一练某一根的法或力，其他各根只是根据六合论与之配合。由于每一招式都不是六根同练，只突出练一根，故称为短拳。短拳就像机器的零件一样，组装起来达到六根合作共练，就形成了长拳。总之，短拳是练武的根基，必须精熟。

（四）南拳

南拳又称南方拳。其称谓最早见诸于明代郑若曾的《江南经略》卷八"兵器总论"："倭奴挥刀若神人望之，辄惧而走以曾观之，其所长者刀法而已。耳其鸟嘴铳类犹之我兵也，弓矢之习犹之我兵也，此外殊无足称矣。惟倭性好杀，无一家一人不蓄刀也，童而习之，壮而精之。而我堂堂天朝一统之盛，礼陶乐化，偃武已久，民不知兵欸，遇丑夷遂若强。敌不知中国武艺不可胜纪，古始以来，各有专门秘法散之四方，若招募得人，以一教十，以十教百，即刀法一艺倭，不足以当我，况其它乎？试举其略言之：如使枪之家十七……"，"使拳格兵器之家十一，曰赵家拳（赵太祖神拳三十六势芜湖下掌拳；西川二十四势抹零开打韩童六路），曰南拳（似风似蔽似近似退儿四路），曰北拳（供看拳凡四路），曰西家拳（六路），曰温家拳钩挂拳（十二路）……"此处，不仅有"南拳"之称谓，而且还有南拳"似风似蔽似近似退儿四路"的特点描述。足见在郑若曾眼里，南拳在抵御来犯倭寇的拳种中名列前茅。

南拳是南少林拳与中国南方各其他拳种相结合的产物，其技术套路繁多，遍布各省。由于传承已久及师承关系的原因，形成了多种打法，但各种打法总体特点相同：即套路短小精悍，结构紧凑，动作朴实，手法多变，短手连打，步法稳健，攻击勇猛，常伴以声助威，技击性强。南拳很讲究桩功，以练坐桩为主，还有丁桩、跪桩等。也还有练药手、打砂袋、铁砂掌、点穴功、童子功、罗汉功、青龙功、排打功等。

由于南拳劲力饱满，以刚为主，所以练习者多有肌肉发达，筋骨强壮，力量速度等强悍的身体素质。

关于南拳的起源，说法较多，主要有两种。一是起源于康熙年间。说当时有西鲁国来犯，无人可敌，福建少林寺僧人请缨出征，大破西鲁国。之后，清廷派兵围剿福建少林寺，毁寺抓人，寺中仅有五僧幸免于难。这五位僧人后来结识南方各地豪杰，创建洪门（天地会），立誓"反清复明"。福建、广东、湖北一带的南拳都由这五位僧人传出，因此被尊为南拳"五祖"。不过，历史上并没有"康熙年间西鲁国来犯"之事，南少林寺僧人出征抗敌的壮举也只能是个传说。然而福建福清少林寺与"南少林，北武当"之说有关，因此这座南少林寺对南拳拳系的形成和发展产生过何种作用，还是应该予以充分考虑。

二是南拳起源于明代。说福建地区的武功，早在明代中期就已崭露头角。与戚继光齐名的抗倭名将俞大猷在当广东都司佥事时，曾仅率随从数人，深入荒山密林，以一手剑术震慑多处叛民，使他们归顺。俞大猷精于棍法，曾广教士卒，当时泉州一带的棍法几乎全为他所传。不过，这里没提到南拳的事儿。还有说明末时，泉州有位名叫定因的僧人，武功高超，曾在漳州击毙猛虎，传有弟子数百人。这里也没有明确提到南拳。

历史地看，南拳拳系的形成，与"北方武功南下"也不无关联。据史料记载，公元4世纪起，由北而南出现过三次大规模移民。第一次在两晋之际，有一部分北方人辗转迁移到福建，被称为"福老"。第二次在唐末僖宗时期，由河南固始人王潮、王审知兄弟率兵5000人及大批眷属南迁至泉州、福州。第三次在两宋年间，南迁军民超过百万。以上三次移民，都从河南出发，统称为"客家人"。伴随他们的到来，比较成熟的北方武功也被带到了南方地区。

数百年来，南拳拳系形成了上百个拳种，广泛流传于闽、粤、桂、赣、浙、湘、鄂、川、苏及港澳台地区并流传海外，在东南亚以及美洲、大洋洲扎下了根。此后，以地域为界，各地南拳分为一下南拳主要拳系：

（1）广东南拳，包括洪家拳（清代三合会假托少林所传）、刘家拳（清乾隆年间刘生、刘一眼、刘青山所创）、蔡家拳（清乾隆年间蔡九仪，一说蔡展光所创）、李家拳（清乾隆年间李锡开所创）、莫家拳（明末清初莫达士所创）等五大流派，还有蔡李佛拳（清嘉庆年间陈享综合蔡家拳、李家拳、佛家拳所创）、虎鹤双形拳（清同治年间林世荣综合洪家拳、佛家拳所创）、侠家拳（据说为清末四川大侠李胡子所传）、咏春拳（有清末严三娘、至善和尚、方永春所传三说）、白眉拳（据说为明末峨眉白眉道人所传）、南枝拳（清乾隆年间邓南枝所创）、儒拳（明万历年间福建少林寺和尚所创）、佛家拳（源自明末清初南少林）、刁家拳（清末刁火龙、刁龙康所创）、朱家拳（清末朱黄二所传）、岳家拳（南宋岳飞所创）、钟家拳（清嘉庆年间钟佑古所传）、昆仑拳（清末五台山日冠长老所创）等。

（2）广西南拳，包括周家拳（清末周龙所创）、屠龙拳（不详）、洪门伏虎拳（清末林世荣所创）、小策打（出处不详）等。

（3）福建南拳，包括南少林龙、虎、豹、蛇、鹤五形拳（清中期福建少林寺拳种）、五祖拳（清末蔡玉鸣所创）、罗汉拳（清初福建少林拳种）、梅花桩，亦称梅花拳（南宋末年朱永元所创）、连城拳（清顺治年间黄思焕所创）、地术拳（据传明末清初四月神尼所创）、泳家法（出处不详）、五枚拳（出处不详）、狮拳（明末清初洪门拳类）、猴拳、鱼拳、儒拳、鸡拳、仿鸟迹等流派。

（4）江西南拳，主要有余家字门拳（据传为清乾隆年间广东潮州府余氏先祖所创）、岳家硬门拳（即岳家拳）、赵家法门拳，又称赵家拳。还有宋江拳（元末明初道衍禅师姚广孝所传）、虎拳等。

（5）湖南南拳，主要有巫家拳（清乾隆年间巫必达所创）、洪家拳、薛家拳（据传为唐代名将薛仁贵所创）和岳家教（晚清黄春楼首传）四大流派。

（6）湖北南拳，包括洪门拳、孔门拳（有清乾隆年间曹同胜、明末清初孔庭章、明末清初严伏三人所创三说）、岳门拳、鱼门拳、孙门拳（不详）五大派还有巫家拳、奈门（出处不详）、佛门（出处不详）、隐仙门（清咸丰年间胡凤庭所传）、水浒门（清咸丰年间李大斌（外号李滚子）所传）、蒸门（出处不详）、严门（出处不详）、熊门（出处不详）等。

（7）四川南拳，有僧（立于清初）、岳（始于南宋）、赵（创于北宋）、洪（立于明末）、会（创于清中叶）、杜（传清乾隆年间杜官印所传）、字（以拳法阵型得名）、化（以拳法手法得名）等八大门派，亦称"八叶"。

（8）浙江南拳，有黑虎拳、金刚拳（北少林拳）以及温州南拳（南宋淳佑年间吴金明所授）、台州南拳（属少林拳术传播）。

（9）江苏南拳，有常州阳湖拳（以宋代"南侠"展昭为师祖）、苏州南拳、无锡南拳，上海南拳等，其中阳湖拳是江苏唯一的地方拳种。

（五）散打

散打也叫散手、相搏、卞、弁、相、拍张、手战、白打等。是中国武术重要的组成部分。散手一词最早见诸于《居延汉简》（即上世纪30年代在中国甘肃居延地区长城烽燧遗址发掘出的代木简）中"相错蓄，相散手"。

散打简言之就是两人徒手面对面地打斗。以中国武术的踢、打、摔、拿四大技法为主要进攻手段。另外，还有防守、步法等技术。属于武术对抗性技击项目。散打不仅有助于武者掌握武术的技击方法，也有助于培养武者勇敢、机智、灵活、果断等意志品质。

第四节　中国武术拳术民间分类总目

以上我们介绍了中国武术拳术的两大类（内家拳、外家拳）、十一个主要拳种，以及部分主要拳种中数十个分支。然而，这远不是中国武术拳术的全部。这里，我们用"命名法分类"法，再对中国武术拳种做个总体介绍（因篇幅所限，只介绍名称）。

一、以佛圣道仙、神祇鬼怪命名的——神拳、二郎拳、韦驮拳、大圣拳、八仙拳、天罗拳、地煞拳、六星拳、哪咤拳、金刚拳、观音拳、佛汉拳、佛教拳、罗汉拳、金刚锤、二十八宿拳、四仙对打拳、七星访友拳、罗汉螳螂拳、夜叉巡

海拳、金刚三昧掌、夜叉铁沙掌等。（22种）

二、以"门"命名的——余门拳、硬门拳、法门拳、空门拳、红门拳、鱼门拳、孔门拳、风门拳、水门拳、火门拳、鸟门拳、佛门拳、窄门拳、字门拳、孙门拳、严门拳。熊门拳、自然门拳、引新门拳、罗汉门拳、磨盘门拳、水浒门拳等。（22种）

三、以姓氏命名的——刘家拳、蔡家拳、李家拳、莫家拳、巫家拳、薛家拳、岳家拳、赵家拳、杜家拳、周家拳、祈家拳、温家拳、孙家拳、邹家拳、高家拳、戚家拳、洪佛拳、岳家教、钟家教、刁家教、李家教、朱家教、蔡李佛拳、岳氏连拳、罗家三展、杨家短打、胡氏戳脚、率洗两、陈氏太极拳、杨氏太极拳、武氏太极拳、孙氏太极拳、吴氏太极拳、林氏下山拳、武氏十八技等。（35种）

四、以人名命名的——燕青拳、太祖拳、孙膑拳、五祖拳、宋江拳、白眉拳、珠娘拳、纯阳拳、达摩拳、玄女拳、武侯拳、五郎拳、文圣拳、南枝拳、咏春拳、岳王锤、武子门拳、子龙炮拳、太祖散掌、三皇炮锤、孔朗拜灯拳、刘唐下书拳、武松脱铐拳、武松独臂拳、神行太保拳、燕青巧打拳、达摩点穴拳、太白出山拳、甘凤池拳法、黄啸侠拳法、燕青十八翻、罗王十八掌、达摩十八手、孙二娘大战拳、武松鸳鸯腿拳等。（35种）

五、以地名命名的——潭腿、少林拳、武当拳、峨眉拳、崆峒拳（分五大门：飞龙门、追魂门、夺命门、醉门、神拳门）、梅山拳、灵山拳、昆仑拳、关东拳、关西拳、龙门拳、登州拳、东安拳、石头拳、水游拳、西凉掌、太行意拳、洪洞通背拳等。（22种）

六、以动物命名的——龙拳、蛇拳、虎拳、豹拳、鹤拳、狮拳、象拳、马拳、猴拳、彪拳、狗拳、鸡拳、鸭拳、龙形拳、龙桩拳、龙化拳、行龙拳、飞龙拳、火龙拳、青龙拳、飞龙长拳、青龙出海拳、毒蛇吐信拳、虎形拳、黑虎拳、青虎拳、白虎拳、饿虎拳、猛虎拳、飞虎拳、伏虎拳、五虚拳、八虎拳、虎啸拳、回头虎拳、侧面虎拳、车马虎拳、隐山虎拳、五虎群羊拳、工字伏虎拳、虎豹拳、虎鹤双形拳、白鹤拳、宗鹤拳、鸣鹤拳、飞鹤拳、食鹤拳、饱鹤拳、饿鹤拳、五祖鹤阳拳、永春白鹤拳、独脚飞鹤拳、狮形拳、金狮拳、狮虎拳、二狮抱球拳、猿功拳、猿形拳、猿粿伏地拳、白猿短臂拳、白猿偷桃拳、鸡形拳、鸭形拳、鹰爪拳、老鹰拳、岩鹰拳、雕拳、鹞子拳、鹞子长拳、燕形拳、大雁掌、蝴蝶掌、龟牛拳、螃蟹拳、灰狼拳、黄莺架子、鸳鸯拳、螳螂拳、硬螳螂拳、阴阳螳螂拳、秘门螳螂拳、八步螳螂拳、梅花螳螂拳、七星螳螂拳、摔手螳螂拳、六合螳螂拳、光板蝗螂拳、玉环螳螂拳等。（88种）

七、以日常杂物命名的——巾拳、扇拳、伞拳、花拳、船拳、钟拳、板凳拳、褂子拳、云帚拳、脱梏拳、百花拳、梅花拳、莲花拳、螺旋拳、山门拳、白玉拳、汤瓶拳、沾衣拳、衣衫母拳、三战铁扇拳、三十六合锁等。（21种）

八、以手法命名的——插拳，截拳、挂拳、挡拳、扎拳、套拳、穿拳、撕拳、翻拳、炮拳、罩掌、剑手、短手、五手拳、应手拳、捏手拳、合手拳、封手拳、练手拳、拦手拳、劈挂拳、撂挡拳、撞打拳、通臂拳、杀手掌、反臂掌、字手、十字手、排子手、万古手、黄英手、八黑手、锦八手、照阳手、金枪手、天罡手、地煞手、四门重手、分手八快、咬手六合拳、盖手六合拳，九宫擒跌手、罗汉十八手、二十四破手、三十六闭手、七十二插手、三十六看对手等。（47种）

九、以步法、腿法命名的——弹腿、暗腿、踔腿、截腿、连腿、戳脚、四步拳、六步拳、八步拳、练步豢、穿步拳、顺步捶、腰步捶、挡步捶、涌步捶、乱八步、三步架、五步打、八步转、掘子腿、溜脚式、十二步架、六步散手、十字腿拳、溜脚架子、连环鸳鸯步、鹿步梅花桩、八步连环拳、九宫十八腿、少林二十八步，进步鸳鸯连环腿等。（31种）

十、地躺拳类——地躺拳、地行拳、地功戳脚，地功翻子、地功罗汉拳、活法黄龙拳、地躺八仙拳、金刚地躺拳、少林地龙拳、地功鸳鸯拳、飞龙地躺拳、九滚十八跌等。（12种）

十一、醉拳类——八仙醉、水游醉、醉溜挡、醉八仙拳、醉罗汉拳、文八仙拳、武八仙拳、大八仙拳、混八仙拳、清八仙拳、少林醉拳、形式八仙拳、罗汉醉酒拳、太自醉酒拳、武松醉跌拳、燕青醉跌拳、石秀醉酒拳、鲁智深醉打山门拳等。（18种）

十二、跌打拳类——跌扑拳、沾跌拳、沾衣十八跌、武松混打拳、武松脱

铸拳、水浒连环拳等。（6种）

十三、各地著名拳种——形意拳（心意六合拳）、大成拳（意拳）、八卦拳、八卦掌、八极拳、六合拳、查拳、华拳、红拳、节拳、绵掌、绵拳、太拳、二郎拳、大悲拳、功力拳、石头拳、连城拳、两仪拳（太极快拳）、独臂拳、疯拳、埋伏拳、迷踪拳、缅拳、缠丝拳、磋跤拳、曦阳掌等。（27种）

中国武术拳术总计：13大类，64分类，386种。

这里特别要声明的是：本书对中国武术拳术无论是大类、分类还是具体小拳种的统计，相信都未能涵盖中国武术拳术的全部。因为，千百年来武术拳术在中国各地域各民族中传承途径与方式千差万别，其中所产生的分支数不胜数，影响也大小不一。随着时代的不断发展变化，各类拳术也必定会呈现出消亡和新生的动态局面。加之相关资料奇缺，收集起来极为困难，也影响了统计数字的权威性。然而，尽管如此，笔者依然坚信，武术作为中华文明不可或缺的组成部分，其拳术也在伴随着中华文明的发展而发展、进步而进步，这种状况是不会改变的。

第三章

中国武术器械的种类与特色（上）

中国武术器械诞生的历史最早可以追溯到史前时期。

同拳术从自然状态到进入理性过程一样，武术器械也经历了从"顺手使用"（当然最早是石头、棍棒之类）到"有意使用"，再到"精心使用""研习使用"的历程。世界各国，概莫能外。

第一节　武术器械是兵器的前身

目前，有些武术著作中，把武术器械称之为"兵械"，理由是"武术器械主要由古代兵器演化而来"。笔者以为，这个问题需要做些必要的讨论或澄清。在汉语中，兵械即指兵器。对于兵械，《辞源》（商务印书馆1988年7月版）引述《史记律书》："六律（此处指古代六律律法，即吏律、户律、礼律、兵律、刑律、工律）为万事根本焉，其于兵械尤所重。"关于兵器，《辞源》引述《左传·隐公元年》："缮甲兵，具卒乘"。《荀子议兵》载："古之兵，戈、矛、弓、矢而已矣"。这就是说，兵械皆由战争或军事的需要而来。

人类的最早的战争是何时出现的呢？氏族部落时期，距今约1.5～1年左右。

史学家将人类发展分为石器时代、铜器时代和铁器时代三个阶段。其中，石器时代长达二三百万年（有说约六十万年）。石器时代又分为旧石器时代，亦称原始部落时期；新石器时代，亦称氏族公社时期，距今约1万～4000年。这一时期，氏族和部落之间产生了财产的差别，也产生了矛盾和冲突。于是，氏族或部落之间便出现了旨在掠夺财富的一系列战争。（参阅恩格斯《家庭私有制和国家的起源》，人民出版社1954年版；王玉哲《中国远古史》，上海人民出版社2003年版）。

而考古发现证明，早在旧石器时代，人类就已经打造出后来发展为"兵械"的工具。譬如刀。据新华社1999年10月25日报道，中科院古脊椎动物与古人类研究所的考古学家，于1998年在中国安徽繁昌孙村镇，发现了一批距今大约200多万年的石制品，石制品原料有铁矿石、燧石、片麻岩等6种之多。其中的石刀是中国境内发现的第一把"石刀"，也是已知欧亚大陆上最古老的文化遗物。石刀多以锤击法制成，角度很陡，刃口曲折，有单刃和双刃的区别，因此无疑是人类制造的。1964年，在中国陕西蓝田旧石器时代遗址中曾发现过石球和原形石斧。石球大小适合手握，若用来猎取，不必这般精雕细琢，可能用来练习臂力（如铅球）或比赛。这些战争出现前数十万乃至数百万年存在的"器械"，非但不是"由古代兵器演化而来"，而恰恰相反。

由此，我们认为，武术的器械不应该称为兵械。

至于在武术器械的发展进步中，军事、战争起到过极大、甚至关键作用，武术器械自此有了"军民两用"的身份。兵械之说亦源于此。另外，武术器械的范围，应该限定在火器出现之前。也就是人们常说的"冷兵器"时代。而即便是冷兵器，那些与强身健体完全无关的器械（兵械），也应该注意区分。

第二节　中国武术器械的分类

关于中国武术器械的分类，人们最熟悉的莫过于"十八般武艺"，亦称"十八般武器"。这是中国武术的一个传统术语，通常用来形容使用各种武术器械的功夫和技能。"十八般武艺"的说法始见于南宋华岳编的兵书《翠微北征录》。后逐渐成为民间常用语。2011年5月23日，十八般武艺经国务院批准列入第三批国家级非物质文化遗产名录。

十八般武艺的具体内容因时代不同而有所不同。

中国古典名著《水浒传》中，将十八般武艺内容概括为"九长九短"。九长是：枪、戟、棍、钺、叉、镋、钩、槊、环；九短是：刀、剑、拐、斧、鞭、锏、锤、杵。明人谢肇淛在其博物学著作《五杂俎》中，对"十八般武艺"则记述为："一弓、二弩、三枪、四刀、五剑、六矛、七盾、八斧、九钺、十戟、十一鞭、十二锏、十三挝、十四殳、十五叉、十六耙、十七绵绳套索、十八白打"。"白打"是徒手拳术。民间说法是：刀、枪、剑、戟、棍、棒、槊、镋、斧、钺、铲、耙、鞭、锏、锤、叉、戈、矛。

上述三种说法合计有54种器械。其中共有器械12种：刀、枪（矛）、剑、戟、斧、钺、鞭、锏。棍（棒）、镋、耙、锤、矛、槊（长矛）、棍（棒）；两种说法的器械3种：锤、耙、镋；无重叠的器械7种：弓、弩、钩、环、拐、杵、棉套绳索。其他历代武术专著中，对十八般武艺种类表述各有出入，但总体相对集中。

关于武术器械的分类，民间常说的是"刀枪剑戟，斧钺钩叉，鞭锏锤抓，镗槊棍棒，拐子流星"。与十八般武器大致相同。中国武术器械的种类究竟有多少，尚未有权威的统计数字。有武术专家将中国武术器械按照长兵械、短兵械、双兵械、软兵械、暗兵械、预射兵械等分类，共统计了536种。由于各种武术器械都会有多种练习套路，因此估计中国武术器械的套路，至少有千余种甚至数千种之多。这充分表明了中国武术历经千万年之久，仍保持着共性和特性、主流与特色并存的状态。这本身也是一大奇观。

这里，我们应该向作出上述统计的武术专家老师所付出的艰辛表示敬意。

本着明晰、客观、不分主流非主流的原则，我们用短器械（包括软器械、双器械）、长器械、暗器械加个别种类的方式，仅就所掌握资料为大家做全面介绍。

第三节　中国武术短器械

从人类社会发展进程规律看，短器械的发明和使用显然早于长器械。制作简单的器械的发明和应用早于制作复杂的器械。其形态应该是由防身到获取生活资料再到强身健体再到用于战争这样一个过程。综合有关方面统计，中国武术短器械的种类约百余种。

这里，我们做一介绍。

一、刀

刀是中国武术器械中历史最悠久的器械，是中华武术中最重要的器械之一，也是中华民族的宝贵文化遗产。原始社会人们制作了骨刀、角刀、陶刀，用以割、刮，等生活、生产以及狩猎所需；商周以后出现了铜刀、铁刀、钢刀，除生活、生产以外，开始"造立兵仗、刀、戟、大弩"，刀器被运用于战争。刀术尚猛，其特点是勇猛快速，气势逼人，雄健骠悍，素有"百兵之胆"之说。

刀术的主要方法有劈、扎、斩、撩、缠头、裹脑和云、崩、挑、点、抹等刀法。刀术的理论始于晋代，所谓"皆有口诀要术，以代取人，乃有秘法，其巧入神"。及至明清，刀术理论已渐趋成熟，论著颇丰，如程宗猷的《单刀法选》、吴殳的《藤牌腰刀说》、《双刀歌》，王宗岳的《春秋刀残谱》，王余佑的《十三刀法》等，还有戚继光演的"倭寇刀法""日本阴流刀法"。从而形成了刀术既统一又多样性的局面。刀的种类很多，基本结构包括刃、背、尖、盘、柄五个组成部分。

这里我们介绍一下短器械中的刀。

（一）汉刀　汉刀又称"环柄长刀""环首刀"，是中国战刀的始祖型。汉刀多为单手刀，刀柄较短，长度为58～114厘米不等，并且无一例外在刀柄外侧制成扁圆的环状。汉刀是古代中国著名的冷兵器，在历史上起过重要的作用。

（二）苗刀　苗刀起源于西汉初年的环首刀类，因其刀身修长形似禾苗而得名。苗刀是中华民族的宝贵文化遗产，是中国冷兵器时代的先进兵器之一。唐代时期，闻名世界的苗刀传统刀技，随着中日文化交流传到日本，日本人将其改进成日本刀。抗倭民族英雄戚继光曾将日本刀再行改进成为威力更强的苗刀，因此其刀法又称"抗倭刀法"。

苗刀长五尺，刀身修长，兼有刀、枪两种兵器的特点，并可单、双手交换使用，这样便于发挥腰背整体力量。临敌运用时，辗转连击、疾速凌历、身摧刀往，刀随人转，势如破竹，杀伤威力极大。

（三）菜刀　菜刀本是厨房用具，做饭切菜切肉都要用到它。岂不知，菜刀也位列武术短器械之一。少林武术中就有六路双菜刀、飞菜刀套路。

（四）戒刀　指僧人所佩带的刀，戒刀通常约为13公分长，6公分宽。因佛门戒律规定只准割衣物用，不许杀生。在与敌较技时，取向敌家但不得随意妄开杀机，故名。《大宋僧史略》卷上载：所谓戒刀等，皆是道具，表断一切诸恶。可见戒刀除了实用价值之外，也有精神上的意义。武术中有戒刀法。武当派就有行侠双戒刀之法，与敌较技中则属出手便知高低的绝刀。

抗战期间，周恩来曾给南岳佛教僧人写的一句话："上马杀贼，下马学佛"。这既是对当时业已投身抗战的中国佛教界的肯定，也是对当时中国佛教界进一步参与抗战的激励，也是对抗日战争时期中国佛教历史特征的高度概括。颇具意味。

（五）鱼鳞刀　刀鞘以鲨鱼皮为饰的宝刀，故名。一般为帝王所用。《后汉书·舆服志下》载："佩刀，乘舆黄金通身貂错，半鲛鱼鳞，金漆错，雌黄室，五色罽隐室华。诸侯王黄金错，环挟半鲛，黑室。"唐人卢仝《感古》诗之二："王者苟不死，腰下鱼鳞刀。"

（六）鬼头刀　刀柄处雕有鬼头，因此得名。此刀始见于何时不详。鬼头刀刀身宽，刀背略弯，刀尖突出，刀柄弯曲。刀背有一圆口，造形奇特属，锋利无比，宜于劈砍，可斩金切玉。多于刀身上刻有专有的造形物。

（七）雁翎刀　亦称雁翎腰刀。此刀造型漂亮流畅，制作精美，刀背上有五至九个小孔，孔内有空穿铜环一枚。挥动时，环击刀背，连连作响，声似雁鸣。此刀长约90公分，刃长约70～80公分，刀柄长约15～20公分，刀全重约1.5公斤。史载，宋代乾道元年（公元1165年），南宋军器监开始新造一种刀类兵器，因其形如大雁的翎毛，故命名为"雁翎刀"。明代盛行此刀，官员士兵都会佩戴。

（八）斩马刀　亦称砍马刀，始见于汉代。《汉书》有载："王莽使武以斩马挫董忠。"时至唐代，刀制依旧，唯长度、重量皆有增加。《新唐书》有"刀重十五斤"的记载。清王《兵仗记》载："斩马刀，一名砍刀，长七尺，刃长三尺，柄长四尺，下用铁钻。马步水路咸可用。"宋代名将岳飞曾以行动迟缓的步兵用古斩马（钩镰枪）击败快速神勇的金兵铁骑，此为世代相传的佳话。

（九）龙鳞刀　刺刀造型怪异，制作精良。《典论》载："魏太子丕（曹丕）造百辟宝刀，一曰灵宝，二曰含章，三曰素质，又作露陌刀，一名龙鳞刀。"曹丕《露陌刀铭》："于铄良刀，胡炼宣时，譬诸鳞角，靡所任兹。不逢不若，永世宝持。利用卫身，以威弗治。"龙鳞刀长约1米，状如龙文，名曰龙鳞。多为贴身防卫所用。少林有龙鳞宝刀，全长约1.2米，为历代武林名士防身之刀。普净僧尼备此刀，明四海云游除反徒用此刀。

（十）滚珠刀　滚珠刀是唐宋以来中国特有的一项刀剑技术，其特点是在近刀背处，刃身设计有凹槽，内崁七颗钱形圆扁珠，代表降妖除魔的北斗七星，也誉为喻为财源滚滚。甩动刀身时，圆扁珠能前后移动，出现规则金声响，可作为运刀时的顿挫感觉指示，且能清理槽内污垢。复杂的刀身设计与清脆的金属声别具饶趣，极易获人们的赞赏与珍藏。

（十一）少林鱼头刀　此刀全长约1米，刀身型似鱼头，故名。是历代武士和僧徒炼武防身之器。

（十二）云头刀　始见于何时不详。此刀身近柄持处小，刀刃弯曲向前至顶端，继续弯向刀背，刀头呈圆形，形似云头，故得此名。

（十三）环首刀　始见于汉代，用先进的锻钢技术制做而成。环首刀窄身、直刃，被称为当时世界上最先进的近身冷兵器。目前出土的环首刀实物，其质量甚至超过明清时期的刀剑，可谓奇迹。钢铁环首刀自汉代诞生，一直沿用到唐代，是唐代仪刀、障刀、横刀、陌刀之父。

（十四）柳叶刀　据筱田耕一（日本）《中国古兵器大全》载："因刀刃形状似柳叶，故此得名柳叶刀。"相传春秋时代由吴王下令而制造的。筱田耕一认为，此刀实际有可能出自商周青铜时代。最迟唐代柳叶刀就已明确产生，理由是李贺《南园》诗句："男儿何不带吴钩，收取关山五十州？"吴钩，形似剑而曲。明军大量装备此刀。相对于日本刀，刀片的宽度也十分广阔。通常以二支刀一同使用，较一般的刀为轻亦较不坚硬。柳叶刀与雁翎刀不同，刀身自根部开始弯曲，且弧度大，刀尖部宽。

（十五）太极刀　太极刀亦称"单背剑"，据说来源于唐朝的双手剑，在外形上没有大刀那样的宽刀头，形制和倭刀类似。一面刃，剑刀类，护手处是万字型，前护手可锁敌兵器。刀身修长。因为太极刀套路不同于拳，剑有动作名称，它只有十三名歌诀，故称为太极十三刀。太极刀是太极门中的短兵器，要遵循太极拳的练法原则。常见的有陈氏太极刀，杨氏太极刀，吴氏太极刀等。

（十六）八卦刀　始见于何时不详。此刀形似单刀，但体积比普通单刀要大，通常刀身长度在1米以上，加上把柄全刀可达1.14米，刀重从3～4斤到7～8斤不等。八卦刀单手执刀，是八卦掌代表性器械。由于刀身较长，所以有一些独特的刀法，基本风格爲人随刀转，不似普通单刀。同时由于八卦刀较重，对于臂力和腕力有很高的要求。

（十七）九环刀　亦称大环刀，据传此刀源于南宋，兴于元代。九环刀为步战所用。此刀长约1米左右，刀柄长约20多公分，形状与一般刀相同，惟其刀身厚，刀背上穿有九个铁环，刀尖部平，不朝前突，刀柄略细弯度较大，柄后有刀环。另有连环刀、三环刀、三环尖刀、五齿九环刀、六环刀、七环刀等，诸如均属此类。此刀对元朝冷兵器的改进和发展起到了一定的影响，对后来的明代初期佩刀继承宋刀样式也有很大的作用。

（十八）金挝锯齿刀　约流行于元末明初。金挝即为铁打的器械。此刀长约1米，刀刃带有锯齿，并有倒钩。清代如量高僧精此武器。

（十九）护手狼牙刀　始于何时不详。刀柄处有一处月牙弯刀护手。故名护手狼牙刀。此刀背形如狼牙，此刀直而不曲。

（二十）侠家单剑刀　亦称剑刀。始于何时不详。此刀身狭而长，单刃，兼具刀剑两种功能。

（二十一）唐刀　始建于唐初对后世影响巨大。此刀属于礼仪用刀，分为仪刀（又称长刀、细刀、千牛刀），皆施龙凤环；障刀，用障身以御敌；横刀，轻便灵活，便于近身肉搏（一说类似于匕首或是日本刀中的肋差）。以上三种刀均属于腰配实战刀，军中装备比率很高；陌刀，则属于大型刀，柄长刃长，杀伤力惊人，所谓"人马俱裂"。

（二十二）短刀　始于何时不详。此刀身相对长于刀柄（刀把），刀柄可单手或双手执握。此刀单刃，有单、双刀之分。短刀一般单使，也可与其他兵器并用。

（二十三）大砍刀　为步战所用。自从石器时代原始人用锋利的薄石片制成了石刀这种原始工具开始，历经几千年的发展，砍刀已经由农业工具演变成了武术器械乃至兵器。与一般手刀相同，惟其刀背厚，刀刃锋利，刀尖部平，不朝前突，刀柄直，柄后有刀环。

（二十四）马刀　为骑战所用之短兵器。始于何时不详。马刀刀身狭长，略带弯曲，刀把也长，可两手同时握把，一般较轻，锋利无比，威力较大。骑兵专用的马刀属于宽背薄刃，刀身比较沉重，这样有利于增大砍劈的力度。但是蒙古骑兵刀刀身比军用马刀薄，分量也轻些，带弧度的刀柄更利于骑手掌控，不易脱手。蒙古人骑术精湛主要靠的是利用马的速度形成的强大冲击力带动马刀完成劈砍等战术动作。

（二十五）朴刀　亦称"太平刀"，始见于宋代，广泛使用于清末。双手持握，是大刀的一种，有说该刀实际上是民间为了避开朝廷关于禁止持有长兵器而把长柄大刀改为短柄的产物。在清末太平天国士兵中得到广泛使用。

（二十六）子母刀　始于何时不详。此刀刀身很短，刀柄处有一护手刀，称为子刀，细小绕柄半圈，且有一刀尖；母刀刀背笔直，刀身宽。此刀用途不详。

（二十七）双手单刀　刀身细长，刀尖锋利，与苗刀相似，刀柄直面长，可双手执柄。有考证，此刀源头可追溯到春秋战国的双手长剑和汉代的环手大刀。魏晋南北朝隋唐时期，刀剑形制多有变化，但一直是军中重要的装备之一，达到历史上的最高点。宋、元两代，尤其北宋曾大量用于军中。直到明、清两代，这种兵器仍被军中所使用。

（二十八）蜀刀　巴蜀地区制作的刀。汉代军中常用。《汉书·文翁传注》载："刀凡蜀刀，有环者也"。《汉书·酷吏传·杨仆》："欲请蜀刀，问君贾几何，对曰率数百。"《资治通鉴·汉武帝元鼎六年》载："蜀刀，刀首有环。"亦可算作环刀的一种。

（二十九）拍髀（bi）贴身用的短刀，因佩带时拍髀（大腿骨）旁，故名。约始于汉代。《释名·释兵》载："短刀曰拍髀，带时拍髀旁也"。因为这种短刀长约20～40公分，所以又名"尺刀"。佩刀亦属此类。

（三十）直背刀　据传始于明代。其刀全长86公分，刃长70公分，因刀背笔直而得名。刀刃弯向刀背，刀尖突出，刀刃锋利，刀柄略弯。其用法与一般短刀相似。

（三十一）服刀　多随身佩带。《汉书·西域传·婼羌》载："山有铁，自作兵，兵有弓、矛、服刀、剑、甲。"

（三十二）削　属于书刀，指一种长刃有柄的小刀，为青铜或铁制成，用来修削木简或竹简上的文字。汉行于东周和秦汉时。《考工记·筑氏》载："筑氏为刂，长尺，博寸。"

（三十三）钩刀　亦称割草刀、钩草廉。形制为弯月形刀具，刃长30～50公分不等，前尖利，外弯为刀背，刀背厚重，类属于刀具、兵器、农具。据传秦汉时代，粤西俚僚部族根据"戈"创造出钩刀，适宜砍伐荆棘，开路爬山。在冷兵器时代，钩刀也是一种短战的武器，在山区密林中，钩刀适宜砍啄。

（三十四）麻札刀　砍刀的一种，主要用来克制骑兵。平头厚刃，专砍马腿。《宋史·岳飞传》载："飞戒步卒，以麻札刀入陈，斫马足，遂大败之。"

（三十五）掇刀　《唐书·南蛮传》载："以千人为军，十军为部，强弩二首，枪斧铺之，劲马二百，越粮刀铺之。长戈二百，掇刀铺之。"相传三国时期，蜀国大将关羽在此屯兵是将青龙偃月刀掇（duō）于巨石中，因此得名。现今湖北荆门有掇刀区行政区划。以兵器之名命名行政区划，是一个少见的文化现象。

（三十六）鸾刀　亦称割刀。《礼记》载："割刀之用，鸾刀之贵，反本修古，不忘其初也。"《诗经》载："执其鸾刀，以启其毛，取其血筋。"《正义》载："割刀今之刀，鸾刀，古之刀也。今刀便利，可以为割物之用。古刀迟缓，用之为难，宗庙不用今之刀，而用古刀修古也。"可见此刀久远。

（三十七）猨刀　"猨"通"猿"。《隋书·礼仪志》载："行各二人，执金花师于楯，猨刀。"应是佩刀类。

（三十八）腰刀　是佩戴腰间的单面长刃短兵器。刀长约1米，刀身狭，刀柄短。明茅元仪《武备志·军资乘·器械》载："腰刀造法，铁要多练，用纯钢自背起用平铲平削至刃，刃芒平磨无肩，乃利秒尤在尖。"腰刀多与藤片并用，故亦称"藤牌"。

（三十九）二人夺　始于何时不详。刀鞘形似手枚，中藏利刀，合之为杖，二人分夺时，则刀离鞘可作防身之用。就刀形而言，此刀问世应该不会太早。

（四十）白杨刀　形制图片暂缺。《太平御览》卷三四六引作"白阳刀"。短刀的一种。三国·魏·左延年《秦女休行》载："秦氏有好女，自名为女休。休年十四五，为宗行报雠。左执白杨刀，右据宛鲁矛。"唐李白《秦女休行》载："西门秦氏女，秀色如琼花。手挥白杨刀，清昼杀雠家。"明高启《刘生》诗："鹈莹白杨刀，鹊惊黄柘弹。"据此可知，此刀形制应与腰刀近似。

（四十一）大食刀　阿拉伯所造之刀，唐代传入中国被视为宝刀。杜甫《荆南兵马使太常卿赵公大食刀歌》赞曰："吁嗟光禄英雄弭，大食宝刀聊可比。"

（四十二）大理刀　云南大理南诏大理国兵器，亦称南诏土司刀。作为非物质文化遗产之作，此刀舍弃了冷兵器锋芒利刃的冷血印象，融入了白族文化之美，展现深厚的别于汉剑的工艺之道，寄魂魄与其上。今世所谓"吹毛透风乃大理刀之类"。

（四十三）云贵刀　亦或是大理刀的别称，刀形应与大理刀近似。梁·陶弘景《古今刀剑录》载："云南刀，即大理所作，铁青黑沉沉不铭，南大最贵之，以象皮为鞘，朱之上，亦书犀毗花纹，一鞘两室，各函一刀，靶以皮条缠束，贵人以金银丝。"

（四十四）壮族尖刀　刀身长约40公分，刃向外曲凸，刀身最宽处为约四公分。刀背一面有锋，锋与刃尖之间有三个凹形齿口，刃较为锋利，铁护手呈"S"形。柄以木制，长四寸半。铜制柄首呈棱形状。

（四十五）阿昌刀　亦称"户撒刀"，素以"柔可绕指，削铁如泥"著称。

此刀因多产于阿昌族聚居的陇川县户撒、腊撒地区而得名。阿昌刀的形制多种多样，有生产生活用刀、狩猎用刀以及宰牲畜用的匕首等达数十种。此刀不仅本民族人视若珍宝，也深受汉、傣、景颇、傈僳、藏、白等民族的喜爱。藏刀、景颇刀等就出自阿昌地区。阿昌刀工艺精湛，有木制、皮制、铜制、银制之不同，饰以精美的传统民族图案，是非常难得的中国民间好工艺。

阿昌族世代相传的"英俊的户撒小伙兴过与聪慧的腊撒姑娘软诺，以刀为媒，为爱殉情"的故事，堪称"阿昌族的梁祝"，更为此刀增添了浓郁的人文色彩。

（四十六）苗族尖刀　刀长一尺二，向外曲凸。刀背随刃而曲，两侧有两条血槽及两条纹波形指甲印花纹，刃异常犀利，柄长三寸至四寸，用两片木料，牛角或兽骨夹制而成，以销钉固定，工艺十分精美。苗家演练刀法时常以笙笙伴奏。

（四十七）峒刀　梁·陶弘景《古今刀剑录》载："峒刀，西刀州峒及诸外蛮，无不带刀者，一鞘二刀，与云南刀同，但以黑漆杂皮为鞘。"峒刀制作工艺精美，以褐皮为鞘，金银丝饰靶，朱皮为带。以冻州所作为佳。

（四十八）铦刀　古代婆罗门国用的短刀。《唐书·礼乐志》载："睿宋时，婆罗门国献人倒行以足舞，仰植铦刀，府身就锋。"

（四十九）傣族刀　在生产工具短砍刀的基础上，逐步发展成为长刀。此刀修长，可双手握柄，极为锋利，既是劳动工具，也是练功和自卫的武器。

（五十）景颇尖刀　景颇刀历来精细别致，种类亦多，长短不一。刀形有直、曲两种，均有血槽。刀尖呈斜形，斜度各异。柄有木制、骨制、角制几种。刀鞘为木质，工艺精美，有龙及其他花纹凹雕，鞘上系有三道铜或银箍。也有细竹篾编制的箍，鞘上系有皮带作背挎之用。

（五十一）傈僳族弯尖刀　短刀的一种。这种刀大小不等，刀刃近似直形，刀尖向背曲凹，刀锋锐利，刀柄稍向背曲凸，以木制或角制而成。

（五十二）黎刀　梁·陶弘景《古今刀剑录》载："黎刀，海南黎山所制，刀长不过一二尺（33～66公分），靶长乃三四寸（9～13公分）。织细藤缠束之。靶端插白角片尺许，如鸥鹝尾，以为饰。"

（五十三）藏刀　亦称"藏腰刀"，是西藏人民生产生活中不可缺少的一种用具，也是藏民族特征之一。藏刀制作精良，刀刃锋利，刀面净光，分为长刀、短刀和小刀三种。长刀约1米左右，短刀约40公分左右，小刀则仅有十几公分。从形状上可区分为牧区式、康巴式、后藏式；用途上可分为砍树刀、屠宰刀等。藏刀的刀柄多以牛角，牛骨或木材制成，也有用银丝、铜丝缠绕，刀鞘多用木鞘或皮套，包黄铜、白铜、白银等，伴以精美的飞禽走兽及花草图案，有的还镶嵌各种宝石、镀金等，显得格外华丽和富有。此刀在国内外享有很高的声誉。

（五十四）彝族短体插刀　多为彝族男性所用，平时插在腰带中。刀为曲刃短刀，有刀柄及铅花银制刀鞘。刀背向外曲凸，刃锋居于内面，而刃尖稍向外再度曲凸，柄与刃均同一曲度。刀形精美优质，极为犀利尖锐。

古籍中的名刀

1. 五色：梁·陶弘景《古今刀剑录》载："少帝义符以景平元年造一刀，铭曰五色。"

2. 中山：梁·陶弘景《古今刀剑录》载："后秦姚苌以建初元年造一刀，铭曰中山。"

3. 永安：梁·陶弘景《古今刀剑录》载："北京以永安三年，造刀一百口，铭曰永安。"

4. 白鹿：梁·陶弘景《古今刀剑录》载："后魏宣武帝恪，以景明元年于白鹿山造一刀，文曰白鹿。"

5. 幼平：梁·陶弘景《古今刀剑录》载："周幼平击曹公胜，拜平虏将军。因造一刀，铭背曰幼平。"

6. 司马：梁·陶弘景《古今刀剑录》载："晋武帝司马炎咸宁元年造八千口刀，铭曰司马。"

7. 兴国：梁·陶弘景《古今刀剑录》载："晋武帝衍以咸和元年，造十三口刀，铭曰兴国。"

8. 百胜刀：梁·陶弘景《古今刀剑录》载："李以永建元年造珠碧刀一口，名曰百胜。"

9. 安国：梁·陶弘景《古今刀剑录》载："黄武中累功作安国将军，作一佩刀，文曰安国。"

10. 赤冶刀：梁·陶弘景《古今刀剑录》载："后魏昭成帝，以建国元年，于赤冶城铸刺刀十口，全镂赤冶宋。"

11. 定业：梁·陶弘景《古今刀剑录》载："齐高帝肖道成，以建元二年造一刀，铭曰定业。"

12. 定国：梁·陶弘景《古今刀剑录》载："宋武帝刘裕，以永初元年铸一刀，铭其背曰定国。"

13. 神术：梁·陶弘景《古今刀剑录》载："前秦苻坚，以甘露四年造一刀，用五千二，铭曰神术。"

14. 建义：梁·陶弘景《古今刀剑录》载："西奈乞伏国仁，以建义三年造一刀，铭名建义。"

15. 建平：梁·陶弘景《古今刀剑录》载："后赵石勒以建平元年造一刀，用五百金，工用万人，头尖，长三尺六寸，铭曰建平，隶书。"

16. 善胜：梁·陶弘景《古今刀剑录》载："大通初，令献二刀于高祖，其一名善胜，一名威胜，并为传宝。"

17. 威胜：见"善胜"条。

18. 朝之：梁·陶弘景《古今刀剑录》载："明帝鸾以建武二年造一刀，铭曰朝之。"

19. 腾马：梁·陶弘景《古今刀剑录》载："后蜀李雄，以晏平元年造刀五百口，文曰腾马。"

20. 麟嘉：梁·陶弘景《古今刀剑录》载："后凉吕光，以麟嘉元年造一刀，铭曰麟嘉。"

21. 七圣刀：古代名刀。

22. 大夏龙雀：《晋书*赫连勃勃载记》载："又造百炼钢刀，为龙雀大环，号曰大夏龙雀，铭其背曰：古之利器，吴楚湛卢，大夏龙雀，名冠神都。可以怀远，可以柔通；如风靡草，威服九区。世世珍之。"

23. 文刀：《唐书·地理表》载："忠州贡文刀。"

24. 巨刀：《湘烟录》载："魏文帝造宝刀曰露陌……查原文恐有误，名曰巨刀。"

25. 半垂：《与弟超书》载："窦侍中遗促舟全错，半垂刀一枚。"

26. 龙刀：《梁·简文帝》载："龙刀横脖上，画尺堕众前。"

27. 玉环刀：《南史·刘怀慰传》载："齐国建，上欲置齐郡于都下。……以怀慰为辅国将军、齐郡太守。……又手敕曰：'有文事必有武备，今赐卿玉环刀一口。'"

28. 玉櫑刀：《宋史·于阗国传》："开宝二年，……又国王男总尝贡玉櫑刀。"

29. 百炼：晋·崔豹《古今注·上·舆服》载："吴大皇帝有宝刀三……一曰百炼，……"

30. 百辟刀：魏武帝曹操令制。范文澜《中国通史》第二编第五章第二节：载："曹操曾制百辟（避）刀五把，是百炼的宝刀。"

31. 安陵：高启《游侠篇》："新削安陵刀，光夺众目眠。"

32. 犵党：宋·辅《溪蛮丛笑》载："出入坐卧，必以刀自随，小者尤铦利，名犵党。"

33. 阮师刀：晋·杨泉《物理论》载："古有阮师之刀，天下之所宝贵也。……其刀平背狭刀，方口洪首，截轻微之绝然发之系，斫坚钢无变动之异，世不百金精求不可得也。"

34. 赤刀：《尚书》载："陈宝赤刀大训弘壁琬琰在西序。"郑玄注："赤刀者武王诛纣时刀，赤为饰，周之正色。"《博物志》："赤刀，周之宝器。"

35. 含章：《典论》载："丕造百辟宝刀，……其二彩似丹霞，名曰含章。"

36. 灵宝：《典论》载："丕造百辟宝刀，其一文似灵龟，名曰灵宝。"

37. 张飞刀：梁·陶弘景《古今刀剑录》载："张飞初拜新亭侯，自命匠炼赤珠山铁为一刀。铭曰：新亭侯。"

38. 宝钿刀：《旧唐书一百九·阿史那社尔传》："太宗美其廉慎，以高昌所得宝刀并杂彩千段赐之，仍令检校北门左屯营，封毕国公。"

39. 郑刀：《周礼·考工记》载："郑之刀，宋之斤，鲁之削，吴越之剑，迁乎其地而弗能为良也。”

40. 青犊：《古今注·上·舆服》载："吴大皇帝有宝刀三，……二曰青犊……"

41. 鸣鸿刀：《洞宴记》载："武帝解鸣鸿之刀，以赐东方朔，刀长三尺，朔曰：此刀黄帝采首山之铜，铸之雄已飞去，雌者犹存，帝恐人得此刀，欲销之，刀自手中化为鹊，赤色飞去云中。"

42. 昆吾刀：《宋史·文苑六·李公麟传》载："朝廷得玉玺，下礼官诸儒议，言人人殊。公麟曰："秦玺用蓝田玉，今玉色正青，以龙蚓鸟鱼为文，著'帝王受命之符'，玉质坚甚，非昆吾刀、蟾肪不可治，雕法中绝，此真秦李斯所为不疑。"

43. 孟劳：《谷梁传·鲁僖公元年》："公子友谓莒挐曰：'吾二人不相说，士卒何罪？'屏左右相搏，公子友处下；左右曰：'孟劳！'孟劳者，鲁之宝刀也。公子友以杀之。"

44. 神刀：《蒲元传》载："元性多奇思，于斜谷，为诸葛亮铸刀三千口。刀成，自方汉水钝弱，不在淬。用蜀江爽烈，足渭大金之元精，天分其野。乃命人于成都取江水，元以淬刀，言杂涪水不可用。取水者捍言不杂。元以刀画水，言杂八升。取水者叩头云：于涪津覆水，遂以涪水八升益之。以竹筒内铁珠满，申举刀断之，应手虚落，因曰神刀。今屈目环者，乃是其遗范。"

45. 项羽刀：《王侯鲭》载："董卓少耕野得一刀，无文，四面隐起山云文，斫玉如木。及贵，以视蔡邕，邕曰：此项羽刀。"

46. 泰山宝环刀：《列异传》载："仙人王方平，降陈节之有，以刀一口，长五尺三寸，名泰山宝环，……曰：此刀不能为馀益，独卧卦可使无鬼，入军不伤，勿以入厕，溷且不宜，久服三年后有从汝求者，可争与之。后果有与载钱百万清刀者。"

47. 素质：《北堂书钞》魏文帝曹丕《典论》载："余造百辟宝刀三，……其三，锋似严霜，刀身剑侠，名曰素质。"《太平御览·兵部·刀》："（素质）长四尺三寸，重二斤九两。"

48. 桂溪刀：黄庭坚《次韵寄晁以道》诗曰："我有桂溪刀，聊凭东风去。"

49. 宿铁刀：《北齐·卷四十九·綦母怀文传》载："綦母怀文……又造宿铁刀，其法烧生铁精以重柔铤，数宿则成钢，以柔铁为刀脊，浴以五牲之溺，淬以五牲之脂，斩甲过三十札。"

50. 铜口刀：《傅成奏事》载："尚书旧给介士二百人，人给大铜口刀一枚。"

51. 银装刀：《南史·卷五十五·席阐文传》载："梁武帝起兵，阐文劝颍胄同焉，仍遣客田祖恭私报帝，并献银装刀，帝报以金如意。"

52. 脱光：《太公兵法》载："刀之神，名曰脱光。"

53. 朝仪刀：《刀剑录》载："明帝鸾建武二年造一刀，铭曰朝仪刀。小篆书，长四尺。"

54. 漏景：《古今注·上·舆服》载："吴大皇帝有宝刀三：……三曰漏景。"

55. 警恶刀：《山堂肆考》载："杨贵妃文玄琰，小时尝有一刀，每出入道途间佩之，或前有恶兽盗贼，则所佩之刀铿然有声，似警于人也，故名曰警恶刀。"

56. 千牛刀：亦称利刀。《庄子·养生主》记述，庖丁宰牛数千头，所用刀仍锋利无比。故称千牛刀。

57. 手刀：宋曾公亮《武经总要前集·卷十三·器图》有"刀八色"。手刀即其中一种。《三才图会》载："手刀一旁刃，柄短如剑。"后演变成短刀。

58. 温铜刀：清梁绍王《两般秋雨追随笔》载："传为明戎政尚书陆公完字遗物，恩陵赐也。"

59. 回回刀：《云烟过眼录》载："刘汉卿所藏回回刀，小品，背上皆全紫全错。回回刀内全错出，一人面兽，精甚。闻回回国王所佩者。"

60. 吴刀：古时以吴地作刀最为锋利，张华诗赞曰："吴刀鸣手中，利剑严秋霜。"

61. 葛党刀：《梦溪笔谈·器用》载："吴钩，刀名也。刀弯。今南蛮用之，谓之'葛党刀'。"

62. 七星宝刀：相传为干将莫邪用陨铁制出两把宝剑吴王剑和越王剑后，将剩下的陨铁制为七星宝刀，此刀其貌不扬，然而却能轻易透穿盔甲，削铁如泥。在刺杀董卓时，曹操正准备下手被董卓发现，谎称献刀而逃过一劫。此刀后不知去向。古籍中的名刀多为短器械。皆因古人将刀释义，使得这些刀兼具了丰富的文化含量。

二、枪

枪，别名"肩二"（见《清异录》）、"一丈威"（见《事物异志》）。枪的历史可追溯到原始社会，是一种在长柄上装有锐利尖头的器械。由枪头、枪缨、枪杆和枪镰等组成。枪头为单个菱形，脊高刃薄头尖。在诸多武术器械中，因为枪刺收放极快，防不胜防，故有"百兵之王"的美誉。

枪由矛演变而来。矛杆因制作繁复耗时长久，故而产生了应急武器：枪。枪的应用始自隋末唐初，宋、明两代为最盛。不同用途的枪其长度各不相等，长枪用于车战、骑战、守城御寨；短枪用于步战、进攻。枪法以拦、拿、扎为主，扎枪要平正迅速，直出直入，力达枪尖。此外还有崩、点、穿、劈、圈、挑、拨等常用技法。枪术在十八般武艺中比较难学，不易掌握，有"年拳，月棒，久练枪"之说。枪的套路内容十分丰富，如杨家枪、梨花枪、六合枪、四平枪、锁口枪、五虎断门枪、突枪、锥枪，南宋抗金名将岳飞极善使枪，传有岳家枪法。

枪类器械以长器械为最。短枪资料奇缺，这里只能先介绍三种短枪。

（一）刀枪拐　始于何时不详。此枪一端有枪，另一端有刀，近枪头端有横柄。刀枪拐既有刀枪的作用又有拐的功能。

（二）李家短枪　明代何良臣《阵纪》中只是提到"李家短枪"，并未说明这个"李家"具体是谁，李家短枪始于何时、形制如何也没有记述。

值得一提的是，历史上素有"长兵短用"之策略，也就是说，武术器械（兵械）在使用过程中，常常会因时因地灵活运用。何良臣《阵纪》说："马家枪、沙家竿子、李家短枪，各有其妙，长短能兼用，虚实尽其锐，进不可挡，速不能及……"以此为据，各种长枪在使用过程中，出现"长枪短用"的现象已不足为奇。这或许是单独短枪械较少的原因之一。

（三）三尾短标枪　标枪的一种。枪杆长约约1米，枪杆前段有锥形枪头，尾端有三条彩带，带长尺余。

（四）峨眉刺亦称峨眉针，一般是成对出现。最早记录见于《清稗类钞》一书，在宣统年间，有拳师戴绵唐等三人用峨嵋针（即后来的峨嵋刺）作武术表演。峨眉刺大约三十公分长，两头细中间粗，头部呈菱形，类似枪头，中间有圆环。使用者通过中指控制圆环，利用抖腕和手指的力量，使其转起来。根据铸造的工艺不同分为三棱、六棱梅花峨眉刺。

相传峨嵋刺为四川峨眉山的神秘僧人所创，是古代水战中常用一种的短兵器械，利用它可以进行刺杀任务或者潜到水底破坏敌人的战船，因此又叫"分水峨嵋刺"。后历经发展和变迁，逐渐改作陆地上用的兵器。

一说峨眉刺是蜀中一名武林高手发明的，其外形像鹅眉，故命名之。

三、剑

剑，亦称直兵，在武术器械中地位极不寻常。《史记·五帝本纪》载："轩辕自择亡日与群臣辞。还葬桥山，山崩，棺空，唯有剑舄（xī，鞋子）在棺焉。"就是说，早在黄帝时期剑就已经存在了，并且地位很高。这是其一。

其二，剑是武行人士的最爱，但凡是武将，腰挂宝剑几成标配。有意思的是历代文人墨客也喜欢佩戴各种短剑甚至玉剑，以显示自己亦有"英武之气"。战国纵横家苏秦剑不离身。诗仙李白非但剑不离身，还曾有"路见不平拔剑相助"的故事。正所谓"剑胆琴心。"《晋书·舆服制》上载："汉制，自天子至于百官，无不佩剑，其后惟朝带剑。"各级官员有严格的佩剑制度。据《考工记》载，根据身份高低，佩剑由2.7公斤至1.5公斤不等。因此，剑也被称为"百兵之君"。

其三，剑在所有武术器械中"最有故事"。史书记载有荆轲刺秦王、楚霸王乌江自刎、专诸鱼肠剑刺王僚、曹操"援剑割发以置地"（即"割发代首"）、干将莫邪……不胜枚举。民间关于剑的故事更是丰富至极。及至今日，人们依旧用"亮剑精神"来赞誉不畏强敌敢于斗争者。

剑最早用青铜制作，继而用铜锡合金、铜铁，最常见的是铁。其结构通常由剑身、剑尖、剑锋、剑末、剑脊、剑刃、剑格或剑肩、剑镯、剑柄、剑首、剑鞘和穗组成。有关剑的长度，历来都说是三尺（约1米左右）。"三尺"甚至成为剑的别称。《汉书·高帝纪下》载："吾以布衣提三尺取天下。"经出土文物证实，古代短剑通常为40公分左右，其作用类似于匕首，便于近身搏斗或投掷；长剑通常约1.4米左右，可双手握柄。"三尺"之说基本属实。

剑术技法很丰富，基本技术包括劈、刺、砍、点、撩、崩、截、抹、穿、挑、绞、扫、格、洗、压、挂等。剑术的特点是轻快、敏捷、潇洒、飘逸，灵活多变。有"剑如飞风"之说。

这里，我们介绍一下剑的种类。

（一）轩辕剑　又名轩辕夏禹剑，相传由众神采首山之铜为黄帝所铸，后传与夏禹。剑身一面刻日月星辰，一面刻山川草木。剑柄一面书农耕畜养之术，一面书四海一统之策。

（二）湛卢　相传为春秋时期铸剑名匠欧冶子所铸。据《越绝书》记载，公元前496年，越王允常恳求天下第一铸剑大师欧冶子为己铸剑。欧冶子奉命之后，带着妻子朱氏和女儿莫邪，来到山高林密海拔1230米的湛卢山，这里发现了铸剑所需的神铁（铁母）和圣水（冰冷的泉水）。辟地设炉，用了三年的时间，终于铸成。一说为福建省北部的松溪县。

（三）赤霄　梁·陶弘景《古今刀剑录》载："刘季在位十二年，以始皇三十四年，于南山得一铁剑，长三尺，铭曰'赤霄'，大篆书。"

（四）太阿　亦称泰阿、太哥。《史记·卷八十七·李斯列传》载："今陛下致昆山之玉，有随、和之宝，垂明月之珠，服太阿之剑。"。《越绝书》载："楚王召欧冶子、干将作铁剑三，一曰干将，二曰莫邪，三曰太阿也。"商代伊尹曾辅佐太甲为阿衡（官名），因称太阿。战国时期，楚国有国宝太阿剑，晋国为得到此剑曾派兵围困楚国都城达三年之久。可见此剑名气之大。

（五）七星龙渊　相传此剑为欧冶子和干将两大剑师联手所铸。二人为铸此剑，曾凿开茨山，放出山中溪水，引至铸剑炉旁成北斗七星环列的七个池中，故名"七星"。剑成之后，俯视剑身，如同登高山而下望深渊，飘渺而深邃，仿佛有巨龙盘卧，故名"龙渊"。此剑名闻天下，除了其制作工艺精湛，更因为"渔丈人义渡伍子胥"的动人故事。

（六）干将、莫邪　以战国时期吴国铸剑名匠干将与其妻字名字命名。《吴越春秋·阖闾内传》载，吴王阖闾，命干将铸剑二支，干将作剑，铁汁不流，莫邪断发剪爪投入炉中，金铁乃濡，遂以成剑。阳曰"干将"，阴曰"莫邪"，命其名以记之。此为历史上著名的雌雄剑，插于一鞘之双剑，二剑把扁平，剑身一边平，另一边有脊，相合成一剑之形。

关于干将、莫邪的故事版本很多。

（七）鱼肠　亦称松纹。此剑被称为古代名剑中的"勇绝之剑"，因"专诸刺王僚将剑藏于鱼腹中"的事件而得名。

（八）纯钧　《越绝书·外传记宝剑》载："欧冶因天之精神，悉其伎巧，铸成五剑，一'湛卢'，二曰'纯钧'，三曰'胜邪'，四曰'鱼肠'，五曰'巨阙'。"

《越绝书》载：春秋时期，秦人薛烛有天下第一相剑大师之称。越王勾践酷爱刀剑，特意请薛烛来鉴赏自己的两把宝剑：毫曹和巨阙。不料薛烛看后很是不屑，说："这两把剑都有缺点，毫曹光华散淡，巨阙质地趋粗，不能算宝剑。"勾践马上命几百个武士护送一把宝剑来。薛烛随即笑问："大王这么兴师动众是什么剑啊？"勾践随口说出两个字："纯均"。薛烛闻听"纯剑"二字，登时从座位上跌落下来。他知道"纯剑"乃天人共铸之作，铸剑大师欧冶子磨十载此剑方成。他千叮咛万嘱咐，让楚王务必珍藏好这把天下奇剑！

（九）承影　铸造时间不明，曾被商王帝所收藏，与含光、宵练并称殷商王帝三剑。相传出炉时，"蛟分承影，雁落忘归"，故名承影。后由春秋时卫国藏剑名家孔周收藏。

（十）万仞　资料暂缺。

（十一）墨阳剑　《国策·韩策》载："韩卒之剑戟，皆出于冥山，棠溪、墨阳、合膊（伯）、邓师、宛冯、龙渊、太阿，皆陆断马牛，水截鹄雁，当敌即斩。《河洛文化·冶炼》载："冥山即是原来舞阳县的铁山，古时又称作墨山，而'墨阳'即'墨山之阳'的意思"。

（十二）棠溪　刘勰《新论》在："棠溪之剑，天下之铦也。"亦作剑的代称。

（十三）照胆　梁·陶弘景《刀剑录》载："武丁在位五十九年，以元年岁次午铸一剑，长三尺，铭曰'照胆'，古文篆书。"

（十四）王氏剑　《五代史·冯晖传》载："吾闻王氏剑，天下利器也。"

（十五）大梁氏剑　南北朝时期，梁武帝萧衍命陶弘景所造神剑13口，称大梁氏剑。《剑记》载："梁武帝命陶弘景造神剑十三口，以象闰月。"又引《水经注》载："梁国多沼，时池中出神剑，至令其民像而作之，号大梁氏剑。"

（十六）隋刃　亦称浪剑。剑身用毒药炼铸，伤人即死。《新唐书·南诏传》载："隋刃，铸时以毒药并冶，取迎曜如星者，凡十年用成，淬以马血，以金犀饰镡首，伤人即死。浪人所铸故亦名浪剑。"

（十七）玉柄龙　《事物异名录·武器·剑》载："汾阳王（郭子仪）诞日，裨将以父所宝玉柄龙奉之。"

（十八）青龙剑　唐·殷成式《酉阳杂俎》载："唐开元中，河西骑将宋青春每阵，常运剑大呼，……吐蕃曰：'尝见青龙突阵而来，兵刃所及，若叩铜铁，谓为神助将军也。'"

（十九）疥癞宾　《新唐书*顾彦晖》卷一八六载："养子瑶尤亲信，彦晖以所佩剑号'疥癞宾'佩之。"如果说七星龙渊剑因"渔丈人义渡伍子胥"的故事而闻名于世，那么顾彦晖则因"疥癞宾剑"而为人所知。

（二十）青霜　此剑之剑光青凛若霜雪，故名。唐·王勃《滕王阁序》曰："紫电青霜，王将军之武库。"

（二十一）鸦九　亦称鸦九。唐有张鸦九，善铸剑，其所造剑名鸦九剑。

白居易《鸦九剑》有诗句："欧冶子死千年后，精灵暗授张鸦九。鸦九铸剑吴山中，天与日时神借功。"唐元稹《说剑》诗曰："今复谁人铸，挺然千载后。既非古风胡，无乃近鸦九。"

（二十二）灵宝剑　宋·沈括《梦溪笔谈》："钱塘闻人绍，一剑削十大钉皆截，剑无纤迹；用力屈之如钩，纵之铿锵有声，复直如弦。古之所谓灵宝剑也。"

（二十三）裴旻剑　《许道宁寒林》、《独异志》和《梦溪笔谈》都有记载。相传裴旻母亲去世时，为了让吴道子在天宫寺作壁画超度亡魂，裴旻剑舞尽显绝招。被感动和启发的吴道子，绘出"为天下之壮观"的壁画。而裴旻剑与李白诗、张旭书并提，史称"盛唐三绝"。

（二十四）鞘剑　《元史·何实》卷一百四十九载："丙子春，（实）来归，大将木华黎与论兵事，奇变百出。拊髀欣跃，大加称赏，遂引见太祖，献军民之数。帝大悦，赐鞘剑一。命从木华黎选充前锋。"此谓"人以剑贵"又一例。

（二十五）破山剑　《太平广记》卷二三二条引《广异记》说：有个农夫耕地时挖出一把剑。磨洗干净拿到市场上去卖。有个胡人出钱百贯，农夫不卖。胡人拿着剑翻来覆去，爱不释手。最后答应出百万高价，讲定明日带钱来取剑。是夜，农夫与妻子在月光下仔细察看此剑。院内有一大石，农夫随手用剑一指，石头立刻破裂。夫妻俩大喜。次日清晨，胡人带钱来取剑。看剑后大惊，说剑光已尽，不肯再买。农夫询问何故，胡人说，此为破山剑，只能用一次，本想买去破宝山，现已无用。夫妻俩闻听后追悔莫及。

（二十六）青蛇剑　资料暂缺。有说此剑宽三指，剑长约1米左右，重8斤2两。

（二十七）火精　《杜阳杂编》载："火精剑，建中二年大林国所贡。云其国有山，方数百里，出神铁。其山有瘴毒，不可轻为采取。若中国之君有道，神铁则自流炼之为剑，必多灵异。其剑之光如电，切金如泥。以朽磨之，则生烟焰；以金石击之，则火光流起。唐德宗时，上将幸奉天，自携火精剑出内殿，研槛上铁狻猊，应手而碎，乃乘舆夜，待从皆见上仗数尺光明，即剑光也。"汉·王充《论衡·说日》："夫日，火之精也；月，水之精也。"唐李白《上云乐》诗曰："云见日月初生时，铸冶火精与水银。"

据古籍记载，太阳、凤凰、茯苓等分别被称为火精。

（二十八）折铁宝剑　此剑状似刀，仅一侧有刃，另一侧是背，上有一窄凹槽。剑身中间印有宽凹槽，长约1.5米，重约0.7公斤。《拳剑指南》称："状极古雅，有刚柔力，能弯曲自如。单双手持之，无往不利。此是古大将所用折铁宝剑。"

（二十九）吴干　资料暂缺。

（三十）干胜　《广雅·释器》载："断蛇、鱼肠、纯钩（亦称纯钩）、燕支、蔡愉、属镂、干胜、墨阳，并称名剑。"

（三十一）楚剑　指古楚所制之利剑。《说苑》："秦昭王中朝而叹曰：夫楚剑利，倡优拙。夫楚剑利则士多悍，倡优拙则思虑远，吾恐楚之谋秦也。"唐人张柬之有诗曰："吴钩明似月，楚剑利如霜。"

（三十二）龙泉剑　亦称龙渊、丰城。出自河南西平县。取当地龙泉水淬剑而得名。《东观汉记》："章帝赐尚书剑，韩棱渊深有谋，故得龙泉剑。"

一说是浙江龙泉县所铸之剑，故称"龙泉剑"。

（三十三）胜邪　见第八条目。

（三十四）工布　《越绝书·越绝外传记宝剑》："欧冶子，干将凿茨山，汇其溪，取铁英，作为铁剑三枚：一曰龙渊，二曰泰阿，三曰工布。"

（三十五）磐郢　亦称豪曹。《吴越春秋》载："吴王得越所献宝剑三枚。一曰鱼肠，二曰磐郢，三曰湛泸。"

（三十六）巨阙　见第八条目。

（三十七）燕支　《广雅·释器》："断蛇、鱼肠、纯钩、燕支、蔡愉、属镂、干胜、墨阳，并称名剑。"

（三十八）蔡愉　见第三十条目。

（三十九）腾空　相传为古代部族首领、"五帝"之一颛顼所用的宝剑。《名剑记》曰："瑞顼高阳氏有画影剑、腾空剑。"

（四十）夏禹剑　传说为夏朝大禹时所铸。《名剑录》载："夏禹铸一剑，藏会稽山，腹上刻二十八宿，文有背面，文为日月星辰，背记山川。"

（四十一）启剑　梁·陶弘景《古今刀剑录》载："夏禹子帝启在位十年，对庚戌八年铸一铜剑，长三尺九寸，后藏之秦塑山，腹上刻二十八宿，文有背面。面文为星辰，背记山月日月。"

（四十二）铜剑　古代剑名。以铜铸成。《刀剑录》载："夏君在位，以庚茂八铸一铜剑。"

（四十三）夹剑　传说为殷帝孔甲在位时所铸。梁·陶弘景《古今刀剑录》载："孔甲在位三十一年，以九年岁次甲辰，采牛首山铁，铸一剑，铭名曰'夹'，古文篆书，长四尺一雨。"

（四十四）太康　相传此剑造于殷帝太康在位时，故名。梁·陶弘景《古今刀剑录》："启子太康在位二十九年，岁在三月辛卯春，铸一铜剑，上有八方面，长三尺三寸头，头方。"

（四十五）定光　相传为殷帝太甲在位时所铸。梁·陶弘景《古今刀剑录》载："殷太甲在位三十二年，以四年岁次甲子铸一剑，长二尺，文曰'定光'，古文篆书。"

（四十六）含光　春秋时卫人孔周藏有殷代留下来的三把宝剑：含光、承影、宵练。《列子·汤问》载："孔周曰：'吾有三剑，惟子所择。一曰含光，视不可见，运之不知其所触，泯然无际，经物而物不觉。'"

（四十七）霄练　古代名剑。为春秋时期卫人孔周所藏。《列子·汤问》载："孔周曰：'吾有三剑；惟子所择……三曰宵练，方昼则见影不见光，方夜则见方而不见形。其触物也，鹜然而过，随过随合，觉疾而不血刃焉'。"一作"宵练"。

（四十八）锟铻　亦称昆吾。《列子·汤问》载："周穆王大征西戎，西戎献锟铻之剑，其剑长尺有咫，练钢赤刃，用之切玉如切泥焉。"

（四十九）轻吕　亦称路径刀。《史记·周纪》作"轻剑"。《逸周书·克殷》载："武王答拜。先入，适王所，乃剋射之，三发而后下车，而击之以轻吕，斩之以典钺。"说牧野之战取得胜利后，武王用"轻吕"击刺纣王的尸体。

一说"轻吕"非剑名，而是箭名。

（五十）镇岳尚方保剑　相传为西周时期昭王瑕在位时所铸的宝剑。梁·陶弘景《古今刀剑录》载："昭王瑕在位五十一年，以二年岁次壬午，铸五剑，名五岳，铭曰：'镇岳尚书'，古文篆书，长五尺。"

（五十一）断水　《拾遗记·卷十·诸名山》载："昆吾山，其下多赤金，色如火。昔黄帝伐蚩尤，陈兵于此地，掘深百丈，犹未及泉，惟见火光如星。地中多丹，炼石为铜，铜色青而利，泉色赤，山草木皆剑利，土亦钢而精。至越王句践，使工人白马白牛祠昆吾之神，采金铸之，以成八剑之精。一名'掩日'，以之指日则光昼暗。阴也，阴盛则阳灭。二名'断水'，以之划水，开即不合。三名'转魄'，以之指月，蟾兔为之倒转。四名'悬翦'，飞鸟游过，触其刃如斩截焉。五名'惊鲵'，以之泛海，鲸鲵为之深入。六名'灭魂'，挟之夜行，不逢魑魅。七名'却邪'，有妖魅者见之则伏。八名'真刚'，以切玉断金，如削土木矣。以应八方之气铸也。"

（五十二）光剑　相传为春秋时期吴国君至光所用。安徽南陵县出土文物。剑通体长50厘米，茎为圆柱形，有二道环棱形箍。剑身有脊，有两行阴刻篆字铭文："攻吾王光自乍（作），用剑以战戍人。"

（五十三）吴王剑　《项奎虎丘山诗》曰："当时吴王剑，砺光裂岩幽。"

（五十四）吴王夫差剑　为春秋时期吴国君主夫差所用。河南辉县出土文物。剑通体长59.1厘米，剑身宽厘米。剑身上有阴刻篆字铭文："攻吾王夫差自作其之用。"

（五十五）吴越剑　是一把战国时吴国贵族使用过的青铜剑，珍稀弥贵，倍为人们所关注。《考工记叙》载："吴粤（越）之剑，迁乎其地而弗能为良，地气然也。"

（五十六）永用剑　《拳剑指南》载："永用剑是铜质铸，为古吴季子之子逞之佩剑。……此剑式样颇小，度为古代佩持之手剑。"此剑全长约50公分，重为0.8公斤，剑柄较短。

（五十七）属卢　亦称属镂、属鹿、属娄、独鹿。《吴越春秋》载："越王赐文种属卢之剑。"《左传·鲁哀公十一年》载有："吴王夫差赐伍子胥属镂自刭"事。

（五十八）越王勾践剑　此剑为中国春秋晚期青铜器中的极品。1965年在湖北江陵望山1号墓出土。剑长55.7厘米。剑首为圆箍形，剑格正面用蓝色玻璃背面用绿松石嵌出花纹，剑身饰菱形暗纹。剑身有"越王勾践自作用剑"8个鸟篆铭文。此剑制作精良、犀利异常，反映出越国当时制剑工艺的高水平。现藏于湖北省博物馆。除此之外，越王勾践"卧薪尝胆"、以图复国的故事，也为此剑平添了许多人文色彩。

（五十九）越州勾剑　此剑为越王勾践玄孙州勾所用之剑。故名"州勾剑”。此剑两面分别刻铸春秋时期特有的双勾鸟虫篆书浮雕铭文“越王州勾”、“自作用剑”，剑长61.8厘米，剑首为盘形，并饰有多道规整的同心弦凸纹，剑身表面与柄、格的黑漆古色硫化层迥异，剑身光亮而不锈蚀。据考证，这种铬盐氧化表面处理技术当为越之欧治子、吴之干将、莫邪一类名师的绝技，早已失传。湖北省荆门市子陵岗发掘。

（六十）步光　春秋时期名剑。《越绝书·越绝外传记吴王占梦》载：“越王抚步光之剑，杖屈卢之弓。”曹植《七启》诗曰：“步光之剑，华藻繁缛。”

（六十一）扁诸　亦称偏诸。《吴越春秋·夫差内传》：“吴师皆文犀长盾，扁诸之剑，方阵而行。”《东周列国志》第七四回载：“阖闾以‘鱼肠’为不祥之物，函封不用，筑冶城於牛首山，铸剑数千，号曰‘扁诸’。”

（六十二）时耗　春秋名剑。《越绝书·外传记吴地传》载：“阖庐冢，在闾门外……扁诸之剑三千，方圆之口三千，时耗、鱼肠之剑在焉。”

（六十三）长扬剑　1976年在湖南长沙出土的春秋末期的钢制宝剑，因考古者发掘于中国长沙省的长扬市六十五号墓时出土，故得名。此剑为中国被发现的第一柄古代钢剑。此剑茎长7.8公分，身长30.6公分，宽2～2.6公分，脊厚0.7公分。

（六十四）长铗　《战国策·齐策四》载：齐人冯谖家贫，托食于孟尝君门下，因自言无能，孟尝君便笑予收留。“左右以君贱之也，食以草具。居有顷，倚柱弹其剑，歌曰：‘长铗归来乎、食无鱼！’左右以告，孟尝君曰：‘食之，比门下之客。’居有顷，复弹其铁，歌曰：‘长铗归来乎，出无车！’左右皆笑之，以告，孟尝君曰：‘为之驾，比门下之车客。’于是乘其车，揭其剑，过其友曰：‘孟尝君客我。’后有顷，复弹其剑铗，歌曰：‘长铗归来乎，无以为家！’左右皆恶之，以为贪而不知足。孟尝君问：‘冯公有乎？’对曰：“有老母。’孟尝君使人给其食用，无使乏，于是冯谖不复歌。”后来冯谖成为孟尝君手下最得力的谋士。

另有短铗。张协《短铗铭》载：“亦有短铗，清晖载烂。”

（六十五）越剑　指古越所制之利剑。刘勰《新论》载：“越剑性锐，必托槌砧以成钝钩”。

（六十六）蛇形剑　龟蛇是武当道教的奉祀神灵，也是传说中玄武神的象征。蛇形剑是武当剑术中的精华，鲜为人知的内家象形剑术套路，千百年来只在武林中秘传。蛇形剑具有步走八卦，腰如太极，剑似蛇形的显著特点。其步法左旋右转，环转无端似行云流水；其剑法似金蛇狂舞，点刺挂撩，穿抹云扫，变幻莫测。其动作刚柔相济，缓急相兼，时而快若闪电，时而缓若行云，轻灵圆活，潇洒而飘逸。

（六十七）彝族波形剑　源于清代。刃体宽大，近尖处略窄。剑体作火焰形或波浪形，左右曲折，刃之下部尤为弯曲。刃长约60多公分，柄长约20公分，柄与鞘之形式无定制。茎与护手略为十字形，护手之一边另有一直形护手。剑柄首作圆盘形，上有小塔形之尖顶。全柄为钢制，刃上深刻三兽形，或蹲或驰，相间刻有一颗星形花纹。

（六十八）七尺　李益《再赴渭北使府留别诗》载："平戎七尺剑，封检一丸泥。"《北堂书钞》卷一百二十二载："长剑七尺。"

（六十九）利剑　名剑的泛称。《公羊传》鲁宣公六年载："子之剑，盖利剑也。"

（七十）宝剑　剑的泛称。唐·韦应物《广陵行》载："归来视宝剑，功名岂一朝。"

另有短剑，剑身较短，剑盘小，握柄由生铁铸成，柄端有一圆环。

（七十一）吴粤剑　亦称干越之剑。泛指春秋时代所制名剑。《周礼·冬官》："郑之刀，宋之斤，吴粤之剑，迁乎其地而弗能为良，地气然也。"

（七十二）上方宝剑　"尚方剑"的俗称。指皇帝的御用宝剑，可授于大臣，掌先斩后奏之权力。

（七十三）木剑　用木制作的剑，亦称"班剑""象剑"。晋代开始用于朝服佩带。《南史·卷五十九·陈始兴王叔陵传》载："及仓卒之际，之命左右取剑。左右不悟，乃取朝服所佩木剑以进，叔陵怒。"

（七十四）夺命龙　五代时军中称剑的专门隐语。宋《清异录·武器·小逡巡》载："五代前蜀王建初起兵时，军刀用隐语称刀曰：'小逡巡'，剑曰'夺命龙'。"

（七十五）尚方斩马剑　"尚方剑"的一种。《汉书·卷六十七·朱云传》载："至成帝时，丞相安昌侯张禹以帝师位特进，甚尊重。……臣愿赐尚方斩马剑，斩臣二人以厉其余。"

（七十六）服剑　古人随身佩带的剑，形制资料暂缺。《战国策·齐》载："遣太尉　黄金千斤，文马三驷，服剑一，封书一，谢孟尝君。"

（七十七）齿铗　铗剑的一种，带齿形的铗器。左思《吴都赋》在："毛群以齿角为矛狭。"亦称"角铗"。

（七十八）神剑　梁·陶弘景《古今刀剑录》载："孝武帝昌明，以大元元年，于华山顶埋一剑，铭曰'神剑'，隶书。"

（七十九）逸龙剑　剑身有龙形图案，因而得名。无剑穗，其剑术套路的主要击法有劈、刺、扎、撩、点、崩、击、截、抹等。

（八十）腰品　唐代供佩带用的短剑名。宋《清异录》载："唐剑具稍短，常旋于胁下者，多腰品。"

（八十一）櫑具　古长剑名。木柄上有蓓蕾形的玉饰等，古称。《汉书·第七一卷·隽不疑传》载："不疑冠进贤冠，带櫑具剑。"注引《晋灼》："古长剑首以玉作井鹿卢形，上刻木作山形。如莲花初生未敷时。今大剑木首，其状似此。"

（八十二）少林长剑　剑长约110公分，把长约20公分。明代悟华，清代清伦、清莲、清云精此剑术。

少林青龙剑亦属此类剑。

（八十三）指尘剑　古代异样双兵械之一。传为道家所使之械。由一把拂尘与一把单剑组成。

（八十四）金剑　《刀剑录》载："章帝建初八年，铸金剑令投于伊水中，以压人膝之怪。"

（八十五）灵宝剑　宋·沈括《梦溪笔谈》载："钱塘闻人绍，一剑削十大钉皆截，剑无纤迹；用力屈之如钩，纵之铿锵有声，复直如弦。古之所谓灵宝剑也。"

（八十六）少林金钩　全长约120公分，下有尖，上有钩刀。明代了改和尚练此械。

古代名剑：

1. 骏剑　周简王铸：铭曰"骏"，简王在位十四年以元年癸酉铸。

2. 越五剑　即"湛卢"，"纯钩"，"胜邪"，"鱼肠"，"巨阙"。

3. 定秦剑　传秦始皇铸，采北祇铜。铭曰"定秦"，皇在位三十七年以三年丁巳铸。

4. 神龟　汉文帝铸，三尺六寸，同时铸三剑刻龟形故名，帝崩命入剑玄武宫。

5. 八服　汉武帝铸，铭曰"服"，以元光五年铸凡八剑五岳皆埋之。

6. 茂陵剑　汉昭帝所得，上铭"直千金寿万岁"，昭帝时茂陵人献一宝剑故名。

7. 毛贵　汉宣帝铸，"以本始四年铸，一曰毛二曰贵以足下有毛故为之贵"。

8. 衍　汉平帝所得，上有帝名，平帝在位五年以元始元年辛酉掘得上有帝名衍因服之。

9. 乘胜万里伏　王莽铸，铭曰"乘胜万里伏"，莽造威斗及神剑皆链五色石为之。

10. 更国　更始刘圣公铸，铭曰"更国"。

11. 秀霸　汉光武所得，铭曰"秀霸"，未贵时在南阳鄂山得之。

12. 剑龙彩　汉明帝铸，永平元年铸，上作龙形，沉之洛水中，水清时，常有见之者。

13. 安汉　汉顺帝铸，铭曰"安汉"，永建元年铸。

14. 中兴剑　汉灵帝铸，文曰"中兴"，建宁三年铸，同时铸四剑铭文皆同后一剑无故自失。

15. 思召剑　袁绍所得，上铭曰"思召"解思召为绍字，古今注："袁绍在黎阳梦神人授一宝剑，及觉果在卧所"。

16. 蜀八剑　蜀昭烈帝铸，采金牛山铁，三尺六寸，一备自服，余赐太子禅，梁王理，鲁王永，诸葛亮，关羽，张飞，赵云，各一。

17. 镇山剑　蜀後帝禅造，一丈二尺，廷熙二年造此巨剑以镇剑口山，故名。

18. 倚天　其利断铁如泥，操自佩。

19. 青釭　操赐夏侯恩持之，后被蜀将赵云在长坂坡夺得。

20. 三剑　魏太子丕造，一曰"飞星"，一曰"流采"，一曰"华铤"。

21. 文士剑　杨修献魏文帝，文士传杨修以宝剑与魏文帝帝佩之语，人曰此杨修剑也。

22. 吴六剑　吴大帝所有，古今注载："吴大皇帝有宝剑六，一曰'白虹'，二曰'紫电'，三曰'辟邪'，四曰'流星'，五曰'青冥'，六曰'百里'"。

23. 大吴　吴大帝孙权铸，采武昌铜铁，文曰"大吴"，黄武五年共作剑千口。

24. 流光　吴王孙高铸，文曰"流光"，建兴二年铸。

25. 皇帝吴王　吴主孙皓铸，文曰"皇帝吴王"，建衡元年铸。

26. 五方单符　晋穆帝铸，铭曰"五方单符"。

27. 隶书　晋孝帝铸，铭曰"神剑隶书"，以太元元年埋此於华山顶。

28. 定国　宋武帝铸，铭曰"定国"，永初元年铸此剑后入于梁。

29. 永昌　宋废帝昱造，铭曰"永昌"，元徽二年造於蒋山之巅。

30. 梁神剑　陶弘景造，金银铜锡铁五色合为之，文曰"服之者永治四方"，长短各依剑术法，梁武帝依普通中庚子命弘景造神剑十三口。

31. 镇山　北魏道武帝造，登国元年帝於嵩阿铸。

32. 太常　北魏明元帝造，铭背曰"太常"。

33. 四尺千金剑　唐晋公王铎所有，剑侠传唐晋公有千金剑，以获李龟寿。

34. 西蕃宝剑　宋监载："右相都督张浚请御前降西蕃，宝剑给赐有功将士以为激劝"。

35. 古铜剑　宋苏轼所得，东坡集载："郭祥正遗古铜剑，东坡谢以诗"。

36. 楚铜剑　宋郑文所得，方舆志载："宋奉官郑文尝官楚武昌江岸裂出古铜剑，文得之冶铸精巧，非人工所能成者"。

37. 安定剑　明初安定王所贡，咸宾集载："洪武甲寅安定王遣使贯异剑赐以织金文绮命其酋长立"。

38. 阳剑　一般是指纯阳剑。纯阳武术属武当山龙门一脉，传为纯阳真人吕洞宾所创，是道家养生、健体、御敌的内家拳法。

39. 诫剑　秦昭襄王（秦昭王）时，铸有一把宝剑，长三尺，剑身以大篆书刻造铭文"诫"字，故称诫剑。

40. 水心　《荆楚岁时记》引南朝梁吴均《续齐谐记》："秦昭王三月上已置酒河曲，有金人自东而出，奉水心剑曰：'令君制有西夏。'乃秦霸诸侯，乃因其处立为曲水祠，二汉相沿，皆成盛集。"

41. 秀霸　汉光武所得，铭曰"秀霸"，小篆书，未贵时在南阳鄂山得之。

42. 分景　资料暂缺。似为佩剑。

43. 随侯剑　钱唐倪涛《六艺之一录续编》卷一《金器题跋·汉尚方鉴铭跋》载："自武帝好神仙，宣帝亦信，方士所制隋侯剑、宝玉、宝璧、宝鼎，皆尚方为之。"

44. 飞景　《艺文类聚》卷六十引三国魏曹丕《典论》载："建安二十四年二月壬午，魏太子丕造百辟宝剑。长四尺二寸，淬以清漳，厉以礪诸，饰以文玉，表以通犀，光似流星，名曰飞景。"

45. 流采　亦称流彩。《太平御览》卷三四六引三国·魏·曹丕《典论》载："其三剑一曰飞景，长四尺二寸；二曰流采，长四尺二寸。"

46. 孟德剑　曹操所得，上有金字铭曰孟德，三尺六寸，献帝建安二十年操於幽谷得之。

47. 珠剑　资料暂缺。

48. 杨修剑　亦称文士剑，为汉末文学家杨修的佩剑。剑身长一尺六寸八分，篆有"杨修"二字，柄长八寸，重十四两。便作圆环形，护手及剑柄、剑鞘均为木质，吞口为紫铜质。

49. 白虹　古籍不见记载。武侠小说中多见。此剑修长，剑鞘嵌有琴弦，即怒沧琴之弦，护手雕有玄宗道门印记，骨干如白桦般古朴典雅，色若沉香之木，剑银光洗练，突显六弦之首对琴、剑之钟爱。

50. 紫电　马缟《中华古今注》卷上："吴大帝有宝剑六：其一曰白蛇，二曰紫电，三曰辟邪，四曰流星，五曰青冥，六曰百里。"李白《登广武古战场怀古》诗曰："项王气盖世，紫电明双瞳。"王勃《滕王阁序》曰："紫电清霜，王将军之武库。"清霜，亦剑名。

51. 千古剑　资料暂缺。

52. 五方单符　晋穆帝铸，铭曰五方单符。

53. 沉水龙雀　沉水龙雀系大夏国赫连勃勃大王的后人——赫连百链所造，刀背有刻字：大夏龙雀。

54. 流光剑　孙亮，以建兴二年，铸一剑，文曰流光，小篆书。一说是欧冶子，夜遇星陨，铸陨石剑，无刃，文曰流光。

55. 八服　汉武帝铸，铭曰八服小篆书，三尺六寸，以元光五年铸凡八剑五岳皆埋之。

56. 龙彩　汉明帝铸，永平元年铸，上作龙形沉入洛水中，水清时常有见之者。

57. 更国　更始刘圣公铸，铭曰更国，小篆书。

58. 画影　传说中"五帝"之一颛顼所用的宝剑。《名剑记》曰："阳氏有画影剑、空剑。若四方有兵，此剑飞赴，指其方则克，未用时在匣中，常如龙虎啸吟。"

59. 钩镶　剑类兵器。《释名·释兵》载："钩镶，两头曰钩，中央曰镶，或推镶，或钩引，用之宜（皆）也。"是一种汉代常见的、钩、盾结合的复合兵器。

以上所列中国宝剑名录不尽周全，但仍可以看出剑在中国武术器械中所独有的文化内涵，"百兵之君"的称可谓实至名归。

四、斧钺

斧，又称斧头，最初是一种用于砍削的工具，继而成为武术器械和兵器。

斧的历史很久远，可追溯到几十万年前的旧石器时代。那时的人们用磨制粗糙的石斧，砍斫器物、捕猎禽兽，是不可缺少的劳动工具之一。古汉字中

"斤"就是砍木头的斧字，所以后来从斤字旁的汉字多有斩截、折取的意思。汉·刘熙《释名·释用器》载："斧，甫也，甫，始也。凡将制器，始用斧伐木，已乃制之也。"

到了距今1万至4000年的新石器时代，人们开始能够加工、磨削，雕刻更精致的石斧器型，玉斧成为新石器时代的典型器物，在红山文化、良渚文化都有典型器物出土，这样的玉斧成为显示身份或祭祀礼仪用物。

最早的铜斧，出现于商代，既用于战争，也用于日常生活、艺术创作（如雕刻、嵌镂），也为仪仗所用。刀剑并用后，斧就更少人使用了，虽不作为主要兵器使用，但各代均有使斧者，尤其生活在北方地区的民族，喜练斧类兵器。

斧是由一根木棍把手（作为武器也有金属把柄）接着一块梯形刀片所构成，分为斧头和斧柄两部分。斧的刀口形状一般为弧形（有时也为直线形）。形或扁形。斧是利用杠杆原理和冲量等于动量的改变量原理来运用的。

黄帝时期，斧钺不但用为兵器，也是刑罚用具。《刑书释名》载："黄帝五刑，四曰斧钺。按五刑即甲兵、刀锯、钻凿、斧钺、鞭扑、是也。"

作为武术器械，有资料显示，"迄汉时，南中蛮人创斧法，亦如枪法之创于武吃氏而流入中原者，惟始创者之为何人，则不可考据矣。"汉末，斧法有了三十六招，亦称板斧三十六法。"后之武师，从而增益之，使变化不测，成为战阵之利器。"斧可分为投斧、战斧、长柄斧和短斧。

斧的主要用法有：劈、砍、剁、抹、砸、抢、搂、截、扎、刺、削、云、片、钩、挂、扫、推、支等。

这里我们介绍一下武术短器械中的斧。

（一）短斧　短斧的主要种类和作用，具体可以参考长斧中的介绍。另有多种双斧，均在双兵械中再作介绍。

（二）板斧　斧头成扇形，斧阔16公分左右，斧端有弯刺，柄长一米。

（三）鱼尾斧　斧头形似鱼故得其名。其主要技法包括劈、砍、剁、搂、抹、刺、云、片、钩、挂等。

（四）三板斧　亦称马战斧。相传为程咬金所用。斧阔五寸，柄长七尺。

（五）宣花斧　亦称祥手宣花斧。斧头刃的一面特别大，斧端之刺较一般长。

（六）少林板斧　长约85公分，斧头长约40公分，刃宽约30公分。

（七）凤头斧　斧头长约30公分，刃阔约20公分。尾厚刃薄，柄长约70公分，是斧中较短的一种。

（八）开山大斧　相传开山大斧是宋代有名的兵器，威力巨大。中国古典小说《水浒》梁山好汉索超用的就是这种斧。

（九）峨嵋斧　长约30公分，刃阔约20公分，柄长1米，粗约盈把，常用于近战或地道内掘土所用。

（十）青铜斧　河南安阳殷墟的妇好墓中，出土过两件大型青铜斧。其刃部宽约37.5～37.3公分，重8.5～9公斤，上面铸有铭文："妇好"。妇好是殷王武丁的妻子，她生前是一位骁勇善战的著名女统帅，曾多次率兵出征，这件大钺正是她权威的象征。

（十一）偃月斧　资料暂缺。

（十二）金蘸斧　资料暂缺。

（十三）矬子斧　宋代守城兵器，守城时砍人手用。见于《武经总要》。

（十四）鳌头斧　资料暂缺。

（十五）斧钺　古代酷刑中的一种，意思是用斧钺劈开头颅，使人致死。据《史记·周本纪》记载，武王攻克商王王宫后，用黄钺斩了纣王的头颅，悬于太白旗上。所以历史上有"斧钺之诛"的说法。

斧钺在春秋时期更多的用于仪仗、装饰之需，以作为军权的象征，战国时期大量使用。钺的形成与斧的形成属相同的时代，钺的式样与斧相同，惟较斧为大。钺比斧头大三分之一，杆长约50公分，末端有钻。钺在斧头之上加有短矛，长约20公分。其用法除有斧、矛和枪之外，还有刺、拨、点、追四法。钺有长杆之钺和短杆之钺，如八卦掌拳派所用的子午鸳鸯钺，就是一种短双器械。

（十六）开山钺　资料暂缺。

（十七）压丑钺　资料暂缺。

五、鞭

鞭起源较早。从人类发展史角度看，鞭最初也应属于生活生产用具（譬如驱赶野兽、放牧牲畜所用）。而作为武术器械，有资料显示，鞭在春秋战国时期（一说晋代）已很盛行，有软硬、单双之分，其质有铜、铁、铁木、纯木之别。硬鞭多为铜制或铁制，有坚木或铁制柄，鞭身多为三角、六角或方形形制，头尾皆可握，亦能两头用。软鞭多为皮革编制而成，由镖头、握把、绳鞭（或若干铁制鞭节和圆环）相连而成。

硬鞭（包括钢鞭、铁鞭）常用的技法包括劈、扫、扎、抽、划、架、拉、截、摔、刺、撩等。硬鞭一般用于马战，持鞭之将多持双鞭。钢鞭沉重而无刃，以力伤人。故持鞭者均需大力勇。

这里我们介绍一下硬鞭类器械。

（一）铁鞭　亦称铁节鞭。唐·黄滔《祭南海南平王文》载："感鄂公之铁鞭，呈祥以见。"《宋史·王继勋传》载："继勋有武勇，在军阵，常用铁鞭、铁槊、铁䂂，军中目为'王三铁'"。

（二）雷神鞭　鞭长约140公分，鞭把类似剑把。鞭身前细后粗。共为十三节，形如宝塔。鞭身为方形，每节之间有突出的铁疙瘩。鞭尖成方锥形，有利尖。鞭身粗约3公分。把手处有圆形铜护盘。鞭重约15公斤，通体为铁制。

（三）水磨钢鞭　鞭长约120公分，鞭把长约为15公分，鞭身长约1米。鞭身后粗前锐。呈方形，有十三个铁疙瘩，鞭头稍细，为方锥形。鞭把粗为5公分。鞭头鞭把三处均可握手，能二头使用。

（四）竹节鞭　其鞭长约140公分，把手为圆形，上有若干突出圆结，便于握手。把手前有圆形护盘。鞭身前细后粗，呈竹节状，共有九节或十一节不等。鞭身顶端很细。通体为铁制。

（五）尉迟恭鞭　鞭长约130公分，通体为铁制。鞭身分为六节，节与节之间有突出的圆疙瘩。其鞭把手处较粗约一寸半，愈往鞭尖愈细。尉迟恭为唐朝名将，官至右武候大将军，封鄂国公。他纯朴忠厚，勇武善战，一生戎马倥偬，征战南北，驰骋疆场，屡立战功，被后世尊为民间驱鬼避邪、祈福求安的门神。

（六）秦家鞭　鞭长约140公分，通体为长铁杆。其上下二端各有一突出的圆球。无明显的鞭把和鞭尖的区别。

（七）方节鞭　由鞭身和握把组成。鞭身为十一节方形铁疙瘩构成。鞭把为圆形铁制。用时可以鞭身击打，也可用鞭尾之小鞭甩击。

（八）太师鞭　亦称太师虎尾钢鞭、太师十三鞭。太师鞭力大鞭重，招法猛烈，有"鞭锤之将不可力敌"和"一力降十会"之谚。太师鞭演练，鞭行风吼，速而不乱，进招有方，破招有术。太师鞭有二十字歌："撩、拈、搜、刺、点、斜、退、转、旋、蹿，左、右、上、中、下，提、绷、腰、横、拦。"

（九）蛇形鞭　武林盟主郑思远所使用的兵器，蛇形，鞭身带有许多鳞片，硬中带软，软中有硬，如被打着，难有生还。

六、锤

锤，古称"椎"，有长柄锤、短柄锤、链子锤等。也分为硬锤、软锤。因锤形似瓜，故又称"立瓜"、"卧瓜"，也有四方八楞等形。古代持锤者称为"金瓜武士"。由于锤的特点各异，技法也不尽相同。

这里我们先介绍一下短柄锤。

（一）铜锤　赤铜所铸，重五十余斤，锤身雕镂花印，甚为精美。一般为勇力之士所持用。

（二）乌铁锤　乌铁铸就，锤身沉重，约25公斤，锤长约1米，始于战国时期，多用于个人防身和突袭。在史书中，多将其记为"长椎"。

（三）方铁锤　锤头呈方形，锤身、锤柄皆为精铁铸成，重约25公斤，较短铁锥为大，为巨力者所喜用。

（四）混元锤　精钢所铸，属于比较常见的锤身形状，类似于西瓜，锤柄较短，锤长约1.2米，为大力之士所喜用。

（五）四楞锤　因锤呈四棱形，故名。其柄约1.2米，主要击法有涮、曳、挂、砸、擂、冲、云、盖等。

（六）卧瓜锤　柄短，锤头形状如横卧之瓜，故得名。可用来硬砸硬架。主要技法同上。

（七）博浪锤　此锤因刺秦而闻名。张良为刺杀秦始皇，派大力士怀约60公斤重的大铁锥埋伏路旁，秦始皇巡游至博浪沙时，掷锤偷袭，可惜误中副车而告失败。自此，许多异士都纷纷访求名匠，模仿打造此锤。

（八）震山锤　玄铁、精钢铸就，其形由博浪锤改良而来，锤身沉重，状如斗大，浑体漆黑，所击之物无不粉碎。

（九）骷髅锤　因其形如骷髅头而得名。此锤由昆仑寒铁铸就，间有罅隙，挥舞之时，可发出狰狞之声，扰人心神。其所张巨口，可锁定对方兵刃，十分难缠。

（十）雷公锤　锤身形如圆柱形，端柄有一尖头。传说里的雷公所持之锤就是此类形状。其用法与金瓜锤相同。

（十一）破天锤　玄铁所铸，沉重异常。锤头有刺，利可破天。中锤者不仅要受到锤子带来的威猛绝伦的伤害，还要受到锤刺之苦。

（十二）少林铜锤　此锤全长约70公分，头长约30公分。

（十三）五星骨朵锤　资料暂缺。

（十四）蒺藜骨朵锤　由西羌传入。为一长棒，棒端缀一蒺藜形的头，以铁或坚木制成。

（十五）混铁锤　铁精钢打就，长约1.2米，重约50公斤，双手各持其一，挥舞时虎虎生风，凶猛异常。为金国猛将金蝉子所用。

（十六）蒜头　造型类似蒺藜，只是柄头造型如蒜。

七、锏

锏，亦称简，鞭类，出于晋唐之间（一说与剑为同时），以铜或铁制成，形似硬鞭，但锏身无节，锏端无尖。锏体断面成方形，有槽，故有"凹面锏"之称。锏的大小长短，可因人而异，通常约65～80公分。长而无刃，有四棱。锏多双锏合用，利于步战。锏的分量重，非力大之人不能运用自如，杀伤力十分可观，即使隔着盔甲也能将人活活砸死。

锏的技法与刀法剑法接近。其主要击法有击、枭、刺、点、拦、格、劈、架、截、吹、扫、撩、盖、滚、压等。惟锏无单用，法重双行，故后人有雌雄锏、鸳鸯锏等名。

（一）八棱锏　由一根八棱形铁杆制成，故得其名，长约120公分。

（二）平棱锏　长约120公分，锏把为圆柱形，尾短有一小孔，可作穿绳之用。锏把前有六边形铜护盘。锏身呈六棱形，尾部粗而丰。锏顶端粗为33公分。平棱锏亦有单使，单使之锏粗有6.6公分。

（三）四棱锏　锏体呈四棱形状，故得其名。

（四）混元锏　锏身长约120公分，通体呈圆柱形，以铁制成。

（五）狼牙锏　锏身是一根前端小，后端粗得圆形木棒。其长约66公分。棒长装有四排铁钉，每排四至六刺，交错排列。棒之顶尾各有一刺。铁钉呈三角形。由于铁钉尖锐，且又犬牙交错，攻击能力很强。其棒之尾端五寸为握手处，无铁刺。

（六）少林方楞铜锏　少林兵器之一，全长约1米。

（七）袖锏　资料暂缺。

（八）龙头锏　资料暂缺。

八、拐（杖）

拐，一种武器。按其形式可分为长拐和短拐两类。长拐一般长四尺。拐柄为圆柱形。在其柄端垂直处，有一突出之横拐。使用时可双手持柄，也可一手持柄一手持拐。短拐多为丁字形，长不足三尺。短拐可双拐同使，也可以与刀剑之类兵器同使。

（一）二字拐　在柄的两端各有一横拐，二横拐与柄垂直，因上下横拐构成"二"字形，故名。

（二）十字拐　拐柄为木制，长约70公分，横柄长30公分，柄上端装一矛头，下为握把。横把左面为尖刺，右为月牙铲。可三面击人。拐呈十字形，故名。其横竖把相交处有四个直角，具有架、格、拨、揽等功能。

（三）卜字拐　拐柄上端垂直一横拐，呈"卜"字形，故名。

（四）上下拐　拐柄的上下两端各有一突出的横柄，故名。

（五）钩镰拐　拐柄的两端各有一钩镰枪头。距拐柄两端各三分之一处，均有一突出之横柄。横柄方向相同。其用法兼有枪、拐之特点。

（六）鸳鸯拐　拐柄中间有一弯曲。拐柄两端各有一突出之横柄，方向相反。

（七）刀枪拐　资料暂缺。

（八）少林牛头拐　资料暂缺。

（九）达摩杖　达摩杖是少林派武术中的特有兵器，又叫少林单拐，传世甚少，这种兵器用法独特，招法奇妙，是一种不可多得的民间武术经典套路。

（十）灵牙杖　资料暂缺。

（十一）少林龙头杖　资料暂缺。

（十二）少林灵云杖　资料暂缺。

九、扇

扇子是用于拂尘取凉之物。中国扇文化有着深厚的文化底蕴，与竹文化、佛教文化有着密切关系。历来中国有"制扇王国"之称。用作武术器械可谓"文武结合的典范"。

（一）铁扇　扇子的一种，由纯铁制成。武艺高强的人会将它用来做武器进攻，不仅能杀死对方，而且还能抵挡住对方的攻击。有的时候扇子里还有机关。

（二）天罡劈水扇　扇把长九寸，扇身长约40公分，宽约20公分，全长约65公分，头有缨尾。

（三）武当太极金扇　资料暂缺。

十、镰

镰刀属农具，作为武术器械属于枪和镰刀相结合的戈类兵器，具有钩割功能，镰身微曲，平顶、双刃，长约40公分、宽约3公分，下有椭圆形的銎孔用来装柄。战国及唐时称为"长镰"，主要用于守城战，钩击攀登城头的敌人。清代八旗和绿营都装备镰，并作为近战的主要兵器之一。镰有长柄、短柄之分。长柄镰多为单使，短柄镰多为双用。主要用法有钩、拉、割、带、挎、挂、截、崩、啄、缠等。

（一）凤凰镰　短兵器械。枪头为四棱形，中有脊，两边薄刃，镰横于枪头之下，一侧为镰刀状，头向下倒钩，镰身为四棱形状，中有脊，两边薄刃；另侧为三叉形状，镰身尾端有突出铁刺3个，尾为铁刺状，长约60公分，尾部中空，可插于其内。柄为木制，头略细，尾略粗，约寸半，柄长1米，前可刺、勾、割，后可勾、刺，具有一器多用的功能特点。可以单使，也可双练。

（二）鸡刀镰　俗称"捆花腰子"。为心意拳门器械之一。相传为形意拳创始人姬隆丰所创，长约70公分，金属制成，镰身包括鸡嘴、鸡冠、镰刃、镰脊，镰柄有镰格、镰首。以近战为主。套路有单练和对练。

（三）雁镰　资料暂缺。

（四）少林草镰　少林草镰是少林十八般兵器中的一种重要器械，是少林寺武僧在练拳术的基础上，结合寺外农家用具草镰之长，演练而成的一种常用兵器。

（五）鸡爪镰　矛头尾端横置一镰，形似鸡爪，故名。该械全长约50公分，镰头约长10公分。

（六）风车镰　资料暂缺。

（七）并头镰　资料暂缺。

十一、刺

刀锋，物之尖端。《淮南子·氾论》："古之兵，弓箭而已矣，槽矛无击，修戟无刺。"

（一）马牙刺　亦称分水鹅毛刺。少林寺保存有一本武功图书，关于兵器篇的记载，一共有300多样稀奇古怪的兵器，其中有一种兵器名叫马牙刺，这种兵器不仅造型独特，而且练法稀奇，武林之中，更是鲜有人会使。马牙刺属于武术短器械。是少林的一件奇门冷兵器由剑演化而来。长宽同剑，唯剑身两刃成齿状排列，形似钜齿。刺朝柄，每侧十二齿。

自然门的掌门人，武林大侠万籁生先生，在他的《武术汇宗》里，曾经有一章专门写过这种独门兵器的练法：这种兵器，一共有展、抹、拘、剁、劈、压、刺、扎等技法。其特点是连环出击，上打下封，令敌人防不胜防。说这种兵刃的两侧呈现马牙般的锯齿形状排列，故得名。其齿按照十二个时辰，一年二十四个节气进行排列，在演练的时候，右手握住兵刃，而左手鸡心拳，即中指特高，寻找敌人的破绽，用拳头击之。

（二）蜈蚣刺　资料暂缺。估计与马牙刺相似。

十二、铁器械

（一）镏　资料暂缺。

（二）铁笛　据传，黄山一叟钟刚、摩云剑客周天生、千愚书生姬凤，并称"黄山三友"，铁笛、神剑、一折扇威振大江南北，声誉之隆，掩尽天下英雄。

（三）铁箫　资料暂缺。

（四）铁齿　资料暂缺。

（五）铁镐　一种常见工具，一般为木质的长把儿，铁质的头部，整个呈T型，形似鹤嘴锄，一头尖，另一头呈扁平铲状。用途广泛，可作为随身工具，

（六）铁棱　资料暂缺。

（七）铁算盘　资料暂缺。

（八）铁扫帚　资料暂缺。

（九）铁如意　铁制的爪杖。《新五代史·后蜀世家·孟昶》载："昭远手执铁如意，指挥军事，自比诸葛亮。"清·吴伟业《过中峰礼苍公塔》诗之三

曰："空悬铁如意，落日讲堂开。"清·无名氏《帝城花样·春姗传》曰："诸名士方且摇玉柄麈尾，擎铁如意，瞪目哆口，如木鸡。"

（十）铁琵琶　资料暂缺。

（十一）阴阳钟　资料暂缺。

（十二）量天尺　类似铜或剑的兵器，资料暂缺。

（十三）独脚铜人　亦称独脚铜人槊。资料暂缺。

（十四）吕祖金锥　资料暂缺。

（十五）傣族铁齿　资料暂缺。

（十六）铜头铁身娃娃槊　资料暂缺。

（十七）挎虎拦　资料暂缺。

十三、木器械

（一）少林太祖短棍　棍的长度要求以手掌的宽度共十三掌的距离。它的动作特点是：五阴棍法与七手棍法所组成，动作快速灵活，身法自然，实用性强，既可以做套路的连续练飞，也可以将五阴棍法与七手棍法提出来单做组合练习，是一项很好的传统武术套路。

（二）鞭杆　鞭杆是中国武术器械之一，为木制短棍，长度按使用者一臂加一肘长，棍粗约3.5～3.8公分。其击法有戳、劈、挑、扣、蹦、点、击、撩、拦、截、拨、架、推、挎、绞、压、舞花等。演练中要求手不离鞭，鞭不离身，走鞭换手干净利落，动作有左有右，身法伸屈吞吐，方法刚柔相济，力贯鞭梢。鞭杆可以单练，也可对练，套路有"十三鞭""三十六鞭""陀螺鞭"等。鞭杆在甘肃、山西、宁夏、陕西等省流行较广。

（三）虎尾鞭　武当南宗松溪派派单鞭虎尾鞭的技法与拳法相似，以柔克刚，顺势取人，不尚拙力，更有短并长用之说，可用木棍，竹杆或雨伞等作为鞭使用。

（四）棒槌　中国民间浆洗衣物用具，流行于全国大部分地区。其形状因地域、民族的不同也不尽相同。多木制，圆形、长约二尺，一端稍粗，便于槌衣，一端较细，便于手握。除了作为生活用具，棒槌也属于武术器械之一。

（五）马架　用来背东西的三角形的木架。也叫"马架子"。

（六）板凳　资料暂缺。

（七）马棒　蒙古族的放牧兼防身、打猎与一体的多用途工具。主体是木质的，长度30公分左右，在其头部是有多颗铁蒺藜镶嵌而成，有很强的攻击性能，其尾部有一个牛皮制成的皮环，以便于不用的时候挂在手腕上，方便随时汲取。

第四节　中国武术软器械

"鞭是一条绳，全靠缠得清"。这条谚语表明了软鞭及相似器械技法的关键所在。如果缠绕不清，势必打不着人而打自己。软器械讲究"纵打一线，横打一扇"，"收回一团放出一片。收回如虫，放出如龙。收回如鼠，放出如虎"。以圆运动为主，借助手臂摇动，身体转动，增加器械的击打速度，改变器械的运动方向。

一、鞭

（一）杆子鞭　亦称护卫鞭。短杆头系绳索装一镖头，杆尾有鐏。据传杆子鞭脱胎于古代西域牧羊的鞭子，故有"西域鞭"之称。此鞭流传于河北一带民间。使用时可软硬兼施。一节木棒（以白腊杆居多）的一端安一铁吊，上套3～4个圆环。一环上缚一条牛皮拧制麻花形绳索，绳头系一铁锥而成。木棒长度以棒竖直一头触地，另一端与胸窝齐为宜；绳索与木棒同长。

（二）皮鞭　以生牛皮或牛筋制成。也可以以麻绳编制后，用油浸透，方可使用。长度按需要而定，可长至约6米，也可短于数十公分。

（三）短鞭　短鞭没有鞭把，只有鞭身，鞭身以生牛皮或生牛筋编制而成，长度为1～1.5米。

（四）七节鞭　以软钢制，连柄八节，鞭端以铁环圈之，不用时可首尾扣合，缠于腰际或肩上。其他如九节鞭、十三节鞭，形制、功能相同。七节鞭至十三节鞭，分别称为"七情鞭、八法鞭、九技鞭、十全鞭、十三连。"

（五）剑鞭　此械是在3尺长剑的握柄后面续接一条4尺长的钢环鞭，是一件硬软相结合的兵器。既有剑术的刺、劈、点、格、搅，也有软钢鞭的甩、抽、打、扫、缠。手前舞剑，腕后走鞭，鞭中裹剑，剑中夹鞭，鞭随剑至，剑随鞭来。鞭与剑互相掩护，互相配合。

（六）三节鞭　亦称袖鞭，是一种小型多节鞭。此鞭没有真正意义上的鞭把手。

（七）九节鞭　古代用作暗器，可缠在腰间 或折叠藏身，携带使用方便。九节鞭由鞭把、鞭头和中间8个钢节组成，每节用3个圆环连接起来，故称"九节鞭"。鞭的长度一般以人体直立，"把"顶触下颏，"镖头"触地为宜。

（八）筒子鞭　资料暂缺。

（九）赶山鞭　亦称鹿角赶山鞭。

（十）龙梢鞭　资料暂缺。

（十一）蛇形软鞭　中国传统软兵器，用皮、麻类、索类等编织制成，由鞭把、鞭身和鞭尾三部分组成，形如蛇形，故名。此鞭在技击上是以抽打为主。主要练习技法有缠、抡、扫、挂、抛、舞花击地趟鞭法等。

（十二）少林钩鱼鞭　资料暂缺。

（十三）廿四节麒麟鞭　资料暂缺。

（十四）廿四节赫铃鞭　资料暂缺。

（十五）廿八节窜宫鞭　资料暂缺。

（十六）卅六节天罡鞭　资料暂缺。

（十七）十三节蛇骨鞭　资料暂缺。

（十八）十三节麦骨响铃鞭　资料暂缺。

二、棍

（一）三节棍　古代兵器，属武术软器械之一。它由三条等长的短棍中间以铁环连接而成，又称"三节鞭"。又有长三节棍和短三节棍之分，三节棍全长等于习者直立直臂上举至手指尖的高度，而民间武师的三节棍有"伸开一丈"之说。因而放开使用如同长器械一般，可作远距离击打。折叠则是一短棍，约同臂长，携带十分方便，常作自卫防身的随身之物。亦有七节棍，形制、功能与三节棍相同。

（二）梢子棍　古时称连挺、连筵、铁链夹棒、铁连枷、盘龙棍等。因其形状与农家打麦脱粒用的连枷相似，故俗称连枷棍。连枷棍是一种很古老的兵器，始于何时众说不一。据《墨子·备城门》记载："二步置连挺、长斧、长椎各一物，枪二十枚。"意思是说将一定数量的连挺、长斧等兵器分散设置在防卫区内。《墨子·备蛾传》记载："当敌人附借云梯、密集如蚁，缘城墙而上时，用火烧之，用连筵击之。"由此可见，此器械春秋战国时就已经是守城御敌的重要兵器了。唐代杜佑在《通典》中记载："连挺，如打禾连枷状，打女墙外上城敌人。""女墙"指城墙上的矮墙，即城蝶。意思是说当攻城的敌人沿梯攀登到接近城蝶时，守军居高临下，用连枷击打敌人。

（三）连珠棍　由一根长棍和两根短棍组成。每根棍的两端各有一铁箍，箍上有铁环，互相连接。用时双手挥动长棍，同时带动二短棍。其主要用法有劈、拦、挂、甩、绞、绕、点、拨、等。

（四）龙头杆棒　武术稀有兵器之一，属软兵器类。该器械全长约2米，械身为软索，一端系龙头，一端系锥，均为全属铸制。其械可抢可舞，可放可收，可缠可卷，能长能短，长能遥攻击远，近可短打紧防；能单能双，软硬兼施，方法多样，特点突出。用法包括劈、砸、抛、云、缠、架、撩等。

（五）手捎子棍　武术软器械之一。古称连挺、连筵、铁链夹棒、铁连枷、盘龙棍等。因其形状与农家打麦脱粒用的连枷相似，故俗称连枷棍。又因是由梢子和棍身连成，又称梢子棍。连枷棍是一种很古老的兵器，最早在什么时候出现，众说不一，据《墨子·备城门》记载："二步置连挺、长斧、长椎各一物，枪二十枚。"

（六）连珠双棍　由一根长棍和两根短棍相互连接而成。棍头之间三个铁环扣连。

（七）两节棍　亦称双节棍，以路数多变，弧线攻击著称。此器械用生牛皮或绳连接的两节硬木棍。

（八）少林童子棍　资料暂缺。

（九）银丝鹿角棒　资料暂缺。

（十）龙棒　亦称水火囚龙棒，各重75公斤。相传因龙棒使用者为隋唐好汉杨林。龙蟠棍上，分为两把，两头如狼牙棒般，非常沉重。曾经让瓦岗寨众将吃足了苦头，后被罗成以柔克刚，破解此棒。

三、链

（一）铁链夹棒　据传出自西北地区，是受农家打禾连枷启发创制而成的。铁链夹棒形制如打麦用的连枷。《武备志·军资乘·铁链夹棒》载："铁链夹棒，其状如农家打麦之枷。以铁饰之，利於自上击下。"

（二）铁链棒　亦称"梢子棒"、"双节棍"。由两根长短不一的木棍连接而成。长棍约四尺，短棍一尺五寸。长短棍每段各有一铁箍，箍上带环。二棍以尺长铁链相连。用时双手握住长棍带住短棍。铁链棒动作灵活，可长可短。主要用法有劈、扫、挂、甩等。

四、流星

（一）流星锤　是一种将金属锤头系于长绳一端或两端制成的软兵器，亦属索系暗器类。仅系一锤者，绳长约五米，称"单流星"；系两个锤者，绳长约150公分，称"双流星"。大流星锤、双流星锤、亮银链子锤形制和功能大致相同。

（二）棱角流星　资料暂缺。

（三）彝族流星　资料暂缺。

五、镖

（一）绳镖　一种将金属镖头系于长绳一端制成的软兵械，也作暗器。绳镖由来已久。有说出现于宋代以前，李唐时期。《闽小志》上说："武艺十八，终以白打"。而白打之后，就是棉绳套索了。这种套索长约3米，两端有圆球为坠，借用它的缠绕之力而制敌。后来有聪明人仿照它制成了绳镖，列入杂技，是防身的暗器。绳镖既可掷抛远击，又可缩短近击，具有携带方便、收缚隐蔽、打击突然、猝不及防等特点。

绳镖由镖头和绳索组成。镖头为一般枪头形，后有一环，通常镖头后配系彩绸。绳镖有三棱形、圆筒形、五棱、七棱等多种形式。其技法主要是利用绳的甩劲，发镖而出。甩成圆圈，及至镖到面前，使绳随镖飞出，直取目标。

（二）竹条镖　此械是将20余根长丈余的细蔑条用细麻绳扎束、浆以猪血，外涂土漆粘成竹条柄，再在柄头钉上铁镖而成。使用时先收卷成圈，系于腰间；发镖时放开竹条，以镖头射击。这是苗家武术所独有的软长器械。清嘉庆年间，湘黔边境爆发大规模苗民抗租起义，许多义军拿着竹条镖与清兵作战，杀伤力很强。因此，清兵有"不怕枪来不怕刀，只怕苗家竹条镖"之说。

六、挝

古同"抓"，用指或爪挠。

（一）飞挝《武备志·器械三·飞挝》载："用净铁照式打造。若鹰爪样，五指攒中，钉活，穿长绳系之，始击人马，用大力人丢去，着身收合回头，不能脱走。"

七、枪

（一）双头链子枪　此械全长3.2米，重约3.5公斤，中间软链由136个响环连底、两端各联一个六刃尖枪头，枪头根配饰双缨。它有扎、裹、带、抽、舞、拉、劈、扫、缠、拿、云、摆十二字技法。使用起来缠如蟒蛇绕身，放似蚊龙出水。可单刃长击，亦可双刃短扎。

八、剑

（一）链子剑　　资料暂缺。

九、锥

（一）独角椎　　亦称少林鹿箸独角锥。全长一丈三尺。明清痛禅、祖良、真云等精此器。

十、叉

（一）三仙叉　　资料暂缺。

十一、抓

（一）双飞抓　　资料暂缺。

十二、掌

（一）少林滚龙掌　　资料暂缺。

十三、锚

（一）少林大铁锚　　资料暂缺。

十四、节

（一）梢锤四节　资料暂缺。

十五、网

（一）蒙仙网　此器械全长约3.5米，寺僧用于擒贼捉盗之用。

十六、钩

（一）龙须钩　此器械全长一丈三尺，寺僧用于擒贼捉盗之用。

十七、镗

（一）四节镗　亦称镗镰，属于镗的一种，共分为四节。第一节为"蛇"形横弯刀，其形如翅，两面有刃，前尖有锋刃；第二节和三、四节之间都有铁环相连，第四节的末端有硬木制作的八楞小锤。使用时，软中有硬，硬中有软，可长可短，收放自如。

十八、白嘎

（一）藏族白嘎　是一种很有特色的武术器械。由棒杆和牛皮绳所组成。它的长短粗细随着使用者的年龄、身高和体力的不同而稍有不同。一般成年人所用的棒杆，长约66公分。棒杆有方、圆两种，均径粗3～4公分。把端有硬质木料精制而成的长约10公分，直径约2.5公分的握把。牛皮绳长约3米，柔软而结实，一头系在棒杆握把的近把端处，另一头结一个小绳套。

白嘎软硬兼顾，长知兼备，既可挥摔近攻，又可放绳远击。使用时，将小绳套套在右手上，并手握棒把。视敌方的远近，使用棒法或绳术。白嘎的棒身与皮绳，两头皆可使用。在一定的身法、步法和肘法的配合下，可单用棒杆贴身靠打，也可利用牛皮绳较长的特点，把棒杆抛击出去，抛击后可迅速收回再打。绳术运用得法时，还可以发挥软兵器的特点，缠缴对方的武器。在深山老林之中对付猛兽，其效能往往胜过腰刀。白嘎实用性较强，骑马或徒步，山地或平原，都能够运用。白嘎制作简易，携带方便。特别适宜于穿藏袍的同胞随身携带。

本章武术器械合计：2大类；51小类；408种。

第四章

中国武术器械的种类与特色（下）

这一章，我们介绍中国武术中的长器械、双器械和暗器械。

先来说说长器械。长器械是武术中的"重武器"。在冷兵器时代地位尤其重要。

第一节　中国武术的长器械

一、刀

（一）朴（pō）刀　亦称博刀、泼刀、钹刀，朴刀木柄上安有长而宽的钢刀的兵器。使用时，两手握着刀柄，利用刀刃和刀本身的重量劈杀敌人。朴刀在宋、元时期常见。

（二）象鼻刀　象鼻刀刀身有象鼻造形，故称。这种刀的刀刃呈弯曲形，有铲、割、砸多种用法。宋、元时期常见。

（三）双手带　双手带是一种可双手持握挥砍的长手柄砍刀，故称。双手带的形状有多种，大多以清代的"短柄刀"演变而来。清乾隆时期的《皇朝礼器图式》中有"绿营双手带刀"的记载。

（四）春秋大刀　春秋大刀又称关公刀、春秋刀，最早出现在宋朝。它是从马上战斗中发展过来的，柄长便于马上攻击。刀头呈弯月形状，刀身宽约17厘米左右，中部缀有红缨，此刀两端配重均匀，使用起来力量重心操控良好。因大刀杀伤力颇大，被誉为"百兵之帅"。

刀法包括劈、砍、推、斩、翻、滚、盘、压等。

（五）长杆尖大刀　顾名思义，因刀柄长、刀形尖长而得名。

（六）青龙偃月刀　又名"冷艳锯"，因为是小说《三国演义》中关羽使用的武器而名闻遐迩。青龙偃月刀是偃月刀的其中一种。根据文献记载及出土文物证实，偃月刀在宋朝开始出现。

（七）龙头状元刀　龙头状元刀上端是大刀，刀柄下端有三棱形短锥，两头皆可杀伤对手。是一种攻击力很强的长器械。

（八）三尖两刃刀　亦称三尖刀、二郎刀，相传为二郎神所使用的兵器。此械的前端有三叉刀形，刀身两面有刃，除具有一般大刀的功能外，其前端三叉刀还可作锁、铲之用。

（九）乾坤日月刀　亦称护手双头刀、六合双头刀，是流传在民间的一种奇异兵器。全长约2米，两端各有相同长度的月牙形刀。刀背上部各有三个小铁环，舞动起来沙沙作响。在刀柄中段还有两个突出的月牙形利刀。利刃后为握手处。此兵器前后可用，变化多端。在刀的基本技法基础上，乾坤日月刀还有前后扎刀、正反扎刀、上下截刀、里外绞刀、撩挂刀、云拨刀、格拦刀、推架刀等技法。环首长刀，简洁明了、纤长挺直、结实锋利、剽悍实用。

（十）片刀　《大清会典图·六十五·武备图》载："片刀，通长七尺一寸二分，刃长二尺，阔一寸三分。上锐而仰，銎厚二分，柄长四尺七寸，围四寸。木质铜朱，末铁鐏长四寸。"

现在所说的"片刀"大多数指薄刃砍刀。

（十一）龙头大铡刀　是气功长拳门的独特兵器。此器械大铡刀形制为龙头鱼尾，但又不失铡刀型制，全长1.8～2米，把为扁方型握把，握把处长1.3米左右，铡刀尾部为鱼尾形，活动空间较大。其技法以八卦刀、双手剑、苗刀、方天画戟的套路为基础，吸取八卦刀的飘逸、双手剑的巧妙、苗刀的威猛、方天画戟的霸气，创编了两套风格新颖、独特的龙头大铡刀套路。

二、枪

（一）龙枪　资料暂缺。

（二）凤枪　亦称百鸟朝凤枪，相传为三国时期枪法宗师——童渊所创。张绣、张任、赵云都习得此枪法。童渊不见史载，系民间传说人物。

（三）拐枪　宋代步兵所用。枪头长二尺五寸，两边各有两对倒钩，枪杆长四尺，杆尾有一横拐，故得其名。

（四）抓枪　宋代器械，长约2.3米，其中枪刃长约45公分。枪头除有朝前的枪刺外，其下还有二十个横向突出的倒刺。各刺从上而下依次由长变短。明代抓枪呈直统扁梭形，枪头下两端各有两个突出的倒钩，钩尖锋利。钩下又有突出三角形刀刃两片，可防止为对方用手提枪。枪头下有持尺长穗与枪杆连接，杆中有孔可穿红缨。

（五）线枪　亦称"透甲枪"，是一种枪头较长，枪杆稍短的枪，近似汉代的长矛马槊或锬。明戚继光《练兵实纪》"线枪解"说"铁头长二尺""柄长七尺"，又叫"透甲枪"，而且"锋用钢三寸，左右刃用钢一尺，以下皆铁""但终不能御长器，于腰刀互有胜负"。

平定安史之乱的大唐名将李光弼善使线枪。

（六）环子枪　宋代长枪。枪头似马项，枪头两侧有倒钩。样式与双钩枪相似。此枪头长约20公分，上窄下宽。下宽约3.5公分，上宽其半。此枪为骑兵所用。

（七）棰枪　资料暂缺。

（八）铁枪　枪是刺兵，又是骑战的主要兵器，为历朝军队所器重。《宋史》卷197《兵志十一》载："仁宗时，天下久不用兵。天圣四年，诏减诸路岁造兵器之半。是岁，诏作坊造铁枪一万五千，给秦、渭、环、庆、延州镇戍军。"古代武将有用铁锻造而成的"铁枪"，使用铁枪作战的武勇之士，常常以"铁枪"为号，以表示与众不同。铁枪最早出现在何时，尚未见详尽资料。宋、金时期用铁枪的武将时有所见。

有"杨铁枪"。《元史·王珍传》载："金末丧乱，所在盗起，南乐人杨铁枪，聚众保乡里。太祖遣兵攻破河朔，铁枪以兵应之。"

有"张铁枪"。《元史·史天倪传附史枢传》载，这位"张铁枪"名叫张资禄，是金国郿州名将。《元史·木华黎传》和《吾也而传》有载。

有"葛铁枪"。《元史》卷155《史天泽传》及卷120《肖乃台传》有载。

蒙古军将领用铁枪者以隋世昌最有名。《元史》卷166《隋世昌传》有载。

元末有"李铁枪"。《李铁枪歌》有载。姓名事迹待考。

明朝开国皇帝朱元璋也用过铁枪。钱谦益《投笔集·后秋兴二》之七载："十载倾心一旅功,御枪原庙梦魂中。"原注云:"南门旧存高皇帝手御铁枪。"

清嘉庆年间有"张铁枪"。吴振棫《养吉斋余录》卷9《张永祥传》有载。

铁枪主要是马上兵器,以它自身的重量,借助于马的奔驰,可以发挥突刺之效,必要时还可以左右横击。铁枪还被用作仪仗兵器。民国十一年,军阀曹锟在保定创建了"苗刀营"和"铁杆矛营"。"铁杆矛"就是铁枪。曹锟进入北京城时,为炫耀武力,举行了盛大的入城仪式。"苗刀营"肩扛长刀,列队步行;"铁杆矛营"是骑兵,走在苗刀营后边。很是威武了一番。

(九)旗枪　枪长约3.5米,枪头下枪缨部位有一面三角形旗帜和两根彩带。旗枪主要为出征指挥之用。如临阵对敌,其作用亦与枪缨相同,可以迷惑对方。

(十)梭枪　亦称飞枪。一种形似梭镖的投掷武器。明·茅元仪《武备志·军资乘·器械三》载:"梭枪长数尺,本出南方蛮獠用之,一手持旁牌,一手摽以掷人,数十步内中者皆踣。以其如梭之掷,故云梭枪,亦曰飞枪。"其技能与体育比赛中的标枪相似。

(十一)花枪　与矛类似。因枪头下扎有红缨,枪杆细长,抖动起来犹如花朵一般,故而得名。花枪的称呼与花刀类似,都是指有杆但比起大刀大枪更短。有所谓"七尺花枪八尺棍,大杆子一丈零八寸"之说。

花枪技法刁钻多变,杀伤力和杀伤范围都比较大,而又比大枪使用灵活,携带方便,成为民间武术的热门器械,武术格斗和表演中的枪就是指的花枪。汉语中常把办事心机重、点子多的人称作"耍花枪"。

(十二)拐刃枪　枪头长而锋利,刃下有三处凹槽,枪杆长约4.5米,刃连袴长约65公分。枪杆下端有一横拐,其用法兼具枪和拐两者的特点。

(十三)拐突枪　枪头长而大,呈麦穗状,长约65公分,枪杆长约4.5米。上端有一铁箍,下端有一横把,形同拐状,故得其名。其用法与拐刃枪相同。

（十四）短刃枪　枪头大而短，刃部锋利，枪杆短约约3.6米。枪刃连袴长约65公分。杆尾有铁鐏。宋代此枪杆长约2米。

（十五）短锥枪　枪头分为三支，中间一支较长，向上直出，两侧各有一翅形刃向外突出。枪刃连绔长约40公分，杆长约2米，杆尾下有铁鐏。

（十六）单钩枪　骑战用枪。枪头长约15公分，呈三角形。其底部两角向外突出，宽约7公分，底部两角向外突出，宽约7公分，底部两尖刃斜线向上，形成头部尖角。此角为锐角，枪头中有脊。

（十七）双钩枪　宋代铁枪。为骑兵所用。长约2米。枪头较普通枪头长约20公分，宽约3公分，头部呈锐角。枪头中有脊，两侧有刃枪头尾部有两个或数个突出的侧钩，均装于枪头的两侧或四周。枪杆尾部有鐏，可插入地下，枪杆上系有牛皮绳，供提携之用。

（十八）板门枪　长约3.3米，枪头特别大，形似门板，故得其名。此枪主要用于马上，其用法为拦、拿、扎、刺、拨、点。

（十九）鸦项枪　宋代步兵所用，枪头与枪柄相接处，用锡来装饰，如鸦颈状，故名。《武备志》载："鸦项者，以锡饰铁嘴，如乌项之白。"枪尾有鐏。

（二十）捣马突枪　宋·曾公亮《武经总要前集》载："捣马突枪其状如枪，而刃首微阔。"

（二十一）蒺藜枪　枪头长而大，约40公分，中有凹槽，枪杆长约6.6米，近枪尖处有数对铁钩刺。枪杆尾部有铁鐏。是宋代车战中所用兵器。

（二十二）九曲枪　明代马战的主要兵器。枪长约3.5米，枪头如蛇形，顶尖而锋利，两侧薄刀，整个枪头长约35公分。主要技法包括拦、拿、扎、刺、搭、缠、圈、扑、点、拨、舞花等。

（二十三）三眼枪　清代所用。枪长约3米，其中枪长35公分，中有一凹槽，枪杆上端有两箍，尾端有一箍。

（二十四）雁翎枪　清代兵器。通体长约2.5米，其中枪头约30公分，枪杆长约2米，粗约10公分，硬木制成。枪头为炼铁所制，其式样与双钩镰枪相似。惟枪尖为扁平棱形状。杆尾有铁鐏，长为约15公分。

（二十五）虎牙枪　清代长兵器。通体长约3米，枪长8公分，以硬木制成，枪头长约25公分，其上部有锐三角形枪刺，下部有两个向外突出的倒钩，钩尖锋利，枪头下有红缨，枪杆下有铁鐏状尖刺。

（二十六）锥枪　锥枪又称"破甲锥"，宋辽时期的兵械，锥长约50厘米，是专门对付重甲骑兵的长杆武器，四棱型锥尖能刺穿铁甲或从铁甲缝隙中刺入，会对骑兵造成很大伤害。威力远远大于长矛。清以后重甲使用的少了。

（二十七）蛇镰枪　全长约2.5米，其中枪杆长约2米，粗圆径约15公分，硬木制成。枪头长约25公分，枪头上有蛇矛状尖刺，下有"一"字形蛇矛尖刺分向左右。枪杆尾部有铁鐏约15公分。

（二十八）铁构枪　《武备志·军资乘·器械》载："一曰铁钩枪。挨脾而进甚利便，攻守兼用。上铁刃连钩长一尺（33公分），攒竹桿，径九分（30公分），长一丈二尺（4米）。"

（二十九）十字镰枪　清代长枪。通体长约2.5米，其中枪头长约25公分，呈十字型，枪刺宽寸余，中有脊，两边有刃，头部成锐三角形，系铁所制。枪杆直径约6.5公分，为木质制成。

（三十）欺胡大　枪杆甚长，作三角形，枪杆尾端也有花瓣形的锋刃。两头均可刺敌，亦可投掷杀敌。

（三十一）太宁笔枪　枪头锐利，枪头刃下数寸装一小铁盘，上面有刃。因其枪头如笔状，故得此名。

（三十二）苗族村枪　为清代苗族所用。枪杆长约1.8米，枪头为锐角三角形，内有凹槽，枪头以下有三个与枪缨相同的装饰，杆底有鐏。

（三十三）双头钩镰枪　枪头后部各有一个小钩和钩刃，枪头后有枪缨。

（三十四）錾金虎头枪　枪身乃混铁精钢打造而成，长约3.5米，枪头为镏金虎头形，虎口吞刃，为白金铸就，锋锐无比。

南宋名将高宠和韩世忠皆善用此器械。

（三十五）黄龙带把枪　属于崆峒武术武术长器械之一，假托三国姜维所用。杆长约2米，下端为钢鞭（找不到全貌图），上端为枪头，枪头顶部呈半圆状，两侧有鸳鸯挂钩。它把枪、鞭、棍、钩完整的结合在一起，变化无穷，以其稳、准、狠的特性享誉武林。用法上讲究每招都有打推扭拉、臂翻扣提、搬杀扫追、拦钩扎挑、点刺撩挂、卷缠格档、抱护沾连二十八字。

（36）金钱枪　资料暂缺。

（37）巴尔恰　资料暂缺。

（38）留客住　资料暂缺。

（39）大鹏鸟枪　资料暂缺。

（40）太极大枪　资料暂缺。

（41）伞头蛇尾枪　资料暂缺。

（42）少林挠钩枪　资料暂缺。

三、矛

矛是古代战争中常用兵器。长柄，有刃，用以刺敌。根据矛的长度和形态矛分为蛇矛和长矛。矛的历史很久远，原始形态是用来狩猎的前端修尖的木棒。后来人们学会用石头、兽骨制成矛头，增强杀伤效能。及至奴隶社会，军队开始使用青铜铸造矛头。到商朝，铜矛已是重要的格斗兵器，其形制多为阔叶铜矛，战国时期的矛多为窄叶铜矛。战国晚期开始，较多使用钢铁矛头。汉代，钢铁制造的矛头完全取代了青铜矛头。

矛构造简单，只有矛头、矛柄两部分。矛头分为"身"和"骱（jiè）"两部分。矛身中部为"脊"，脊左右两边展开成带刃的矛叶，并向前聚集成锐利的尖锋。有的脊两侧带凹槽，称"饮血"，为矛头刺入人体时出血进气，以减少阻力。"骱"是用来连接脊的直筒，下粗上细便于装柄。为防止拔矛时矛头脱落，有的矛稍两边铸有环状钮，用绳穿过把矛头牢牢绑缚在柄上。矛柄有木柄和积竹柄两种。矛杆长度一般为270～290公分。1971年长沙春秋晚期楚墓中出土的两支带柄之矛，一支柄长297公分，木质；另一支柄长280公分，"积竹"柄。中国民间"丈八蛇矛"之说正源于此。

矛的使用方法大多是用双手握柄，以直刺或戳为主的战斗使用方法。车战时代，两阵相对极远，非长兵不能及；故利用枪矛以为进攻之具，而佐之箭弩。至马战时代，矛已觉其太长，不免有周转不灵之病，故逐渐被枪替代。但矛并没有消失，到了明代还能看到一种改良型的蛇矛在继续使用。

这里，我们介绍三种矛。

（一）蛇矛　亦称虵矛，矛头如弯曲的蛇体，故名。其用法与一般的矛大致相同，主要架式为刺、挑、戮、划等，具有一往直前的突击能力。《三国演义》中蜀汉将领张飞所使用就是"丈八蛇矛"。

酋矛柄长20尺（周尺，约4米），是步卒使用的武器。

（二）酋矛　柄长20尺（周尺，约4米）是步卒使用的武器。

（三）夷矛　据《考工记》所载，最长的夷矛长三寻，约合今5.54米，是兵车上使用的武器，是"五兵"中最长的一种兵器。

四、戈

戈，中国青铜器时代的一种曲头兵器。盛行于商周时代，秦以后逐渐消失。戈主要部分称"援"，援上下皆刃，用以横击、钩杀。援狭长而上扬，像鸡鸣，故也称为"鸡鸣"；援向下弯曲处称"胡"；嵌入木柄的部分称"内"。《考工记·庐人》载："戈秘（柄）六尺有六寸（约2.2米），殳长寻有四尺（约1.4米）。"

戈还会用于仪仗。玉戈十商周时代的一种仪仗器。最早在4000年前的二里头文化和凌家滩文化时期的墓葬中就有玉戈出土。

五、戟

戟，亦称棘。古代兵器，戈、矛合成一体，既能直刺，又能横击。戟出现于商、周，盛行于东周，战国开始用铁戟。戟在古战场上通常由将领使用，容易分辨便于指挥。《说文解字》载："戟，有枝兵也。"是一种戈的秘顶有矛形尖刺装置的兵器。不论是戈、矛或戈、刀的合体，其形式都符合"有枝兵"的特点。

戈、矛、戟这三种兵器，都安有约3米长木柄，下端装有铜，有的矛柄长达

6.3米。其主要用法包括剁、刺、探、片、压、带、勾、拦、钻、挂等。

戟有多种形制。

（一）龙戟　以龙为饰的戟。唐人温庭筠《走马楼三更曲》诗曰："马过平桥通画堂，虎幡龙戟风悠扬。"顾嗣立补注："戟有枝，兵也。木为刃，赤质，画云气上垂交龙，掌五色带。"

（二）三戈戟　战国时期一种矛、戈分铸联装戟。它与春秋时期单戈戟的区别除了由单戈变为双戈、三戈外，戈身更加尖锐，而且只有最上端的戈有内。溯北随县曾候乙墓中曾出土。

（三）九曲戟　戟头弯曲，有一月牙，戟上可悬彩色绸带。

（四）典韦戟　东汉末年曹操部将，身材魁梧，臂力过人，善用戟。相传曾战胜过吕布。

（五）月葫戟　资料暂缺。

（六）钩镰戟　戟头弯曲，并有一钩一镰，戟上悬有彩色绸带。此器械同时具有钩、镰、戟的作用，更有实战价值。

（七）方天画戟　亦称方天戟、青龙戟。类似铁制枪尖的一侧带有称作"月牙"锋刃，戟头长约50公分，从戟头侧出一个月牙。全长约2.5米，其中柄长约2米。带有两个对称月牙锋刃的叫做方天戟；只有一个月牙锋刃的单称青龙戟或戟刀。方天画戟因三国名将吕布使用而闻名于世。

（八）少林蛇尾戟　资料暂缺。

六、斧钺

（一）大斧　斧重柄长，斧头有铜制和铁制两种。斧头一面有刃，刃阔25公分左右，尾部厚而窄，并带有突出往下弯曲的斧尖角。柄长丈余。大斧用于仪仗之兵，也用于骑兵作攻城斩关或先锋拔寨之用。斧的主要用法包括劈、砍、剁、抹、砸、搂、截等，尽显粗犷、豪壮的威武雄姿。

（二）镰斧　一种用来劈砍的长兵器，形似一般的斧头，柄较长，主要为宋元时期战士作战所用。

（三）锚斧　一种用来劈砍的长兵器，形似一般的斧头，头部似锚，其主要为宋元时期战士作战使用，且深得将士们喜爱。

（四）长柯斧　资料暂缺。

（五）车轮斧　斧长约3米，重40余公斤，使用者需力大如牛。刀身上镶有宝石，价值连城，传为三国名将所用。

（六）钺　用于斫杀，状如大斧，安装长柄。青铜制，像斧，比斧大，圆刃可砍劈。中国商及西周盛行。有玉石钺，供礼仪用。

（七）对钺　杆长约3米，杆两端各有一钺。二钺下端又各有一只小钺与其杆垂直。其主要击法与钺相同。

（八）套钺　资料暂缺。

（九）铲钺　中国先秦时期武器，为一长柄斧头，重量也较斧更大，在新石器文化遗址中，就发现了玉制钺，显示其具有神圣的象征作用。商代开始出现铜钺，成为军队的主要兵器之一。以后各朝代军队均广泛运用。终因形制沉重，灵活不足，退为仪仗用途，常作为持有者权力的表现之用。

钺的式样与斧基本相同，惟较斧为大。钺在斧头之上加有突出之短矛，长约20公分。钺有长杆钺和短杆钺之分。钺的技法融斧、矛、枪三者为一体，还有刺、拨、点、追等四法。

（十）降魔钺　亦称少林降魔钺，是一种两角上翘、具有弧形阔刃的劈砍兵器。此器械械全长约170公分，刃长约30公分，穿透力很强，基本技法有劈、剁、刺、搂、抹、钩、云、片、斫、撩等。

（十一）月上钺　资料暂缺。

七、棍（棒）

棍也被称作"棒"，古称棍为"梃"。亦有"殳、棒、秆、杆、竿、白梃、金吾、车幅、棓、杵、长剑、杖、把、杠子之称"。棍为无刃的兵器，素有"百兵之首"之称。获此"殊荣"想必与棍是原始社会主要生产工具之一有关。棍棒长度约为1.3～2.6米或4米不等。通常以坚韧白蜡木制作。棍通身一般粗，截面以单手把我为准。棒身则两端粗细不一，一端粗可盈把。棍是近战搏斗兵器，攻击范围大于刀、枪，自古有"棍扫一大片"之说。棍棒主要是造成钝器伤和淤伤，其杀伤力比刀、枪等要小。

武术器械棍的形制基本一致，这里的介绍多属于套路。

（一）少林镇山棍　相传数百年，是中国宝贵的传统文化遗产，历经沧桑，承袭保存至今，实为珍贵。该棍法招招有势、势势有法、法法有用、奇绝古拙、长短兼用、势法齐整。在实战中，有拨、拦、圈、拿、绞、缠、撩、挂、挑、截、封、压、轴、击、扫、劈等技法。

（二）齐眉棍　是少林兵器代表之一，"十三棍僧救唐王"的故事让少林棍名扬天下。齐眉棍棍根竖地，棍梢与眉齐。舞棍时，挑，刺，劈，撩，扫，交替变化，使敌防不胜防，其乱棍猛击是制敌取胜，棍打群敌的特点。其他套路还有如猿猴棍、盘龙棍、六合棍、风波棍、劈山棍等。

（三）梅花棍　20世纪40年代，上海有习武者到广东湛江表演梅花棍，赤坎镇武堂弟子李宙云拜师学习。后将北派的梅花棍结合南派的双头棍打法，演练成独具一格的梅花棍。特点是棍击两头，四面开花，舞得水泼不入，击中点点致命。

（四）八宝混元棍　资料暂缺。

（五）夜叉棍　亦称小夜叉棍，其棍法多变，以扫、拨、云、架、撩、戳、劈、舞花、挑、点为主要技法，尤其挑点戳棍法较多，体现了少林棍谱中讲的"三分棍法七分枪法"的棍法要旨，属中国的精华套路。

（六）上沙牌棍　中沙牌棍　下沙牌棍　资料暂缺。

（七）五虎群羊棍　五虎群羊棍是顺式门（亦称顺势门）梅花拳派棍法。实战性强，套路严密紧凑，棍打四面八方，结合陈氏太极拳中缠绕沾粘法，在太极拳协调身法的配合下，充分显示枪、棍合一的独到特色。基本棍法有挑、劈、挂、扫、绞等等。

（八）大棍　资料暂缺。

（九）夹刀棍　即大棒。加一利刃如解首，异其名。击刺皆便，柄亦如棍，刃长约15公分，末柄向刃下稍存微棱，以便仓卒及夜间用时，知其刃所向。

（十）太极棒　亦称太极尺。长30公分左右，直径为3公分左右。能修心养性，增长内功。现今太极棒主要用于健身。

（十一）钩棒　资料暂缺。

（十二）抓子棒　一种抓子棒，无刃而有铁爪，都有击抓之作用。

（十三）杵棒　两端有狼牙刺头。宋·孟元老《东京梦华录·驾登宝津楼诸军呈百戏》载："或执刀斧，或执杵棒之类，作脚步蘸立，为驱捉视听之状。"

（十四）柯藜棒　资料暂缺。

（十五）狼牙棒　亦称狼牙棒。木棒头部如枣核状，植铁钉于其上，形似狼牙，故得名。明·茅元仪《武备志》卷一〇四《狼牙棒》载："重木为之，长四、五尺。异名有四：曰枪、曰杵、曰杆、曰棒。植钉于上，如狼牙者，曰狼牙棒。"狼牙棒是由棒头、棒柄、钻三部分组成。棒头为椭圆形锤状，锤面布满铁刺；棒柄为坚木，长约2米，棒头装于其上；钻为铁制，下有尖，装于棒尾，既可以保护棒尾不致破裂，又可以击敌和作地上插立。狼牙棒在宋以前未见于军旅，宋以后多有使用者，大抵如"骨朵"、"敲棒"之类的击打类兵器，都是由北方少数民族传入中原的。狼牙棒的基本的击法包括劈、砸、盖、冲、截、拦、撩、带、挑、抢、旋、磕等。

（十六）牛头杆棒　资料暂缺。

（十七）武当玄武棍　武当玄武棍属于武当镇山护庙的棍法，十武当派内家拳宗秘传功夫之一。武当玄武棍朴实简明，发劲于若有若无，行功走架看似轻描淡写，触物击人则如洪水突发，排山倒海。演练中有蛇之灵动，龟之沉着呼呼生风，如黑虎巡山，势不可挡，威猛迅捷。此棍以"劈、点、撩、挂、云、扫、拦、架"为基础。突出身棍合一，有曲中求直、劲为完整，阴阳互变之风格。

八、锤

（一）立瓜锤　柄长约2.5米，一端为锤，锤为椭圆形，如竖立之瓜，故名。主要击法有涮、曳、挂、砸、擂、冲、云、盖等。

（二）两头锤　柄长约2米，两端各有一锤。锤呈圆瓜形。主要击法同上。

（四）拦面叟　是戳脚翻子门的武术器械之一，其实就是铁质长杆大烟袋。拦面叟的整体是由烟袋锅，烟袋杆，烟袋嘴三部分组成。它的运动技法是由两部分相辅相成的。它的上部分是烟袋锅，其技法为：劈、砸、撩、扣、挂、搂，绞、带。它的下部分是烟袋嘴，它起着点穴撅的作用。其技法为戳、点、挑、推、拦等。

九、殳

（一）殳　一种用竹或木制的手持长柄勾头似的器具，起撞击或前导作用的古代兵器。可以取物，可以打击乐器，后成为兵器。

（二）战国殳　资料暂缺。

（三）少林殳　资料暂缺。

十、叉

叉是中国武术长器械的一种，亦是十八般武器之一。顶端有二股叉的为"牛角叉"，顶端有三股叉的为"三头叉"，又名"三角叉"，俗称"虎叉"。叉之由来，较各种兵器为后，最早为舟战兵器。最早用于水战，或谓汉时蛮人，皆以此为利器。飞叉之法，相传为宗泽偏将张纯所创。一说始于南宋。古典小说《西游记》中，蝎子精和黄风怪皆使三股叉。

（一）马叉　长柄兵器的一种。矛头两旁又岐出两刃，形似镗。明·茅元仪《武备志》卷一百四·何良臣《阵记·技用》有记载。

（二）火叉　古代火攻的一种兵器。明·茅元仪《武备志·攻具·火叉图》载："火叉，以铁为两歧。凡攻城将透，积薪草、松明、麻秆於地道中，加以膏油，纵火焚城，续之令不灭，则施四物以备用。"

（三）飞叉　叉属于十八般兵器之列，和枪一样是以刺为主，不同的是叉的杀伤范围大，能有制约敌方武器的效果。由叉尖和叉把两部分组成，长约2米左右，叉座间镶有铁片。叉尖为钢制，有三股叉，俗名"三叉戟"。又有马叉、九股叉、托天叉等许多种。叉的主要击法包括转、滚、捣、搓、刺、截、拦、横、拍等。

（四）苗叉　形似刚发芽的小苗，故称苗叉。

（五）龙须叉　亦称三股叉、牛头叉、龙须叉、飞鱼叉、虎叉、钢叉。此器械械中锋刃长而直，两旁叉锋成牛角形。有两股叉，也有五股叉。

（六）少林独股叉　此器械械全长约2.5米，用于防身习武守院。

（七）抱头钢叉　中股长出其余二股约10公分，形如蛇。旁边二股由中股底端环抱而曲。柄长八尺，柄尾有鐏。

（八）四平叉　资料暂缺。

（九）捻军铁叉　资料暂缺。

（十）叉杆　资料暂缺。

十一、爪　挝

爪，手抓、爪甲之意。武术器械中的"爪"，形制都属于象形模仿器物。

（一）笔砚抓　中指与食指并拢伸直，形如剑指，掌中握一笔，又名手槊。

（二）鹰爪　资料暂缺。

（三）朝天爪　资料暂缺。

（四）金龙抓　资料暂缺。

（五）笔挝　有打、敲之意。古通"抓"。古典小说《三国演义》中有"令鼓吏挝鼓。"

十二、镋

镋　中国古兵器。始于明代，由枪发展而来。明·茅元仪《武备志》载："此器械自有倭时始用，在闽、粤、川、贵、云、湖皆旧有之，而制不同。"周纬《中国兵器史稿》载："镋兵之重要者为枪头齿翼月牙镋，长与月牙铲同。"

清代应用甚广，此后逐渐减少。

镗头其形制如叉，末端正中有尖头，上有利刃，称为正锋，长约50公分。两边形似马叉，长约40公分，尖锐如枪，横有弯股刃，两锋中有脊。正锋靠后处横一月牙，月牙朝外，月牙上嵌着一排利刃。镗柄长达2.5米，尾端装有棱状铁钻，称为"鐏"。主要技法包括捕、折、翻、撩、勾、捅、捞、咬、拨等。

镗可用于击刺架格。由于这种兵器过于长大，分量又重，所以只有身高力大者才能使用。

镗的形状较多，主要有：

（一）雁翅镗　长约3米，其中柄长约2.5米，柄尾有约15公分长的三棱铁鐏。镗头分为三叉，中叉形似枪头，两翼叉形似雁翅，故得名。

（二）雁嘴镗　长约3米，其中柄长约2.2米，柄尾铁鐏长约15公分。镗头分为三叉，中叉形似剑状，两翼叉形似雁嘴，每叉两面有刃。

（三）雁尾镗　形制与雁嘴镗基本相同，其两翼叉形似雁尾得名。

（四）凤翅镏金镗　因外形凤凰翅膀而得名。形制如上。据传是隋朝大将宇文成都的兵器。

（五）九凤镗　形制基本如上，形似耙，有九个叉刺。镗柄尾有约15公分长的铁鐏。

（六）九曲镗　长约3米，其中柄长约2.2米，镗长约50公分，分为三叉，每叉有三刺，其叉头形似枪头，呈扁平状，两侧犬向外平伸，每叉左右有一小叉呈弧形环抱。

（七）牛头月镗　亦称"牛头镗"。其镗头形似三股叉。当中有利刃，状如剑尖。刀下横有两翅，弯曲如牛角，相距约35公分。牛头月镗能攻能守，尤善破枪。

（八）夜战镗　长约2.5米，其中柄长约2.2米。镗头分为三叉，中叉形似枪头，两翼叉曲向左右两侧平伸，尖端锋利。镗头镀黑色，适于夜间作战。

（九）阴阳镗　长约3米，其中柄长约2.2米，镗头长约50公分，柄尾铁鐏长半尺。镗头分为三叉，中叉形如枪头。两翼叉一个向上，一个向下为阴阳分向。叉头呈尖形，两面开刃，锋利无比。

（十）齿翼月牙锐　铁制。锐头有尖，长约35公分，左右分出两股，各长八寸，状如月牙，上面植入个十六个小刺，每个小刺长15公分。

（十一）雷震锐　长约2.5米，其中柄长约2.2米。锐头分三叉，中叉形如枪头，两翼叉曲折弯向锐柄。

（十二）十字锐　长约4米，其中柄长约3.5米，柄尾铁鐏长约15公分。锐头分为三叉，中叉形似枪头，两翼叉形似十字，刃如枪刃。此器械械最适合用于马战，主要用法有支、捕、折、翻、勾、捅、捞、撩八法。

（十三）月牙镗　侗族民间有练镗的爱好。从古至今，侗族民间都有尚武习武之风。月牙镗呈弯月形，5～15公斤制均有，径长约30～100公分，柄长约1米，用硬木制成，外形如一对粗壮、锋利的水牛角，镗尖有倒勾，镗脊镗心分别安有状如斧钺的刀片，一边一块，有的安有二至三块，两翼齿镗。相传是由侗族武术大师龙大正于清道光年间发明创造的。

月牙镗套路动作威猛，刚劲有力，呼呼生风。动作招式有"水中莲塘""雄鹰叼鸟""金箭离弦""神猴捞月"等。曾获得全国第六届少数民族传统体育运动会民族体育三等奖。2006年6月贵州省人民政府首批公布91个非物资文化遗产代表作，侗族月牙镗位列其中。

（十四）五齿镗　资料暂缺。

（十五）三节镗　资料暂缺。

（十六）锯翅镗　资料暂缺。

（十七）金牛镗　资料暂缺。

（十八）燕子镗　资料暂缺。

（十九）元宝铁　资料暂缺。

十三、铲

铲，原本是古代汉族民间生活和建筑用具。自商代起，铲开始成为武术器械和战争的兵器。最初是青铜铲，战国时期开始用铁铲。铲杆的前后都装有兵刃，前端是一个弯月形的铲，内凹，月牙朝外。尾部是一个斧状的铲柄，末端开刃。相传铲最初是佛门兵器。铲头一般是铁制，铲长约2~2.5米，其中铲头长约35公分，扁平的呈弯月形，月牙朝上，刃薄而锐，向后渐厚。杆有木或铁制两种，底部有一套筒与柄连接。铲柄尾部装有钻，可作刺点用。有的铲头，底部两角各凿一孔，上套粗大铁环，舞动声声作响，以增威势。此器械主要击法包括推、压、拍、支、滚、铲、截、挑、拨、劈、冲、摇等。

（一）月牙铲　月牙铲刀头弯似月，月牙朝上，装以长柄，刃与柄层丁字形。中国著名古典小说《西游记》第六十三回载："那驸马（九头驸马）更不心慌，把月牙铲架住铁棒，就在那乱石山头，这一场真个好杀。"

（二）方便铲　据传为达摩老祖所创，此器械械包含了五行八卦、天干地支。达摩老祖扛着方便铲一苇渡江，中国人才开始练习外家武术，也就有了"天下武术出少林"的说法。

（三）金钟铲　铲头外形似钟，铲刃朝上，铲柄长约2米。

（四）葫芦铲　资料暂缺。

（五）长铲　资料暂缺。

（六）凤翅铲　资料暂缺。

（七）边铲　资料暂缺。

十四、槊

槊即长矛，是由矛和棒演变而来的器械。唐代诗人元稹在《唐故检校工部员外郎杜君墓系铭》中写到："曹氏父子鞍马间为文，往往横槊赋诗"，苏东坡则在《前赤壁赋》里称曹操"酾酒临江，横槊赋诗，固一世之雄也。""横槊赋诗"，一副横刀立马的英姿。

（一）禹王槊　亦称狼牙槊。基本形状是一根铁棒的前面铸有一只手。二指前伸或拿着一枝尖端向前的笔的叫做"指"，五指伸开的叫做"掌"，紧握拳头的叫做"拳"，拳头中横握一根双头铁钉的叫做"横"。连在一起取其谐音就叫"执掌权衡"，以显示为民除害的大禹的神圣。

禹王槊柄一般长约2米，槊头呈圆锤状，有的头上装有铁钉若干。有的槊柄尾端装有鐏。此器械械异常沉重，很少有人有力气拿动它，挥舞杀敌就更难了。古代的槊用硬木制成，分槊柄和槊头两部分。其主要技法包括劈、盖、截、拦、撩、冲、带、挑等。

（二）长槊　亦称长矟（shuō）。十八般兵器中的重兵器之一，多用于马上作战。由矛和棒演变而来，其结构复杂，较为笨重，多为力大悍猛的将领使用。《太平御览》卷三五四引《灵鬼志》文："垄上健儿字陈安，头小面狭腹中宽，丈八长槊左右盘。"宋·赵雄《韩蕲王碑》载："铁胎之弓，悍马长槊。方在童年，气震山岳。"

（三）丈八槊　长一丈八尺，故名。

（四）护手槊　长约2米，槊头为半圆形，上面有八个铁钉般长刺。

（五）枣阳槊　全长约2.5米，柄上2米，槊头为圆形如枣的铁锤，上面密布六排铁三钉。柄尾有棱形铁鐏。

（六）双槊　资料暂缺。

（七）混唐槊　资料暂缺。

（八）少林长槊　资料暂缺。

十五、钯（耙）

中国武术器械中的钯（耙）是由传统农具演化而来的长兵器。钯（耙）一般以铁为柄，长约3米，无鐏。柄端横一长方形铁板，长约50公分，厚约15公分，周约15公分。上有20余公分的锐齿7~11个。耙齿锋利似钉，攻击性强，可击，可耙，一度成为军中最利的武器之一。其技法包括擂击、撞击、筑击，反击、格、架、挑、拨、挡、划等。

（一）六齿耙　耙头长二尺二寸，因有六个锋利的铁齿，故名。

（二）七星耙　由耙头、耙柄两部分组成，耙头以铁或钢制。有三叉，中叉长一尺有余，两侧叉长约5寸，叉间距约二寸四，耙柄硬木直，因中叉上有七个圆星线，故名。

（三）排耙木　属少林门的古重兵器。此兵器曾为突厥人史大奈所用，流传至今，流传至今。排耙木由耙头、木柄、尾椎组成。长约五尺四寸，耙头呈"丁"字形，六根耙尖似木梳竖立。基本技法有刺、撩、拍、拦、扫、刨、绞、抢、钩等；基本步型有弓、虚、歇、仆、独立、跪步等。

（四）拍钯　资料暂缺。

（五）大耙　南方拳派称为叉（即三股叉）。

（六）荷叶耙　资料暂缺。

（七）九齿钉耙　中国古典小说《西游记》中主要角色猪八戒所使用就是此器械。全名称为上宝沁金钯。

（八）响钯　资料暂缺。

十六、镰

镰也是由传统农具演变而来的武术器械。属戈类兵器。

（一）清代镰　资料暂缺。

（二）少林长镰　资料暂缺。

十七、錾

錾原本是雕凿金石的工具。《广雅·释器》："镌谓之錾。"

（一）劈水亮银錾　资料暂缺。

（二）少林劈雷錾　资料暂缺。

十八、筅

筅（xiǎn），用竹子等做成的刷锅、碗的用具：筅。帚俗称炊帚。后演化成武术器械和兵器。

（一）狼筅　亦称做狼牙筅。又名长枪。古代兵器之一。狼筅原为明朝矿工起义军发明，后成为戚继光抵抗倭寇时所操练"鸳鸯阵"的武器配置之一。其械形体重滞，械首尖锐如枪头，械端有数层多刃形附枝，呈节密枝坚状。附枝最长60公分，最短25公分。杆长5米。头与杆均为铁制成，重约4公斤，需力大之人所用。其技击法包括拦、拿、挑、据、架、叉、构、挂、缠、铲、镗等。

十九、避云锄（资料暂缺）

二十、八岔树（资料暂缺）

二十一、八能九环禅杖（资料暂缺）

二十二、少林八宝避云伞

少林兵器之一，为稀有兵器。全长五尺三寸，明代洪荣、清代静修精此术。

第二节　中国武术双器械

双器械，是指成双成对使用的武术器械。双器械涵盖面很广，种类也很多，我们大致按照各个类别予以介绍。

一、刀

（一）月牙刀　由于形似月牙而得名，刀刃略弯，锋利无比。

（二）麟角刀　资料暂缺。

（三）镔铁双刀　镔铁原产波斯、罽宾（今克什米尔）、印度等地，约在南北朝时传入中国。此后中国掌握了制炼镔铁的技术。元朝工部设镔铁局，明代新疆、山西都产镔铁。镔铁主要用来制作刀剑，镔铁剑极其锋利，有"吹毛透风"之誉。

（四）别离双刀　资料暂缺。

（五）蝴蝶双刀　亦称双叉刀、合掌刀，属南派短刀套路。北方也有使用。它以咏春拳的基本手法与短刀的攻防特点组合而成。刀片的长大约是一个人的手臂，所以它可以很容易地套在靴内。刃宽厚利于格挡和反手刀。仅在刀尖前数寸开刃，利于垂直刺入人体。

（六）鹿角双刀　资料暂缺。

（七）乾坤日月轮刀　是流传在民间的一种奇异兵器。据传创于明清时期。此刀全长约2米，两端各有相同长度的月牙形刀。刀背上部各有三个小铁环。刀柄为坚硬木料所制，握手处在刀柄中段，上扎彩带，并有两个突出的月牙形利刀。主要用法包括前后扎、正反扎、斩、劈、挑、扫、舞、截、绞、撩、挂、拨、拦、推、架等。多年来武坛罕见其械。

（八）双凤日月追魂刀　资料暂缺。

（九）蝴蝶双刀　亦称合掌刀。此刀与前臂同长，可藏于袖中或靴中。刀刃宽厚利于格挡和反手刀，仅在刀尖前数寸开刃，利于垂直刺入人体。洪拳、咏春拳等都有此刀的应用。

二、枪

（一）双短枪　为蔡李佛拳术部分。

（二）双头双枪　资料暂缺。

三、剑

（一）龙凤双剑　浙江龙泉出此剑，在两剑有脊的一面分别配有龙（右手所持）、凤（左手所持）图案。两剑柄首各配一根双剑单穗。双剑同入一鞘。

（二）四门九指剑　资料暂缺。

（三）雌雄剑　亦称鸳鸯剑，双剑。古代双兵之剑。舞练技法与其他双剑同。但制作此剑的材料要求极高。雌剑为左手使，雄剑乃右手使也。春秋时干将、莫邪是雄雌剑，三国时期刘备亦使用雌雄剑，相传吕洞宾也使用雌雄宝剑。

双剑一般长约1米，剑身为扁平状，下部宽约5公分，上部宽约25公分，剑身两侧为向上倾斜的尖剑，浑体如锯条，二剑之剑尖形式不一，一为半圆环形，如月牙状，月牙尖向外；另一虽也为月牙状，但其中部有一突出枪刺状枪头，剑把为扁平形，上扎布带，剑把上有圆盘铁护手，剑把一侧有月牙形护手，薄而锋利，剑把末有双棱状枪刺，此器四面有刃，甚是锋利。

少林子母鸳鸯剑，亦属此类剑。

（四）双马戟　资料暂缺。

四、戟

（一）回族双戟　资料暂缺。

（二）少林双戟　属短兵双兵器。戟头有一月牙，中间戟头形似枪头，戟上悬有彩绸。少林双戟全长约1米至1.5米不等，视用者体力而定。用时两手各执一戟。

（三）钺牙戟　短双戟和钺的一种，长约70公分，握手处长30公分，为扁平状，上扎布带，两端各有4公分的尖刺，刺尾由三个突出的圆球连接而成，刺为圆锥状，头部有尖角。握手处两端由铁杆向上连出，上有一月牙形护手刃。刃为薄片，由把手处向外逐渐变薄而锐利，两角外翘，尖而锋利。此戟双手各执其一。

（四）双铁戟　左手戟重约15公斤，右手戟重约20公斤，通常用镔铁打造而成，传三国名将典韦善用双铁戟，手中运使如飞，冲锋陷阵，如入无人之境。

五、斧

（一）双斧　属双短兵器。斧头呈扇形，柄长约70至100公分。用时左右手各持一斧。其用法有抡、劈、砍、扎、由、云、撩、挂、削、扫等。

凤头双斧　由月斧、曲刃、凤头、护手盘、斧柄、尖镦等部分组成。

（二）双板斧　斧头刃阔五寸，双面开刃，颈长约25公分，尾厚刃薄。柄长约1米，可作兵器之用。一般为双斧并用，少单用者。其用法有抡、劈、砍、扎、由、云、撩、挂、削、扫等。

水泊梁山李逵使用的便是双板斧。

（三）凤头双斧　大斧之一种，头长约25公分，柄长约70公分。宋·曾公亮《武经总要前集》卷十三载："凤头斧。头长八寸，柄长二尺五寸。"还有大斧、凤头斧，都是隋、唐遗制。元代军队喜用小斧、大斧和宽体大斧。

（四）月牙斧　资料暂缺。

六、钺

（一）子午钺　亦称子午鸳鸯钺，是八卦掌门派的独特兵器，是由清代董海川所创，又叫"日月乾坤剑"。钺分子午，一雄一雌，演练时开合交织，不即不离，酷似鸳鸯，故名"子午鸳鸯钺"。此兵器练法与众不同，它步走八方，运动中求变化，并随心所欲，变化万端，易攻难防。主要招法包括青龙返首、狮子张口、脑间挂印等独特方法。属中国民间武术经典套路。

（二）护手钺　亦称少林护手钺。原为长把，至宋代改成短把，其械小巧精致、便于携带。其技法招密利索、出骤收疾。少林护手钺，小巧轻便，适于携带，可做防身护体，抵挡盗贼，袭击歹徒的兵器，也是得心应手的护手奇宝。

（三）金钱钺　资料暂缺。

（四）双手钺　资料暂缺。

（五）蛇形钺　资料暂缺。

（六）龙行双钺　资料暂缺。

（七）子午鸳鸯钺　亦称鸡爪鸳鸯钺、子母鸳鸯钺、"日月乾坤剑"。为清代董海川所创，钺分子午，一雄一雌，演练时开合交织，不即不离，酷似鸳鸯。

此器械练法为步走八方，动中求变，随心所欲，变化万端，易攻难防。主要技法包括青龙返首、狮子张口、脑间挂印等。八卦子午鸳鸯钺、鸡爪鸳鸯钺、子母鸳鸯钺亦同。属中国民间武术经典套路。

七、钩

（一）梅花钩　钩由戈演变而成。春秋时期，钩与戈、戟并用之，其钩身上有一铁镰。是武术器械中比较难练的器械。武术中所用的钩有单、双钩之分。通常长约70公分，月牙长约40公分，柱长约5公分。

（二）镰钩一种冷兵器，是枪和镰刀相结合的兵器。清代八旗和绿营都装备镰，并作为进战的主要兵器之一。其大体可分为长柄和短柄。长柄镰多为单使，短柄镰多为双用。

（三）卷镰钩　资料暂缺。

（四）鹿角钩　一种多刃的兵器，其钩身有叉，形如鹿角。具有多用的短械长用的功能，特点擅长绊马钩人，亦能用于攀登墙壁。

（五）挎虎拦　已成跨虎拦，古代奇兵器。武术短双器械。长36厘米，铁制。把手为圆柱形，长六寸，两端各为三寸长枪头，呈棱形扁平状，握手处两端有半圆环刃圈，圈内有月牙形护手刃。

（六）虎头双钩　亦称护手钩、查钩，俗名"虎头钩"，有行钩，查钩，梅花钩，掉钩，卷镰钩，雪片钩，十二连钩等套路。闻系明朝时代武殿章所传。

（七）蜈蚣钩　资料暂缺。

（八）凤翅双钩　资料暂缺。

（九）梅花钩　资料暂缺。

（十）少林双手钩　少林双手钩全长约1米，月牙长约20余公分，柱长约5公分。按门派可分为少林双钩、关东双钩、六合双钩、八极双钩、太极双钩等。因其所属的武术门派、拳种不同，其技法、特点、节奏及风格各异。

八、鞭

（一）双鞭　钢鞭沉重而无刃，以力伤人。故持鞭者均需大力勇。常用的鞭法有劈、扫、扎、抽、划、架、拉、截、摔、刺、撩等。少林童子双鞭、竹节双鞭技法亦同。

（二）双侠鞭

九、锏

（一）双锏　亦称"凹面金装锏"，"凹面锏"。锏多双锏而用。其主要击法有击、枭、刺、点、拦、格、劈、架、截、吹、扫、撩、盖、滚、压等。锏的大小长短，因人而定，一般锏的长度在65～80公分之间，如布依双锏。少林双锏全长约1.5米。清代双锏形状上宽下窄。

十、锤

（一）立瓜锤　锤头椭圆。

（二）卧瓜锤　锤头扁圆。

（三）玉瓜锤　锤头浑圆如玉并带西瓜纹。

（四）护手六棱锤　锤头为六棱形。

（五）八棱锤　亦称八棱紫金锤，锤头为八棱形。

（六）蒜头锤　锤头如蒜。

（七）刺猬锤　锤头如刺猬。

（八）雷公锤　锤头似榔头。

（九）霸王锤　有人面、莲花、瓜形等锤头，锤呈圆瓜形。

（十）人面锤　锤头有四大天王面孔围绕。

（十一）短柄双锤　非常沉重，舞练需要较大的力量。在战斗中用锤硬砸、硬架、很有威力。用法有涮、曳、挂、砸、擂、冲、云、盖等。

（十二）梅花锤　为岳飞帐下"八大锤四大将"之一的严成方的掌中宝锤。锤身呈瓣状，锤顶为一朵铁铸梅花。

（十三）流银锤　为岳飞帐下"八大锤四大将"之一的何元庆的掌中宝锤。外漆银粉，挥舞之时，银光流采，颇为雄美。

（十四）青龙锤　青龙锤是岳飞帐下"八大锤四大将"之一的狄雷的掌中神兵，传言二锤舞圆之时，锤中会飞出青龙两条，金人近者皆死，直如天神下凡。

（十五）烂银锤　单锤重八十六斤，为岳飞之子、"八大锤四大将"之一的岳云的掌中宝锤。牛头山岳云大战金蝉子的浑铁锤，最后巧用智谋，一式"落马分鬃锤"将之击毙。

（十六）斗银锤　纯银打造，锤大如斗。传说为《封神演义》中的少年英雄黄天化所用。他手使一对斗大银锤，座下玉麒麟，南征北战、东挡西杀，立下赫赫战功。

（十七）灭地锤　此锤单重九十四斤，外漆银粉。为《说唐》中"天下第三条好汉"、银锤太保裴元庆的掌中神兵，是瓦岗山头号猛将。手持一对银锤（八棱梅花亮银锤，重三百斤）

（十八）金瓜霹雳锤　此锤单重一百单八斤，外漆金水。为《说唐》中"天下第一条好汉"李元霸的掌中神兵。他少年英雄，眉横一字，貌似雷公，板肋虬筋，力能举鼎。手使一对金锤（擂鼓瓮金锤，重八百斤），无人能敌。

（十九）武当双木槌　资料暂缺。

十一、抓

（一）双挠爪　资料暂缺。

（二）虎爪双抓　一种短柄双抓，长1米左右，柄端是一只手，手指微屈，似虎爪，故名。

十二、铲

（一）少林追魂铲　轻便应手的得力武器。其技法有铲、劈、扫、拨、架、挑、撩、滑、插、砸等。

（二）武当自然双铲　亦称方便铲，一种奇门兵器，唯道家所独有，是道门中道人四方云游时必带之物。打造方便铲也有严格的要求。方便铲分为铲头、铲柄、铲尾三部分，制作尺寸有严格规矩。其技法有钩、挂、劈、架、刺、铲、扫、撩、拍、打、缠、绕等。

（三）月牙铲　刀头弯似月，月牙朝上，装以长柄，刃与柄层丁字形。

（四）京城荷叶双铲　资料暂缺。

十三、拐

（一）双短拐　资料暂缺。

（二）丁字双拐　资料暂缺。

（三）牛心双拐　属八卦门，总长约1米，用檀木或山枣木等硬质木料制成。竖拐顶端有与之垂直的横拐。牛心形顶端有一圆滑把手，牛心上横一个棒槌。长约90公分，前端粗大，每只重4公斤。牛角双拐二手并用，主要击法有砸、撩、扫、拨、架、拍、盖、刨、云、绞、戳缠头花等，实战性较强。牛心里拐属同类器械。

（四）少林双拐　亦称少林达摩杖、拐子，分单拐和双拐。其中单拐较长，拐子其中一头有枪尖状的锥刃，双拐则较短而粗。技法包括刺、点、扫、劈、架、打、钩、撩等，快捷凶猛多变，防不胜防。少林转堂拐、少林沉香拐属同类器械。

（五）浮萍双拐　亦称孙膑双拐。技法与其他拐类似。浮萍拐配合步型步法身法的变化自有套路。主要流传于山西一带。

孙膑拐在民间流传源远。相传孙膑受膑刑，经敖莱河遇二青龙。二龙化为双拐，即为孙膑手中兵刃，故名，形成了一种特殊的历史文化现象。

（六）少林乾坤双杖　资料暂缺。

（七）苏勒拐　资料暂缺。

（八）葫萍拐　资料暂缺。

（九）鸭子拐　资料暂缺。

（十）八角双拐　资料暂缺。

十四、錾

（一）少林分水双錾　资料暂缺。

十五、轮

（一）少林五行轮　资料暂缺。

（二）风火双轮　资料暂缺。

（三）火焰风火轮　资料暂缺。

十六、刺

（一）手刺　用于近战的一种武器，一般是钢质或者铜质。在这件武器的底部是四个洞，用于套在除了拇指之外的其他四根手指上，上面是尖刺，近距离打在人身上伤害很大。

（二）月牙刺　手柄两端带刺，柄的一侧有横梗连接有刃月牙刀。使用时双手各持一械，要求保持月牙锋口始终朝外。其特点是灵闪巧变，善于以短取长。基本技法包括穿、刺、拨、挑、架、撩等。

（三）峨眉刺　亦称峨嵋针、双峰挝、分水峨嵋刺、鹅眉刺。最早始见于《清稗类钞》："宣统辛亥年，拳师戴绵唐、李勤波、李春如三人表演的武术项目中有'峨嵋针'，即今之峨嵋刺。"因峨嵋山僧人发明而得名。另一说为蜀中武林高手所创，因该械形似鹅眉，故得名。

此器械刺长约30公分，其形状为中间粗、两头细的锥形体，头端略扁，呈菱形带尖，中间有一圆环。使用时将圆环套在练者中指上，双手各持1个，运用抖腕和手指拨动，使其转动。主要技法包括刺、穿、拨、挑等，结合各种步型、步法、平衡、跳跃、翻转等动作构成套路，舞动起来别有风格。依锻造形式不同，又分为三棱峨嵋刺、六棱梅花峨嵋刺。

据传"峨嵋刺"为古代水战中经常使用的格斗兵械，用以刺杀或潜入水底凿穿船底之用。

（四）三星刺　资料暂缺。

（五）鹿角刺　亦称"绊马钩"，因为形状很像梅花鹿的角，因此得名。鹿角刺为铁制，擅长绊马钩人，还能用来攀登墙壁。

（六）双轮刺　资料暂缺。

十七、针

（一）八卦龙形针　江湖上女子常用的一种小巧的双手短兵器。

（二）三星针　资料暂缺。

（三）高祖太阳针　资料暂缺。

十八、镰

镰属于戈类兵器，具有钩割功能，镰身微曲，平顶、双刃，下有椭圆形的銎孔用来装柄。

（一）鸡刀镰　俗称"捆花腰子"。小巧轻便，顺形应势，为心意拳门器械之一。鸡刀镰长二尺六寸余，金属制成，由镰身和镰柄组成，镰身包括鸡嘴、鸡冠、镰刃、镰脊，镰柄有镰格、镰首。技法有钩、拉、带、挎、挂、啄、缠等，以近战为主。

（二）鸡爪镰　古兵器。矛头尾端横置一镰，形似鸡爪，故名。该械全长约

50厘米，其中镰头约长10厘米。

（三）双手镰　资料暂缺。

（四）凤凰镰　短兵器械。有枪头和镰合成。枪头为四棱形，中有脊，两边薄刃，镰横于枪头之下，一侧为镰刀状，头向下倒钩，镰身为四棱形状，中有脊，两边薄刃；另侧为三叉形状，镰身尾端有突出铁刺3个，尾为铁刺状，长约二寸，尾部中空，可插于其内。柄为木制，头略细，尾略粗，约寸半，柄长三尺，前可刺、勾、割；后可勾、刺，具有一器多用的功能特点。可以单使，也可双练。

（五）雁镰　资料暂缺。

十九、获手师

资料暂缺。

二十、尺

"铁尺"为中国武术传统器械，主要流行在广东福建客家潮汕、川渝、湖南株洲一带。

（一）双铁尺　亦称"点穴尺"，主要流行在广东福建客家潮汕、川渝、湖南株洲一带。造型与叉近似，长度与铜相近。据传为清朝少林寺僧人雷明光所创，被列入少林看家功法之一，不得轻使。铁尺内练气，外练力，以意领先，以气催力，刚柔相济，攻守兼备，发劲勇猛，气势逼人，进退自如，简朴多变。要求手、眼、身、法、步、精神、气力合为一体。其套路短小精悍，攻防紧凑，既有内家缠绕之柔，又有外家点、捅、劈、崩之刚。

二十一、橛

武术器械之一，短棍式兵械。由棒棍演化而来的武术双器械，以坚木制成，长约1.5米，直径约3厘米。圆柱形，一端粗、一端细。演练时，两手各持一械，握粗端。基本技法有：劈、扫、托、推、拔、刺等。

（一）少林双橛　　由棒棍演化而来的武术双器械，以坚木制成，长约1.5米。圆柱形，一端粗、一端细。粗端为把，直径约5公分；细端为梢，直径约3公分。形似筷子。粗端有似马鼻子的小孔以穿穗。使用时，两手各持一械，握粗端。技法包括刺、劈、杵、截、扫、抖等。羊角橛、拦门橛、拦马双橛，形制同上，略短，在全长三分之二处的木棒上装有一牛角或羊角或金属尖，另一端系一牛皮索套而成，增加了橛梢的硬度和戳击强度。一般两手各持一橛演练，称为"双橛"。

二十二、九龙套

（一）甘肃陇西九龙套八型大刀　　资料暂缺。

二十三、钹

原本是一种铜质圆形的打击乐器，两个圆铜片，中心鼓起成半球形，正中有孔，可以穿绸条等用以持握，两片相击作声。后被用作武术器械。

（一）双钹　　少林小双械的一种，长约35公分，外半圆边上有刃。中有鼓形空心抓手处。清代寂经和尚精于此器。

二十四、筷子

（一）铁筷子　　武术双器械，又称点穴针，由筷子演变而成。形状与筷子相似，为铁制。该器械携带方便，易于藏匿，作为一种防身暗器，主要用于近身点穴、偷袭等。技法有缠、拨、挑、磕、穿、点、分、扎等，力求快、猛、准、狠，伺机取穴，制敌取胜。

二十五、宫天梳

宫天梳是湘西道家人创编的武术形式，分为徒手和器械两种。徒手部分在技艺上用于拨开对手连环冲拳和腿击，用拳或腿进攻别人。有"大拔手"和"小拔手"之分。宫天梳的器械是梳子。练习时均以拔花手为主。拔花手是摹仿梳头发的动作而来。梳者右手持梳从上向下梳，左手握着头发向下捋，其梳子套路有"南洋梳""四门梳""王母梳"等64手。技法包括刺、拉、劈、勾、拌、端、踢等各种击法。器械可用普通木梳或金属梳。梳子通常约30公分，有梳刺12根，梳背两端有锋利的棱角，梳身有椭圆小孔，便于四指穿握。它有双头枪、两头扎和鱼叉多刃刺的特点，与峨眉刺有异曲同工之妙。

相传有位余道人在湘西大庸宝子界保福山寺修行。宫天梳即为其所创。取名"宫天梳"，意为在神庙内练梳子拳也是天意。

二十六、铁拳窝

资料暂缺。

二十七、铁印

（一）铁拳窝　资料暂缺。

二十八、双迎刷

资料暂缺。

二十九、鸳鸯手盔

（一）鸳鸯手盔　此器械是集少林宫天梳、钩镰、匕首，娥媚刺和鸡爪鸳鸯钺等多种兵器之长于一体的实用兵器。其有勾、有刃、有尖、带有护手、形如鸳鸯，又是一对，故名鸳鸯手盔。手盔钩如鸟嘴，以啄、划、钩为主；前爪用以击、刺、点；尾可扎、挑、劈、扫等。此械小巧灵活，隐蔽性强，贴身近战携带方便。

三十、林宝镜

（一）少林宝镜　资料暂缺。

三十一、双钵

资料暂缺。

三十二、闭血鸳鸯铎

资料暂缺。

三十三、闭血鸳鸯幡

资料暂缺。

三十四、鸡爪阴阳锐

（一）鸡爪阴阳锐　亦称子午鸡爪阴阳锐，为八卦掌祖师董海川所创。是八卦门中独家兵器。此器械左右成对，每只合计有7勾、8尖、14刃，使用时可劈、砸、拦、挂、钩、抹、刺、抓、锁、拿、盖、爬、挑、截、刀、代，其巧妙无穷，为世间罕见。此器结构极为复杂。鸡嘴、鸡冠皆一尖，一钩，两刃，鸡脖子一面为刃一面为背。鸡翅前后各一个，前翅翅尖下勾两面有刃与后翅相连，后翅翅尖上翻为一尖二刃一勾，后翅下部与鸡身相连为练者手握之处，握柄下边前方各有三个鸡爪，其形为三勾三刃三尖。鸡尾部由一尾组成，其形似匕首，又似枪头，分为一尖两刃。此器总长为65～70公分，可依使用者手臂长短而定制。

三十五、莲花夺命钎

资料暂缺。

三十六、千里追凤鹤

资料暂缺。

三十七、护手双狼牙棒

资料暂缺。

第三节　中国武术的暗器

暗器，顾名思义，是指那种不易被发现且杀伤力很大的器械。暗器是中国武术器械中最神秘的、最传奇、最不为人知、却又最引人关注的部分。

与千军万马战场厮杀相反，暗器攻击的主要对象是个体。其共同特征是体积小，重量轻，速度快，便于携带，隐蔽性强，突发性强，近距离杀伤（尤其是一对一决斗时），具有较大的威力。就其特性而言，暗器应该属于介乎于武术器械与战争兵械之间、或者说是武术制胜（不是切磋技艺而是你死我活的决斗）的最后手段。

一说暗器发明者和使用者大都是武者身份。此话有理。但古代战将很少有练暗器，这也是事实。

暗器始于何时无考。从人类社会发展史角度说，不外乎"由简到繁、由粗到精"的过程。有资料显示，中国武术暗器至清代达于鼎盛，在武林中使用极为普遍。直到火器盛行以后，暗器才逐渐被冷落，至今武林中已少有人习练此技。倒是在文学文艺影视作品以及游戏中，盛行不衰。

从使用方法上看，暗器被分为手掷、索击、机射、药喷、其他等五大类，每一大类中均包括若干种。

这里，仅就暗器本身的功能、样式、杀伤力等，做一些介绍。

一、手掷类暗器

手掷暗器即以手臂之力抛掷击敌的一类器物。大致有　种。

（一）罗汉钱亦称金钱镖　此器械因容易制造和携带，是所有暗器中使用最为普遍的一种。武术家把铜钱外沿磨成利刃，以飞掷而伤人，多伤人面目和手腕。因铜钱中间凸出，四周扁平，很像佛门中罗汉的肚子，故名罗汉钱。罗汉钱有头炉和普通之分。头炉罗汉钱钱径都大于2.65公分，重4.9克，缘阔0.4公分。普通罗汉钱钱径小，较头炉罗汉钱轻，缘较窄，缘阔只有0.3公分。用时用两指挟住，分阴阳打法，其练法与一般暗器大同小异。

此器械始于清康熙（一说道光）年间。其铜质精良、制作精美，有很多神秘传说。民间一直把它当作吉祥、幸福的象征，用它"压岁"，婚嫁"压箱"，男女相爱"信物"。

（二）飞镖　亦称"脱手镖"。有三棱、五棱、圆柱等形状，前面均为尖头。镖长约10公分，重约0.2公斤。镖的末端常系有红绿绸布，叫做"镖衣"，长约8公分，有助于镖稳定飞行。相传飞镖源于西域，北宋时，四川僧人性圆家得此技，后传至中原。到了清代，武林中几乎人人都学此技，至民国时依然流行。

飞镖小巧玲珑，便利随身携带，可在较远距离攻击。此器械械可向左、右、上、下、前、后发出，用甩、摆、传、合、顺、搂、回、抖、偷、袖、挂、扬、腿下、转身、裆下、前后发镖方法，攻击远距之敌。其技法包括袖手镖、合手镖、抖手镖、甩手镖、回手镖、挂肩镖、偷手镖、上马镖、海下镖、搂手镖、顺水镖、下马镖、回身镖、张手镖、摆手镖、扬手镖等。

（三）镖刀　是金龙武功绝技重要功法之一。其特点是方便实用，便于携带，发射可远可近，灵活多变，可一镖集中可多镖散开抛出发射击中目标。主攻脸部、眼睛、咽喉、手掌等暴露部位，使对方防不胜防。

（四）飞刀　亦称"柳叶刀"。刀身上尖，刃薄如纸，呈柳叶状，长约25公分。刀柄末端系红、绿绸。此刀为有尾翼飞刀，发射时刀身直射。技法有直飞、旋飞之别。

袁世凯刺杀云南地方军阀唐继尧，所派刺客用的就是飞刀。

（五）流星镖　金属质地，形状上以星形为主，略有变化，尖端被打磨得极其锋利。使用时，大多先淬以毒药。这种在手中极具杀伤力的武器。

（六）掷箭　亦称"甩手箭"、"摔手箭"，因须甩腕发出而得名。最初掷箭完全用细竹制成，箭杆浑圆，前端削尖，后不加羽，犹如一根削尖的竹筷。后来出现铁制箭，长约30公分，粗如小指，上端为簇，成三角形。还有以铁与竹子合制的箭，以铁为簇，每箭长约30公分左右，重约100～150克以内。

掷箭由来已久。一说始于周代投壶游戏。《礼记·投壶·四十》载："投壶之礼，主人奉矢，司射奉中，使人执壶。主人请曰：某有枉矢哨壶，请以乐宾。"游戏方法是：饮宴时，宾主手持弯曲的竹箭，从远处往窄口壶中投掷，轮流投掷，先投中三支（头朝下才有效）为胜，败者为胜者斟酒。旁边有"司射"负责计数。后来这种"行酒"令演变成为武事，及到后来成为掷箭。

（七）标枪　也叫投枪、梭标。中国南方少数民族使用的梭枪，大多为竹制。另一种是蒙古人在马上使用一种短标枪，1米多长，数杆插于马侧囊袋中，在近战搏斗中较弓箭更加灵活。这种兵器后来到清代更加短小精悍。一般侠客所用大多重不过0.7公斤，长不过1米。枪杆用木制成，尖端用铁打制，也有用通身用纯铁打制的，但也不会重过1.5公斤，一般人可身带4枝，技艺高超者可在50步内击中目标，威力很大。

（八）飞叉　皆以铁铸，长约30公分，叉头占三之一，中间股挺出如枪头，左右两股呈半圆形环抱于两侧，亦有锐利之头，外侧亦为锋利薄刃。寻常以三股为多，亦有五叉。发叉用力之处在小臂与腕。

飞叉在江湖上用者甚少。清道光咸丰年间，太湖一带的水寇陈雄，跋扈异常，言者谓其技绝精，能百发百中，人称"飞叉太保"。

（九）飞铙　本为乐器，用为兵器实创始于南齐。暗器飞铙，分大小两种。大者对径约在40公分左右，小者则对径约在15公分左右，周边薄而锋利。通常以铜铸，也有用纯钢铸成。击人时利用其自身旋转之力，以缘刃锉人。

（十）飞刺（包括三棱刺、峨眉刺）飞刺比一般暗器小，可以连发。其粗细如毛笔管，两头锋锐，中间略略隆起，以便于手握。飞刺全长约20公分，重约0.2公斤，每12支为一排，插入袋中。可以连发，射速快。

（十一）麒麟刺　卫庄手下第一神秘杀手黑麒麟的专属武器，武器非常纤细，藏在身上极难被发现，非常适合黑麒麟这样一位伪装型杀手。刺这种武器用途与匕首类似，只是比匕首更加细长，而如果把匕首算成是剑的一种的话，那么刺应该也勉强可以算成是剑吧。

（十二）飞剑　亦称手指剑，是套在指头上的微型短剑。

（十三）飞蝗石　由于掷出的石块像飞在空中的蝗虫一样，故名飞蝗石。因其外形、重量与鹅卵近似，所以又叫"鹅卵石"。飞蝗石和鹅卵石都是易见之物，因此在武林中十分流行。

飞蝗石打时以拇指、中指、食指紧握石块，然后猛力发出，发力时要抖腕、弹指，具有爆发力。此器械可分为阳手和阴手两种打法。阴手打法自腹前暗里发出。阳手打法自胸前向两侧斜甩出去，也叫甩手打法。

（十四）追魂爪　资料暂缺。

（十五）梅花针　亦称云梦五毒梅花针。传说由四川峨嵋山余者道长独创，是生死关头的防身暗器，可连续伤人。其构造是五枚钢针在根部相连，状如五刃形或多刃形，比现今的针略大击中敌身后，分刺五点，状如梅花五瓣。针的长度约为3公分。藏于口袋内，近战时抛出，但威力不大，也有逃时撒于地上，伤对方的脚部。如遇成群歹徒，发此暗器，中者立即昏倒，须两小时后方可行走。此技乃防身秘技。

梅花针在武林中的历史相当久远，现今已近绝迹。

（十六）飞针　亦称铁筷子、飞钉、脱手镖、镖针等，有六角形（四角形）、圆形、扁形等。飞针的尺寸没有固定的标准，依据使用者自身需要而定。用法和匕首相似也可脱手。

相传飞针始于北宋一个叫性圆的老僧，他年少时曾在西域游历，得到高人传授，精通各种武术，所学与世间通行都不同。元明以后，代代都有名手，清初时达到鼎盛。北路人在正式武艺外，把镖当作一处专门技能，人人必学。即使到了火器盛行之后，这种风气也并未消退。

（十七）指针　藏于手指间的飞针，常用于刺伤对方面部。

（十八）点穴针　有三个尖，也有带勾的，专击对方穴道要害。

（十九）排针　亦称鞋针，置于鞋尖，专用踢打对方要害，多用于女子。

（二十）铁橄榄　亦称枣核箭、核子钉，为一种外形似橄榄的防身暗器。以手投发射为主，但也有用口劲发射的。

（二十一）如意珠　亦称做摩尼珠、摩尼宝珠。蜀山派独门暗器，其钢珠细小为暗器之最，用时以两指拈之，一指弹射，专打软麻穴位。

（二十二）乾坤圈乾　亦称阴阳刺轮、日月乾坤圈，是一种手掷暗器，极其锋利。此器械械状如手镯，直径约30公分，握手处是浑圆的，居全圈四分之一，呈圆圈状。约4公分宽，4～5毫米厚，内缘厚外缘薄，外缘安有三角形锯齿尖刺，刺两面有刃，锋利无比。每个圈重约1～1.5公分，由使用者力量而定，轻重约1～2公斤。乾坤圈用皮袋携带，大半圈放进去，小半圈握手处露出来以便取用。每个皮袋装三个乾坤圈，不宜多带。其名称虽曰乾坤，其实就是一种奇形的暗器。

据传乾坤圈始于元初，部将哈沁善用此器械。同治、光绪时，山东峄县绿林首领符天爵精通乾坤圈，人称为"八臂哪吒"。近代已不多见。

双圈袖圈、乌龟圈、乌鳌圈、少林如意圈、日月风火圈亦属同类器械。

（二十三）袖圈　其形状为圆形铁圈，不用时藏于袖内。用时取出袖圈而掷人，以其重量伤人。

（二十四）袖蛋　资料暂缺。

（二十五）瞬飞轮　既可以远程伤人，又能作为近身武器使用，所以很难定义它到底属于暗器还是近战兵器，而这种兵器正是根据盗跖身手敏捷的特点度身定做。而如果归类为近身武器的话，在十八般兵器中恐怕找不出一个与其相符的类型，所以如果《秦时明月》游戏中会对武器分类的话，瞬飞轮更可能被归到暗器一类中。

（二十六）铁鸳鸯　全体用铁铸成，身长约10公分，阔约5公分，颈部弯曲，头部上昂，嘴则向前，两翼活落，可以张闭，完全制成鸳鸯之形状，口略张开，上下二片，俱锐利有刃，略如龙舌枪头，唯较小耳，每枚约重300克。此器械以二枚为一联，共置一鞘中，可预先上好机关，用时脱鞘即可发射。每袋置三联或四联，携带亦颇便利也。

据传铁鸳鸯始于宋代。详情无考。

（二十七）子午钉　亦称透骨子午钉，三寸（约10公分）长，笔杆粗细，用腕力指劲发出，不同于用机括箭筒发出来的袖箭等。这种暗器练到家时，可随心所欲，疾逾闪电，比别的暗器更为霸道。据传铁布衫金种罩一类功夫也抵挡不住，一经射中，子时不见午时，午时不见子时，性命难保，是江湖上最厉害的暗器。

（二十八）血滴子　此器械是武术暗器中名气较大的一种。然而不见史料记载，只在明末清初通俗小说中记载的暗器。传此器械以革为囊，内藏快刀数把，控以机关，用时趁人不备，囊罩其头，拨动机关，立取首级。

（二十九）五位十方刀　资料暂缺。

二、索击类暗器

所谓索击类，即以绳索一端系住器物，另一端握于手中，用手臂之力使索击器借运动的惯性沿切线方向抛射击敌一类的暗器。譬如，以绵绳制的网状物，使用时类似抛掷渔网，手系一端，另一面铺开自上而下套住对手，使之无法挣脱，束手就缚。当然，较比这些生产生活用具来说，索击类暗器的杀伤力要强大得多。

（一）绳镖　即在钢镖尾部系一长索，长约0.2米，重约0.3公斤，头尖尾广，尾部为圆形，有一铁环，用以系索。绳索长约6.7～10米。平时可将绳镖缠于腰间。绳镖是用臂腕的抖甩之劲将镖发出，可击较远之敌，发出后又可立即收回。

（二）流星锤　一种将金属锤头系于长绳一端或两端制成的器械，兼具暗器、软器械、双器械功能。此器械械绳长约5米，有"单流星"和"双流星"。其锤有瓜形、多棱形、刺球形、浑圆形等，大小如鸭卵。锤身末端有象鼻眼，用于串连环。由锤身、软索、把手三部分组成。锤的重量大小，根据使锤者量力而定。流星锤平时将索成四折，或藏于袖中，用时即可一抽而出。

（三）狼牙锤　亦称狼牙棒，有长短二种。暗器中的狼牙锤是正圆形，可分为前后两半。锤具后半部没有一个钉子，与流星锤一样。后半部的末端有一个不活动的环，一是用来穿绳子，一是发锤时握手用，锤的大小看使用者的腕力而定，大约由1.5公斤至4公斤不等。因为锤面有钉子，需用硬皮制缸形袋子携带，用皮带绑在腰际，以便取用。

（四）飞爪　爪为钢制，略似手掌，有五个钢爪，每个爪又分三节，可张可缩，其最前一节末端尖锐，犹如鸡爪。钢爪掌内装有机关，可控制各爪。钢爪尾部系有长索，与机关相连。以飞爪击人，只要将长索一抽，钢爪即猛然内缩，爪尖可深陷入肉，敌人万难摆脱。

此器械盛行于唐代，宋代也有使用。近代飞爪已无机关，成为固定的了。

（五）软鞭　一般指由镖头、握把、若干铁节或数节棒棍以环相连制成的一类器械。软鞭可击、可笞、可缚、可勾，善用者能胜刀剑。

（六）锦套索　索长约3.5米，有棉纱制成，亦有鹿脊筋或牛脊筋劈成细丝，与头发纯丝三物合辫而成。后者坚韧异常，即便用刀割，也不易断。锦套一头有钩，钩头左右歧出，形如船上所用之锚，锐端向后。近钩约70公分处，制有短小锋利的芒刺，防止敌人接握。套索另一端有套腕。携带时将索四折，束诸腰际，钩头及置有芒刺处则放入革囊中，以免自伤。用时先将手穿入套腕之中，然后抽去活扣，而将钩头从革囊中抽出。

有资料显示，锦套索始自明代，山陕派最善用。《坚瓠集》有载："讵知李通其人者，于十八般武艺之外，尤精锦套索与鹅卵石耶。"

鸡爪索、龙须钩二种暗器，功用、形制与此器械基本相同，唯前端无鸡爪与龙须耳。

（七）飞铊　由两部分组成：即铊与绳。铊为圆锥形铁器，头部为钝圆形，锥尖出有环可系绳索。铊为两个，其中一个铊的顶端有细铁刺。绳长约2米，绳尾端有千斤套腕。

（八）龙须钩　一种擒人暗器，为挠钩、虎头钩的变相，挠钩为硬柄，虎头钩为短柄，本身两面有刃如剑，此种龙须钩，归为软索贯于钩头者，归于暗器一门。其钩身以钢制，长约30余公分，后部成半圆形，半圆形居中有铁环，软索穿结于环中。半圆前端两股并出，稍有弯曲，两股之外均有刺如锯，钩头长约7公分，锐利异常。软索长三丈，前端穿结环内，后端有千斤套腕。

（九）铁莲花（铁四指）　资料暂缺。

三、机射类暗器

机射暗器，是指借助机括发射的暗器，其基本特点是"箭在弦上"，随时可以发射，所谓"暗箭难防"，是机射类暗器最致命的杀伤力所在。

（一）判官双笔　亦称点穴判官笔。此器械是一种短兵兼暗器，外廓与普通毛笔无异，通体为铁质。笔长约40公分，粗约2.5公分。笔杆为空心铁管，内置弹簧与销子，尾端以铁盖盖严。笔尖锋锐如针，突出笔杆3公分。如果要当近战短兵使用，就锁紧销子并收回笔尖避免其折断；当作暗器使用时，只需松开销子，笔尖即会飞出。此器械主要用于取穴打位。武学有谚："一寸小，一寸巧；一寸长，一寸强"。主要技法包括穿、点、挑、刺、戳等。

同类暗器还有龙凤日月双笔、状元双笔等。

（二）袖筒　俗称袖箭。袖筒有分单筒袖筒、多筒袖筒之分。单筒袖筒筒体呈圆柱形，筒长约25公分，直径约2.5公分。筒内中空，内置弹簧，以一小板抵住以便于放入小箭。筒顶有盖连于筒身，其中央有一小孔用于装箭；筒身有一片可活动的铁片，用来抵住小箭箭身的凹陷处不让其脱出。当抽出铁片时，箭筒中的小箭瞬时飞出，无声无息难以捉摸。多筒袖筒指可装置多根箭支依次发射。如梅花袖箭，装箭一次可连续发六箭。在装有弹簧的袖筒之外，还附有5支用以装置小箭的小管，当梅花袖箭发射时，需要将筒身随之转动，有点像左轮手枪。

相传单筒袖箭为北宋云阳（今属四川省）白鹤宫霞鹤道人所创。清末民初，山东泰安徐石荪精于此技，人称"小养由基"。

（三）梅花袖箭　袖箭的箭杆用细竹削成，长约20公分，直径约3.5公分，前端装铁质箭头。梅花袖箭的箭筒稍粗，筒内装有六个小管，每管可装一箭，正中一箭，周围五箭，排列成梅花状。袖箭用机括发射，取准既易，力道又猛，而且极难防范，很受武林中人欢迎。相传梅花袖箭始于明代，史料无考。

（四）背弩与背箭　亦称紧背低头花装弩。背弩是鲜为人知但使用很久的暗器。背弩形状与手持之弩相似，但体积较小，一般长26公分，箭体长24公分，用竹铁混制。弩弓平缚于背上，用绳两条，分套于两后，另一条绳索从弩机连于腰上，弩背之出口处向上。临阵时贯矢于弩，扣弦于弩机之上。发射时，弯腰低头，将系于腰间之绳向下拉引，触发弩机，箭从颈后射出。宋朝军中常用此弩。

背箭与背弩形制、特点相似。雷公钻等。

（五）踏弩　亦称蹶张弩、踏张弩、腰开弩，是一种用脚踩踏机括而发箭的弓。使用时须以坐姿同时利用臂、足、腰之弩力张弓的弩。左右脚掌俱揣入拇内，紧接弩劈，撬上腰钩，钩住弩弦。两手拉腰钩索，两脚掌往前一蹬。劈体往后一倒，一齐用力，才能来开弩弦，挂上机括。踏弩的射程和威力能给敌人带来毁灭性的打击。

汉代的弩有1石（汉代1石约31千克）至10石等8种，最常用的（就是臂张弩）是6石弩蹶张弩2～3石，腰开弩7～10石。

（六）三弓床弩　亦称"八牛弩"，箭矢以坚硬的木头为箭杆，以铁片为翎，世称"一枪三剑箭"，床弩也可发射"踏橛箭"，发射的时候蔚为壮观，箭支有如标枪，近距离发射可以直接钉入到城墙里面，齐射的时候，成排成行的踏橛箭牢牢地钉入城墙，攻城兵士可以藉此攀缘而上。

（七）袖弩　多以绷簧为动力，为绿林好汉的最爱。

（八）铁鸳鸯　顾名思义就是"铁的鸳鸯"，是机射类暗器中"相貌"最为有趣的一种。此器械通体铁制，长约10公分，宽约5公分，正好可以握于手心。铁鸳鸯颈部弯曲，头伸向前，两翼可以活动。铁鸳鸯的口部略张，喙部上下均有锋刃；舌头可以活动，后接一弹簧机关，以一条丝线相连并从后颈部穿出。发射时即撑起两片翅膀，扣动颈部丝线，其铁舌随即从口中弹出，射伤敌人。

（九）弹弓　古称"射"的工具。既是暗器的一种，更是广为人知的游戏玩具。弹弓一般用树木的枝桠制作，呈"丫"字形，上两头系上皮筋，皮筋中段系上一包裹弹丸的皮块。威力视乎皮筋的拉力，皮筋拉力越大，弹弓的威力也越大。古时射弹多用于狩猎。古诗有"断竹，续竹，飞土，逐肉"的记述。意即砍竹做弓以泥丸射鸟兽。后来发展成一种武术器械。在许多武侠小说中，弹弓被侠客们作为武器使用。

（十）弓箭　以弓发射的具有锋刃的一种远射兵器。弓由弹性的弓臂和有韧性的弓弦构成；箭包括箭头、箭杆和箭羽。箭头为铜或铁制，杆为竹或木质，羽为雕或鹰的羽毛。是中国古代军队使用的重要武器之一。

四、药喷类暗器

药喷就是喷洒迷药或毒药，一般用牛角或竹筒制成，用口或机械喷出，使敌昏厥。

（一）袖炮　药喷类暗器以袖炮使用最广，是一种混用火药的暗器。它由古代的前膛火炮演变而来，是一种小型前膛火器，因其细小，故名"袖炮"。袖炮用一根酒盅粗细的竹管制成，长约40公分，竹管外加三道铁箍。竹管一端为炮口，周边包以薄铁皮，另一端为药凹，也套以薄铁。先将火药填入竹管，放置匀实，再将石珠（也有黄泥珠）填入。使用时，左手持竹管，用右掌猛击药凹部，激发火药爆炸，石珠即疾射而出，有较大杀伤力。清末民初时，护院们常使用袖炮，镖局中也有人用。

（二）喷筒　其构造类似孩子们玩的喷水唧筒，也是用竹子制成，前有喷孔，后有推杆，筒内装石灰粉。向前猛推推杆，石灰粉就从喷孔喷出，可迷住敌人眼睛，使其失去抵抗能力。

（三）铁蟾蜍　为暗器中最具想象力的一种。此器械若置之案头，会被视为镇纸、水盂之物，绝不会被视为暗器。铁蟾蜍形状酷似青蛙，头为三角形，嘴尖而利，前面两足贴于两颌之旁，尾部极阔，后足卷贴股际，腹部平滑，以贮毒药粉末于腹中。近喉处有铁片为门，门上设一针，通于口外，约半寸长，用时将针向内一抵，铁片即上抬喉启，此器械击人之处，在口及前出之两爪，口着人，毒药即于此传至人身体内。此器械自头至尾，长约10公分，每一枚重约300克。以皮囊携带。每囊大约十二枚，至多十六枚。

此器械始于何时，传说故事很多，详情无考。

（四）鸟嘴铳　此器械是根据在抗倭斗争中缴获倭寇的鸟枪所改进创制的。用熟铁打造，重约2～3公斤，有瞄准具。内装颗粒状黑火药、铅弹。发射时，先将火绳点燃安入龙头，右手开火门后紧握枪尾，扣动扳机，龙头落在火门上，燃药发射。

五、其它类

很难归入以上四类的暗器，如吹箭筒、手指剑、钢指环、匕首、手锥等。

（一）吹箭　将细小竹箭藏于吹管之中，临敌之际，用力在吹管一端一吹，竹箭即从管的另一端射出。吹管为竹制，短吹管长约25公分，长吹管长约50公分，两端开口，外观光洁，刻有纹饰，也可当短棍使用，旧时武林中颇为盛行。

（二）钢指环　套在手指上的钢质圆环。

（三）手盔　套在手背上的钢套，有突起处。

（四）匕首、手锥属于短兵器，旧时武林中人常把匕首藏在腰间，或掖在鞭筒里，可随时拔出用于袭敌，于是又成了暗器。匕首的形制多种多样，极为丰富。

手锥与匕首功能相似，端呈三角形，后边有柄，全长约20公分，可藏于袖中，出其不意击人。

（五）雷公钻　雷公钻是一种笨重暗器，今日已经绝迹，这里也附带介绍一下。

雷公钻由锤、钻两部分构成。锤为铁质，长约17公分，木柄长约20公分，锤全重约1.5—2公斤，与普通小铁锤相似，只是柄较短而锤较重。钻为钢质，有四棱，前尖后粗，前端极为锐利，末端最粗处为正方形，边长约3厘米。钻的重量在0.5—0.75公斤之间。使用时，用左手执钻，右手执锤，自后猛击钻底，钻子即可飞出。发射雷公钻必须两手并用，且锤钻两物本已笨重，在攻敌时缺乏隐蔽性，所以旧时武林中也很少有人练习此技。但雷公钻发射之力甚大，在15米内可重伤敌人，其威力又是许多暗器比不上的。

（六）火龙出水　中国古代水陆两用的火箭，与飞空砂筒一样是一种火箭，也是二级火箭的始祖。明代重要军事著作《武备志》有记述：用茅竹五尺，去节，并用铁刀刮薄。前后各装上一个木制的龙头、龙尾。龙头的口部向上，龙腹内装神机火箭数枝，把火箭的药线串连在一起，由龙头下部一个孔中引出。又在龙身下而前后各倾斜装着两个大火箭筒，把它们的药线也串连在一起，更把龙腹内装神机火匍的总药线连在前边两个火箭筒的底部，"水战"可离水三四尺燃火，即飞水面二三里去远，内若千神机火箭飞出，以射敌人。如火龙出于江面。筒药将完，腹内火箭飞出，人船俱焚。

（七）金刚凿　少林迷藏小巧暗器之一，为宋代伏虎禅师所传。原为单凿，经明代悟雷高僧精研为32凿，并变为双凿流传至今。

（八）梅吒　明王圻《三才图绘·器用八卷·兵器类》："龙吒为马操所用，梅吒为黄山岳所用"。详情暂缺。

（九）龙吒　资料暂缺。

本章武术器械合计：3大类；27分类；359种。

中国武术器械总计：7大类；40分类；767种。

第五章

中国武术主要流派揽胜

中国武术源远流长，其技艺广为人知，家喻户晓。

中国武术流派纷呈，故事多多，传奇多多，却常常"神龙见首不见尾"。说这是中国武术充满魅力的原因之一，未尝不可。

了解中国武术流派是解读中国武术乃至中华文化的一条佳径。目前关于中国武术的流派的认定与划分，学术界尚无统一的标准和界定。时常出现将武术门派和流派混同使用的现象，这种局面既不利于武术流派的研究，也会迟滞或阻碍中国武术门派与流派有序、有效的传承。

故此，在欣赏中国武术流派的魅力之前，我们有必要先来讨论一下中国武术流派的定义及其与门派的异同。

第一节　中国武术流派的定义

在汉字中，流字是"水"和"流出"的组合；派字是"水"和"岔路"的组合。《词源》（商务印书馆1988年7月版）对"流派"的解读为"是水的支流"。

任何行业或行当中，若称"流派"，至少应该具备以下五个条件：

一、技艺水准高超。属于本行业的佼佼者。

二、自身特色浓厚。在本行业内具有独创性贡献。

三、历史成就显著。对本行业的持续发展有重大推动作用。

四、传承方式科学。采用符合本行业发展规律的传承方式并能兼收并蓄。

五、形成文化现象。为本行业集大成者，勇于创新实践，注重理论总结，且具有较大社会影响力。

笔者以为，这五条标准可以视为"流派定义"。

据此定义，我们来分析一下中国武术流派的界定。

首先，"技艺水准高超。属于本行业的佼佼者"。在中国武术界各个流派都称得上是武术界的"佼佼者"；

"自身特色浓厚。在本行业内具有独创性贡献"。中国武术各个流派都有自身的独到之处（也可以说"独门绝技"），都对繁荣中国武术做出了独创性贡献；

"历史成就显著。对本行业的持续发展有重大推动作用"。中国各武术流派历史上都曾有过辉煌时期。同时，由于本流派的持续、全方位、高水准发展，对于泵派别乃至整个武术界的发展，往往有着启示和引领作用；

"传承方式科学。采用符合本行业发展规律的传承方式并能兼收并蓄"。应该说，中国武术流派的传承方式都已基本摆脱宗族传承或家门传承方式，做到开放教学、博采众长、系统科学传承与管理；

"形成文化现象。为本行业集大成者，勇于创新实践，注重理论总结，且具有较大社会影响力"。文化现象是指在文化发展中具有典型和标志作用的事情。这种文化现象既有历史沿袭而来的风俗、道德、思想、艺术（技艺）、制度、传承方式等物质和精神文化元素，又有时代和群众共同需要的不断更新的成果。也就是说，有历史传承，有社会影响，还有与时俱进的综合实力。从这个角度说，中国武术各流派也已经或基本达到这样的水准。

当然，所有"中国武术流派"也并非尽善尽美，仍然需要不断完善和进步。

我们再将各"武术门派"与以上五条标准相对照一下：

第一条，"技艺高超行业的佼佼者"。毫无疑问，既然称得上门派，中国武术各门派的武术技艺都很高超。

第二条，"自身特色浓厚，具有独创性贡献"。这一条也没什么悬念。中国武术界诸如"南拳北腿""东棍西枪""对方打来身如球，拧闪转身莫停留，进如蛇盘吸食走""猴进狗出，蛇吞虎发"之类的说法，在各个武术门派中比比皆是。特色绝奇，各有千秋。

第三条，"历史成就显著，对本行业的持续发展有重大推动作用"。关于

"历史成就"也没什么悬念，历史成就不彰，也称不得门派。但是说到"对本行业的持续发展有重大推动作用"方面，门派与流派之间的差别开始显现出来了。通常武术门派较为关注自身发展，而流派则可以对整个武术界的发展产生影响。

第四条，"传承方式科学。采用符合本行业发展规律的传承方式并能兼收并蓄"。这一方面，门派与流派之间的差异较为明显。众所周知，中国武术曾长期处于"民间结社，自生自灭"的状态。武者为生存所需，或替人看家护院，或押镖运货，以武谋生。为保住饭碗或地盘，门派之间常常"力争高下"。在这种大环境下，各门派"独门绝技"具有很强的保密性、排他性，这是在当时历史环境中不得已的选择。有人将武术门派的"宗族或家门传承"方式归结为"观念保守"，这种说法既不科学，也不符合事实。

最后一条，"形成文化现象。为本行业集大成者，勇于创新实践，注重理论总结，且具有较大社会影响力"。很多武术门派尚未达到如此高度和标准，未能"突出重围"。形成真正意义上的流派，有自身原因，力不能及；也有常有不可抗拒的外部环境原因。总之源于多方面因素。

这里要特别指出：以上所做的中国武术流派和门派的对比，仅仅是从社会学和文化学角度而言。事实上，中国武术门派和流派之间的关系非但没有高低雅俗之分，恰恰相反，二者之间具有密不可分的血脉传承关系。中国武术发展史实证明：先有门派，后有流派；门派是流派的前提和基础，流派是门派的进步和升华；流派的"社会传承方式"是由门派"宗族、家门传承方式演变而来"。在这种演变的过程中，技艺、民族文化、地理环境、武者自身素质、社会制度及时代状况等各多种因素都在起作用。犹如巴尔扎克所说："在成功的顶点上，所有的因素都在起作用。"也正是上述多种元素的差异，导致了各个流派之间在武术技艺、文化内涵、发展轨迹、社会影响等方面千差万别，各具魅力。

所谓"流派揽胜"之"胜"，也就在于此。

第二节　中国武术流派的形成

尽管我们前面做了用心的铺垫，然而关于中国武术流派的选介和认定仍然是难度很大、出力不讨好甚至得罪人的事情。那么，明知会"得罪人"，为什么还要写这一段呢？因为这是中国武术发展大局的需要。

武术流派是中国武术的标志性典范。是中国武文化的巅峰。历经数千年岁月磨砺，中国武术流派由稚嫩而强壮，坎坷而艰难，多姿而璀璨。立志为武的世代武者，为中华武术文化的发展，呕心沥血，身体力行，前赴后继，齐心打造。所得成果既是中华文明的宝贵遗产，也是世界文明的宝贵遗产，理当得到后人的认真总结和足够尊重。

故此，我们本着"尊重共识，尊重差异，选介精华，共同进步，谨慎选择，不带偏见"的原则，把中国武术流派介绍给海内外喜爱"中国功夫"的朋友们。

一、中国武术流派形成的历史条件

中国武术流派起源（准确说是形成）于明清时期，这是中国武术界的基本共识。其特征有三：一是古代武术体系在这一时期较为成熟完善并相对固定下来，从此界定了武术的基本范围；二是各武术流派的武术功法、套路技术和技击原则，大都开始有了理论总结和规范。三是大量武术著作的出现，极大地促进了各个武术流派相互借鉴和交流，形成了百花齐放，百家争鸣的氛围，使中国武术从技艺到理论全面飞速发展起来。

那么，绵延数千年的武术，为何直到明清时期才真正成熟起来呢？这个问题很大。如果用一句话来解释，那就是"武术在原始社会的主要功能是服务人类生活；在战争出现后，武术的主要功能逐渐为军事所用；明清时期武术的主要功能逐渐回归社会"。但是，明清时期内部外部战争都有，有的甚至很惨烈，为什么武术的主要功能偏偏在这一时期回归社会呢？解读这个问题，需要从明清时期的经济、政治、军事、文化等状况来分析。

先说军事。明清时期，随着火器的大规模使用，战争的形态发生了很大（乃至根本性）变化。中国用于战争的火器始建于宋代。《宋史·卷一百九十七》载："时兵部令使冯继升等进火箭法，命试验，且赐衣物、束帛。""神卫水军队长唐福献所制火箭、火球、火蒺藜，""知宁化军刘永锡制手炮以献。"这是已见最早的火器制造使用记载。但这之后的数百年间，类似的火器虽有应用，但并未能改变战争形态。明代以后火器种类的大量增加和广泛使用，使得擅长近身搏杀的武术技艺功效大大降低。两次鸦片战争的爆发，西方列强的"坚船利炮"则彻底改变了战争形态。这是武术的主要功能逐渐转向社会和民间重要因素之一。

再说经济。明清时期（鸦片战争以前）是中国社会经济高度发展阶段。相对稳定的社会环境，繁荣发展的经济形势，尤其是各种商业业态的大量出现，如镖行，护院护寺（保安），办武馆授徒，擂台比武，镖师改行戏剧界搞武打，以及各种与武术相关的业态等等，为武术的生存和多元发展提供了广阔的空间。其中，武术流派办学、授徒、传艺很是兴盛。

再说文化。明清文化的高度繁荣，是武术流派成熟发展的重要条件。这一时期时期被史学家称为中华文明的成熟期。杰出思想家黄宗羲、顾炎武、王夫之等人的出现，标志着中国思想界自春秋战国、隋唐两宋之后又一个高峰时期的到来。随着郑和下西洋以及中国开放沿海商埠，伴随着越来越多的西方人来华经商、传教、考察游历，西方文化诸如报刊、书籍、新式教育，以及社会科学（哲学、政治学、社会学、经济学、法学、史学、文学、艺术）、自然科学（天文、物理、化学、医学、生物学、地理、应用科技）等大量传入中国。这个被称为"西学东渐"的过程，对中国社会的各个方面产生了广泛影响（有说明代出现了资本主义的萌芽）。这对中国武术由"口传心授"的经验型技艺向"知其然还要知其所以然"的实践加研究型技艺转变，同样起到了潜移默化的促进作用。

还有政治因素。鸦片战争之前的明清社会制度相对稳定，朝廷明白"居上之道，正当用宽""弦急则断，民急则乱"（朱元璋语，见《明太祖洪武实录》）。

由此，职业武术家的日渐增多，极大的推动了武术流派的成长成熟。

综上所说，中国武术流派的兴衰与整个社会发展状况息息相关。正所谓，社会兴，百业兴；百业兴，武术兴。天时地利人和是也。

二、中国武术界对武术流派认定的基本共识

目前，中国武术界对流派的名录认定大致有五种观点。一是"南派和北派"之分；二是"内家和外家"之分；三是"黄河流域和长江流域"之分；四是"少林、武当、峨眉、昆仑、崆峒"之分；五是"少林、武当、峨眉、昆仑、崆峒、青城"之分。根据我们之前讨论过的关于流派的定义，"南派和北派"、"内家和外家"、"黄河流域和长江流域"这三种分法虽各有道理，却均有"大而化之，不够具象"、将门派与流派混同的缺憾。第四种分法是共识最多的一种。第五种分法比第四种分法多一个"青城"。

青城派是中国武术著名流派，据说有近2000年的历史。青城派所在的青城山既是道教名山，也历来为兵家驻地。明代李桢著《剪灯新话》之《青城舞剑录》中记载有元代青城道士的高超剑术。之后，历代都有武术名家在青城山习武传艺的遗闻逸事。加之青城派较为鲜明的道教文化印记，对于解读武术与文化的关系亦颇具价值。

另外，太极拳源自武当派，然而在传承过程中，经过历代研习者不断总结完善和兼收并蓄，逐渐成为集中国传统儒道哲学、技击对抗、强身健体、颐养性情等多种功能于一身，融中医经络学、导引吐纳术于其中，形成的具有内外兼修、刚柔相济的传统拳术。练习队伍日渐扩大，在国内外产生较大影响。

故此，笔者决定选介中国武术少林、武当、峨眉、昆仑、崆峒、青城六大流派以及太极拳，予以简要解读，以飨读者。

第三节　中国武术流派选介

一、少林派

少林武功是中国著名武术流派之一，历史悠久，影响深广。中国民间素有"天下武术出少林，少林武术甲天下"之说。虽是比喻，却从一个侧面反映了少林功夫知名度之高。2006年5月20日，中国国务院公布了《第一批国家级非物质文化遗产名录》（一），"少林功夫"位列其中，则是力证。

（一）关于少林功夫的起源

少林武功因少林寺而扬名天下，少林寺却非少林功夫的源头。此事颇具意味。

先说少林寺。《魏书·卷一百一十四·释老》载：太和二十年（公元496年）"又有西域沙门名跋陀，有道业，深为高祖（孝文帝）所敬，诏于少室山阴，立少林寺而居之，公给衣供。"说1500多年前，北魏孝文帝拨款为西域沙门跋陀建寺，因寺处少室山北，故名少林寺。少林寺建寺最早的记载。

北魏宣武帝永平元年（公元508年），印度高僧勒拿摩提和菩提流支先后到少林寺开辟译场，翻译经书。

北魏孝明帝孝昌三年（公元527年），印度高僧菩提达摩，来少林寺，传授佛教禅宗。他采用"壁观"的办法，静坐修心。（参阅《嵩山少林寺拳法》山东教育出版社1982年版第1页）据佛教传说，禅宗初始菩提达摩曾于寺内面壁九年。（见《佛教大辞典》江苏古籍出版社2002年2月版第272页）达摩在中国有"东土第一代祖师"、"中国禅宗始祖"的美誉。

北周武帝建德三年（574年）下令禁止佛教传流（史称"北周武帝灭佛"），少林寺毁坏严重。

北周大象二年（580年），北周静帝重建改名为陟岵（zhì hù）寺。

隋文帝开皇年间敕复为少林寺，并赐给少林寺土地一百顷及其他赏赐。

至此，少林寺建寺百余年间，未见少林功夫起源的记载。

有关少林功夫，最早记载是"十三棍僧救唐王"的故事。《中国大百科全书·宗教卷》"少林寺"条记："唐初秦王李世民消灭王世充割据势力时，曾得寺僧援助，少林武僧遂名闻遐迩。"有资料详解此事：隋末唐初，隋将王世充拥兵洛阳称帝，命其侄王仁则在柏谷庄（亦称柏谷坞）设重兵建城池，以阻挡秦王李世民东进。唐高祖武德四年（620年），李世民衔父命统领多路军马前往征讨王世充，初战失利。是年4月27日，驻守柏谷庄的少林武僧昙宗等十三名武僧因不满王世充叔侄侵占少林寺封地，与辔州司马赵孝宰、罗川县令刘翁重，里应外合夺取辗州，擒获王仁则并献给李世民，得到厚重赏赐。少林功夫从此名扬天下。此为"十三棍僧救唐王"故事的由来。

当然，史载是少林众僧"助唐王"而非"救唐王"。但此时的"救"与"助"已不重要，关键被"救助"的是"候任唐王"。其"直接后果"是十三位有功僧人受到朝廷命官接见，并聆听了李世民的亲笔信，恩准少林寺僧徒"召僧兵、参政事、食酒肉、开杀戒……"此信被刻在石碑之上，十三棍僧法名一一刻在石碑后面，至今尚存；少林寺获得"千顷良田"巨额赏赐；领头的棍僧昙宗后官拜大将军。清代景日昣《说嵩》一书中有诗曰"名香古殿自氤氲，舞剑挥戈送落曛。怪得僧徒偏好武，昙宗曾拜大将军"。

说得很热闹，可少林僧众"救助唐王"的本事从何而来呢？

据相关资料显示，跋陀禅师主持少林寺后，四方学者闻风皆至，徒众数百。其中不乏因各种原因隐遁江湖的侠士高人来寺内当杂役。传说中有"韩通传通背，马籍传短打，李叟传大小洪拳，白玉峰传龙、虎、蛇、狗、鹤五拳和气功"等等。那些武术或其它技能好的青少年还会被剃度出家。如惠光和尚，12岁时在洛阳城街头井栏上反踢毽子，一次能踢五百次，跋陀为此很惊奇，就将他作为自己的弟子。跋陀的弟子僧稠当小和尚时，体质羸弱，常为会武术的小和尚戏弄，后来他发奋练武，居然练得拳捷骁武，体健身灵。至于跋陀跋陀传授方便铲、一路大刀，达摩传授铲、杖等技艺，虽属附会，但带动僧众健身习武之风还是可以想见的。（参阅《嵩山少林寺拳法》山东教育出

版社1982年版第2页）

　　历史地看，少林僧众练习武艺，奇遇乱世之中，看家护院（这种状况中国历代都有）所需。其武功之源头，乃是汇聚各路民间武术技艺而成，可谓之"少林武术聚天下"。遇到"救助唐王"的良机，"一战成名"，以至建立兵营、成为僧兵，"天时地利人和"，少林武功快速成型、发展、壮大，完全是顺理成章的事情。

　　之后的近千年中，少林武功始终在不断强化自身武艺，同时博采众长，广纳海川，历代都有武术高人名人来少林寺交流传艺：

　　少林长拳全称"宋太祖三十二势长拳"，传说为宋代开国皇帝赵匡胤所教。赵太祖喜爱拳术，传下"太祖长拳"，并将其拳书藏于少林寺；

　　《宋史·三百六十五卷·岳飞传》载，岳飞年少时曾"学射于周同，尽其术，能左右射"。周同（亦称周侗）为北宋末年著名武师，其师傅则是少林派武师谭正芳。岳飞身经百战，极善总结实战经验，传少林六合门派为其所创；

　　《少林寺志》载，（金元时期）觉远和尚不仅熟稔少林十八法，还将罗汉十八手演化为七十二手。之后他遍访名师，及各路武功精华，让少林功夫更加出神入化，延揽白玉峰入寺授拳及气功；

　　明嘉靖四十一年（公元562年），抗倭名将俞大猷曾入寺传授临阵实用的棍术；

　　明万历四十四年（1616），武术行家程宗猷，著有《少林棍法阐宗》三卷、《蹶张心法》一卷、《长枪法选》一卷、《单刀法选》一卷。曾被誉为继戚继光《纪效新书》之后研究明代和继承古代武术技击的重要文献之一。程宗猷少年远游，访师求艺，曾在少林寺苦练十余载。在刀、枪、棍、弩诸方面，皆有较高造诣，尤以棍法为精。当时熟读兵书的茅元仪在《武备志》中进一步提出"诸艺宗于棍，棍宗于少林"，第一次将少林棍术列为诸家棍法之首。至此，少林棍术已被公认为武术正宗。

　　上述几例，仅为少林武功历史的一小部分，但足以印证"少林功夫汇天下"的历史。

（二）少林功夫的构成与特色

少林功夫可谓体系庞大。其内部可分五大流派，有嵩山少林、福建少林、广东少林、峨嵋少林和武当少林，每派中又分许多小派和门别，派别繁多。从地域上又分为北少林和南少林两大派。按功法可分为内功、外功、硬功、轻功、气功等。按技法又可以分为拳术、棍术、枪术、刀术、剑术、技击散打、器械等百余种。根据少林寺内流传下来的拳谱记载，少林功夫套路共有708套，其中拳术和器械552套，另外还有72绝技，擒拿、格斗、卸骨、点穴、气功等各类功法156套。现在流传下来的少林功夫套路有200余套，其中拳术100余套，器械80余套。

少林武术注重实战，招招式式融入攻防，善于指上打下，声东击西，似退而猛进。总体特点是："拳打一条线，拳打卧牛地，打人不见形，借力打人，拳打一口气"。

在庞大的少林武功体系中，最具代表性的当属棍术和拳术。

少林棍术有四大特点：

一是棍打一片。抢、劈、扫是棍术的主要方法，也是棍打一大片技法付诸实施的方法。动作路线长，攻击面大，既能打击正面之敌，又能打击身后之敌，是以攻为守的好方法。

二是梢把并用。以劈、扫、抢、撩为远击之法，多用梢端击打，两手须握持把段；挑、截、盖、挂、横击等则多用棍把击打。素有"抢似游龙，棍似雨"之说。

三是握法活便。握法指握持棍器部位的方法。一般将棍分为棍梢、棍身、棍把三个部位，相互运使，富于变化，变化的首要因素是握法的变化。

四是乘势顺力。这是少林棍术的技法要则。乘式顺力就是驾驭这些外力的技法与方法，也是棍术动作间衔接连贯的关键。既要发挥人体腰臂的力量，又要善于驾驭棍的惯性力、重力、击地时的反作用里和崩棍等动作制动时产生的反弹力等外力。

少林棍法十分丰富，有猿猴棍法、齐眉棍法、镇山棍法、盘龙棍法、六合棍法、风波棍法、劈山棍法、狼牙棍法、三节棍法、稍子棍法、小梅花棍法、八宝混元棍法、夜叉棍法、上沙牌棍法、中沙牌棍法、下沙牌棍法、五虎群羊棍法等。

少林拳术也有四大特点：刚健有力，朴实无华，套路繁多，利于技击。其套路结构紧凑，动作敏捷，攻防严密，招式多变，灵活而有弹性，着眼于实战，不练花架子。

少林拳的突出特色是"拳打一条线"，"蠹目斜视伏阻截趋"，"距跃直前霜鹘速"，总体有十法：三节、四梢、五行、身法、步法、手足之法、上法进法、顾法（开法、截法、追法）、三性调养法、内劲法。它是综合手、眼、身、法、步、精神、气、力、功、功防、内外、劲法、三性调养等方面总结出来的理论。

"少林五拳"（即龙拳、虎拳、豹拳、蛇拳、鹤拳。本书第三章曾作详述，此处不赘），被称为少林拳的精华，素有"龙拳练神，虎拳练骨，豹拳练力，蛇拳练气，鹤拳练精"的"五拳要领"。其中又分为小洪拳、大洪拳、罗汉拳、梅花桩炮捶等几十种少林拳法，以及刀、枪、剑、铲、棒等器械的技击法。还有少林易筋功、小武功、阴阳功、混元一气功等。

少林武功与其他武术流派还有一个最大的区别，即参与政事。

除了"十三棍僧救唐王"之外，最突出的例子是少林僧兵抗倭寇。明嘉靖年间，日本倭寇侵扰我国东南沿海一带，少林寺以月空为首的三十多个和尚应召组织一支僧兵队伍，开赴松江前线御倭抗敌，在战斗中，人人奋勇当先英勇杀敌，手持铁棒击杀倭寇甚多，后来因寡不敌众，月空等三十多位爱国和尚全都壮烈牺牲，以身殉国。现在少林寺碑林与塔林中的石刻上，仍有当年爱国僧兵作战的记载。同代还有为小山和尚，武艺超群，智勇兼备，曾三次挂帅征边，屡立战功。皇上为他在少林寺门前立石狮子和旗杆，嘉奖其功。

二、武当派

武当山位于中国湖北省丹江口市，有"非真武而不足当之"之意。道教真武玄武派盛行于此。此山是有名的道教圣地，又名太和山、谢罗山、参上山、仙室山，古有"太岳""玄岳""大岳"之称。"武当"之名最早出现在《汉书·卷二十八·地理志第八》，为"南阳郡"所辖。

在中国武坛上，素有"南少林，北武当"之说。说少林必谈武当，反之亦然。不过从地图上看，"南少林"（嵩山少林寺）在北，"北武当"（武当山）在南。为什么会这样呢，各种解读不尽相同。

一说"南少林，北武当"非指武术流派，而特指嵩山少林寺的佛家和山西北武当山的道家。其中的故事是，相传道教之神真武大帝在湖北武当山修成正果，被封为北方正神后，曾99次游历北方，寻找修炼之地，最终选中雄踞于吕梁山脉的龙王山（后称真武山、北武当山），赞曰："又一武当山兮！"自此有了"南少林，北武当"之说；

一说因为武当派视宋代张三峰为创始人。而"三峰之术"（内家拳）光大于北方。据黄宗羲《王征南墓志铭》记载："……三峰之术百年以后流传于陕西，而王宗为最著。温州陈州同从王宗受之以此教其乡人，由是，流传于温州。"由上文可知，张三峰之后，内家拳由陕西王宗重新光大并授徒传艺。少林寺与陕西"南北相望"，故称"南少林，北武当"；

一说与内家拳和外家拳的传播地域有关。相对而言，少林功夫为代表的外家拳的传播以江淮地区以南居多，而武当内家拳的传播以北方地区居多。故以"南少林、北武当"称之。

上述说法各有道理。历经千年，因各种原因导致说法不尽一致实属正常。但各种观点却映衬出同一个史实，那就是武当派历史久远且影响广泛。1994年，武当山古建筑群被联合国教科文组织纳入"世界文化遗产名录"。2006年5月20日，武当武术经国务院批准列入第一批国家级非物质文化遗产名录。可为力证。

（一）武当派起源之辨析

关于武当派的起源，一说源于宋代张三峰。一说源于元末明初张三丰。且都有文献记载。言"张三峰"者源自文献《王征南墓志铭》；言"张三丰"者源于《明史·卷二百九十九·方伎》。二者究竟何如，成为关乎武当派起源的长久争论的话题。

为慎重起见，我们先将两篇"权威文献"付录于此，让读者有个基本印象，然后再作讨论。

第一篇，《王征南墓志铭》（摘录）：

"少林以拳勇名天下。然主於搏人。人亦得以乘之。有所谓内家者。以静制动。犯者应手即仆。故别少林为外家。盖起於宋之张三峰。三峰为武当丹士。徽宗召之。道梗不得进。夜梦玄帝授之拳法。厥明以单丁杀贼百余。三峰之术百年以後流传於陕西。而王宗为最著。温州陈州同从王宗受之。以此教其乡人。由是。流传於温州。嘉靖间张松溪为最著。松溪之徒三四人。而四明叶继美近泉为之魁。由是流传於四明。四明得近泉之传者为吴崑山。周云泉。单思南。陈贞石。孙继槎皆各有授受。崑山传李天目。徐岱岳。天目传余波仲。吴七郎。陈茂弘。云泉传卢绍岐。贞石传董扶舆。夏枝溪。继槎传柴玄明。姚石门。僧耳。僧尾。而思南之传则为王征南。"（录自《王征南墓志铭》影印件）

王征南（1617～1669），宁波人。明末清初著名的武当派拳师。黄宗義（1610～1695）浙江余姚人。经学家、史学家、思想家、地理学家、天文历算学家、教育家，与顾炎武、王夫之并称明末清初三大思想家。其子黄百家乃王征南弟子，著有《王征南先生传》（1676年），详记王征南传之内家拳法。书中有语："张三峰既精于少林，复从而翻之，是名内家。"

第二篇，《明史·卷二百九十九·一百八十七·方伎》（全文）：

"张三丰，辽东懿州人，名全一，一名君宝，三丰其号也。以其不饰边幅，又号张邋遢。颀而伟，龟形鹤背，大耳圆目，须髯如戟。寒暑惟一衲一蓑，所啖，升斗辄尽，或数日一食，或数月不食。尽经目不忘，游处无恒，或云能一日千里。善嬉谐，旁若无人。尝游武当诸岩壑，语人曰：'此山异日必大兴。'时五龙、南岩、紫霄俱毁于兵，三丰与其徒去荆榛，辟瓦砾，创草庐居之，已而舍去。

太祖故闻其名，洪武二十四年，遣使觅之，不得。后居宝鸡之金台观。一日自言当死，留颂而逝，县人共棺殓之。及葬，闻棺内有声，启视则复活。乃游四川，见蜀献王。复入武当，历襄、汉，踪迹亦奇幻。永乐中，成祖遣给事中胡濙偕内侍朱祥赍玺书香币往访，遍历荒徼，积数年不遇。乃命工部侍郎郭琎、隆平侯张信等，督丁夫三十余万人，大营武当宫观，费以百万计。既成，赐名太和太岳山，设官授印以守，竟符三丰言。

或言三丰金时人，元初与刘秉忠同师，后学道于鹿邑之太清宫，然皆不可考。天顺三年，英宗赐诰，赠为通微显化真人，终莫测其存亡也。"

两篇文献相对照显示，"张三峰"与"张三丰"共同之处有四：

第一，二者皆与武当有关联。一个"武当丹士"，一个"尝游武当"并曾在武当"去荆榛，辟瓦砾，创草庐"；

第二，二者皆身手了得。张三峰能"以单丁杀贼百余"。张三丰"能一日千里"。

第三，二者皆为名人，皆为当朝皇上所器重。一个为"徽宗召之"，一个为"太祖故闻其名""成祖遣给事中胡濴偕内侍朱祥赍玺书香币往访""英宗赐诰，赠为通微显化真人"。

第四，二者皆不知终老何时何处。一个没有"生卒档案"，一个"终莫测其存亡"。

二者不同之处也很明显。至少有三：

一是名字不同。"张三峰"是名，"张三丰"是号。这是一个很重要的例证。

二是出生年代不同。一个生于北宋端拱二年（公元989年）之前。一个生于洪武二十四年（1391年）之前。二者岁差至少四百年以上。

三是二者术业不同。"三峰内家之术"传承有序，且有详细文字记录。"张三丰"则"乃游四川"，"踪迹亦奇幻"，连明太祖、明成祖都找不到其人影，亦未见有武术技艺传承的文字记载。《明史》还特别明言，"或言三丰金时人，元初与刘秉忠同师，后学道于鹿邑之太清宫，然皆不可考"。

有人以张三峰"名不见经传"为由，猜测黄宗羲弄错了，误将"三丰"作"三峰"了。此说值得商榷。首先，《王征南墓志铭》（以下简称"黄文"）作于1669年。《明史》完成于1739年。前者早于后者70年。黄宗羲"错"从何来呢？

其次，"黄文"讲了张三峰始创内家拳的大致时间（"徽宗召之"），讲了其创始内家拳的过程（"夜梦玄帝授之拳法"，古代乃至近现代武术家神话自身功夫的现象由来已久），还讲了内家拳传承过程。"黄文"所列传承人名单皆有据可查。而这些内容《明史》"张三丰传"皆未提及。

另外还有一例证：《道教文化辞典》（江苏古籍出版社1994年6月版）"张三丰"条目：①"丰"亦作"峰"（此说难解）。宋代技击家，武当派祖师。通仙方，精技击，法以御敌为主，以静制动，非困不发，纯用内功，故称内家。宋徽宗征召，途中以单拳击敌百余，遂以绝技名于世。②道士和道教理论家。有种种传说。《异林》说是宋时人，常从太守入华山谒陈抟。……元世祖至元元年（1264年）增补中山博陵令，次年辞官归田。云游河南、河北、陕西、四川、湖北、山东等地，曾与全真教的丘处机为友。……善于用绝句、词、散文、联句、以及流传于民间的场次、歌谣来阐发道家思想，其《了道歌》、《打坐歌》等既是通俗的道教经典，又是很好的民间作品。

《道教文化辞典》所载文字有条信息很值得注意。即"《异林》说是宋时人，常从太守入华山谒陈抟"。《异林》作者为明代文学家，被人称为"吴中诗冠"，"江南四大才子"之一。儒、佛、道、文学等方面造诣颇深。徐说张三峰"是宋时人"，证据是其"常从太守入华山谒陈抟"。陈抟，五代宋初著名道士，易学大师。他是中国易学史上"最重要的人物之一"。仅举一例大家便知：妇孺皆知的"太极图"（亦称"阴阳鱼"）就是陈抟根据东汉易学名著《周易参同契》画出来的。用图画的形式表现中国哲学"易"的核心思想，从而使中国"阴阳辩证思想"广为传播，陈抟功不可没。陈抟卒于北宋端拱二年（公元989年）。张三峰"常从太守入华山谒陈抟"，也是张三峰为宋时人的一个佐证。

故此，"黄宗羲弄错"一说难以成立。

《王征南墓志铭》谓"宋之张三峰"；《明史》谓"或言三丰金时人不可考"；《道教文化辞典》谓"张三峰"定义为"技击家"，"张三丰"为"道士和道教理论家"；《异林》谓张三峰"为宋时人"……综上所述，可以认定宋代"张三峰"和元末明初"张三丰"都有其人，但并非一个人。

这里，我们如果用"逆向思维"的方法，推《明史》"张三丰"的"身世"

乃附会宋代"张三峰"，事情似乎就简明的多。即"张三峰将《易经》和《道德经》的精髓与武术巧妙融为一体，创造了内家拳、太极拳、形意拳、八卦掌为主体的武当武术。后经历代武术家不断创新、充实、积累，形成中华武术一大流派——武当派。"如此一来，从理论到实践，有关武当武功的由来，就可以大致有个结论了。所谓"大致结论"，是鉴于千余年岁月沧桑，武当武术主要以民间传承方式为主，完全搞清楚其（包括所有武术武功）传承脉络，不太现实，故此处只能作"大致结论"。

这样的"反推"，对明之"张三丰"并无伤害和贬低。毕竟"三丰"原本就是"号"，人家自己也没说是"武当武功的创始者"。

我们对比"二张"的目的，完全出于对武术行当的尊重与珍视。一方面想证明"武当内家源自宋代张三峰"之说言之有据，另一方面更想让广大读者从中了解中国武术流派形成的某些特点和规律。

（二）武当功夫的结构与特色

武当功夫起于宋而兴于明，盛行于明末清初。武当功夫始于武当拳（亦名内家拳）。武当功夫总体特点是以静制动，以柔克刚，以短见长，以慢击快，以意运空，以气运身。偏于阴柔，主呼吸，用短手，武当功法不主进攻，然而亦不可轻易侵犯。

武当派拳术体系庞大，有无极拳、鹞子长拳、猿猴伏地拳、六岁散手和五当太乙五行拳等。又有松溪派、淮河派、神剑派、轶松派、龙门派、功家南派、玄武派、北派太极门、心意拳、河南派心意拳、上海派心意拳、山西戴氏心意拳、形意拳、宋氏形意拳、尚氏形意拳、车氏形意拳、河北形意拳、意拳、八卦掌、程序八卦掌、程序高派八卦掌、尹式八卦掌、傅式八卦掌之分。

值得特别提及的，是武学宗师张松溪。他被誉为真正使内家拳名声大振的人。清雍正年间编修的《宁波府志·张松溪传》载："盖拳勇之术有二：一为外家，一为内家。外家则少林为盛，其法主于搏人，而跳踉奋跃，或失之疏，故往往得人为所乘。内家则松溪之传为正，其法主于御敌。"称内家则以张三峰所传张松溪为正宗。即后来的"松溪派"。

另，太极拳是武当著名拳种，影响极大。太极拳在长期流传中，后经提炼整理，又出现简化太极拳、四十八式太极拳、八十八式太极拳等套路。并演变出许多支派，我们稍后再做介绍。

武当器械有武当剑（醉八仙剑、七星剑）、白虹剑、六合枪、六合刀、松溪棍（玄武棍）、太乙佛尘、方便铲等。

武当武术理论体系和技术体系完整，以"宇宙整体观"、"天人合一观"为宗旨，以"厚德载物"、"道法自然"为原则，以"动静结合"、"内外兼修"为方法，形成诸多各具特色的拳功剑法，既有功理和功法，也有套路操作和主旨要领。

《内家拳本意》（作者不详）一书中，较为系统地介绍了武当内家拳乃至武当功夫的精粹。如：

"精研斯术。不仅为备非常。应急变。更以强健身心。益寿延年。"

"胜强敌之道。遇任何强悍狂妄之人。勿生怖心。心神沉着不乱。乃能举动得当。气定神全。于此既先胜一着。"

"柔静为先。习艺之时。必宜潜心体会。若行蛮力。绝不得窍诀。而须心如垂柳。……刹那发劲。捷如闪电。虽四两之力。亦可拨倒千斤。"

"神气布满。人之能者。谚称三头六臂。然必须一心作主。若心有所偏。则此手动而余手皆弛。"

"无我之心。敌欲攻我。任其用何种进攻之势与恐吓。我心仍木然无所动。一若无与人争胜者。其心既正大光明。其气亦整暇不迫。从容得体。故恒占胜。"

"有胆始有力。凡武术以胆为第一。无胆力既无克敌制胜之心。……故胆力强者。恒操胜算。"

"养我灵觉。凡眼耳之活动。根于心之发动。故观物应听而心动。此人之常也。……且应敌之时。因眼之活动。而神勇自满。动作亦速。敌人图我之意时。先已了然于胸。"

"威吓应用。发声则气能专一。力自舒远。而声必起自丹田。动作得势。是因气之相应。勇气自增。而敌气败馁矣。"

……

有实践，有理论，有方法。言之精辟，术之精准，技之精到。很是成熟。

三、峨眉派

峨眉派发祥于峨眉山，此山位于中国四川盆地西南边缘。原作"蛾眉山"。北魏·郦道元《水经注》载："去成都千里，然秋日澄清，望见两山相对，知蛾眉焉。"《峨眉郡志》载："云鬟凝翠，鬓黛遥妆，真如螓首蛾眉，细而长，美而艳也，故名蛾眉山。"后写作"峨眉山"。

峨眉山是道教的发源地。《魏书·卷一百一十四·释老》载："道家之源，出于老子……授轩辕于峨眉，教帝誉于牧德"。这是峨眉山为道家仙山的最早史料。《中国佛教大辞典》（江苏古籍出版社2002年2月版第1013页）载："早在东汉时期，峨眉山就有道教宫观；创建佛寺，则始于晋代。"

峨眉山也是中国"四大佛教名山"之一。宋朝以后，峨眉山更成为普贤菩萨应化道场。

峨眉山漂亮。中国民间素有"峨眉天下秀"之称。

峨眉派武功也别具风采。明代儒学大师、军事家、武术理论家唐顺之曾写有《峨眉道人拳歌》："忽然竖发一顿足，崖石进裂惊沙走。来去星女掷灵梭，夭矫矢魔翻翠袖。自身直指日车停，缩首斜钻针眼透。百折连腰尽无骨，一撒通身皆是手。余奇未竟已收场，鼻息无声神气守。道人变化固不测，跳上蒲团如木偶。"

形象描述了峨眉武功幻化多变的神奇。

2008年，峨嵋武术入选国家第二批非物质文化遗产。

（一）峨眉派源头探幽

相传峨眉武功源自彭祖。据古代典籍记载，彭祖是颛顼的玄孙，说他历经唐虞夏商等代，活了八百多岁。彭祖精于养生，《庄子·刻意》曾把他作为导引养生之人的代表人物。《楚辞·天问》说他善于食疗。《史记·楚世家》载：
"彭祖氏，殷之时尝为侯伯，殷之末世灭彭祖氏。"有说彭祖曾获取了禹王的
搏杀术，结合自己精深的内功，多次躲过劫难。后来到蜀地武阳（今四川省彭祖
山）定居并寿终于此。当然，这些都是传说。

据四川武术研究者考证，认为峨眉武功起源于先秦时期。春秋战国时期，
许多文人方士隐居峨眉山，其中有位名叫司徒玄空（名白衣三，号动灵子）的武
师，在狩猎生活中，根据峨眉山白猿的形态创造了白猿通臂拳（亦称峨眉通臂
拳），并收了许多门徒加以传授。司徒玄空又称白猿公，又因为好着白衣，徒众
们称之为"白猿祖师"。司徒玄空因此被公推为峨眉派的开山鼻祖。后汉赵晔
《吴越春秋》"勾践阴谋外传第九"、以及乐山、峨眉山地方志中，都有大致相
同的记载。

据此看来，峨眉派的起源，在各个武术流派中起源当属最早的。中国民间
素有"天下武功出峨眉，少林武术源天下"之说。

巴蜀地区，自古就有"蜀道难，难于上青天"之说。因此峨眉武功更具有
较强的本土地域特点。不过这仅是事情的一个方面。四川省武协峨眉武术工作
委员会主任吴信良先生认为，"峨眉武术的形成一段漫长而复杂的历史。历史
上三次南北武学在巴蜀大地的大融合以及道家养生功，佛门修习禅观之法为
峨眉武术的形成奠定了坚实的物质基础"。（见龚鹏程《武艺丛谈》山东画报出版
社2009年1月版第47页）这三次"南北武学大融合"指的是：公元前329年秦惠王
派大将司马错率军伐巴灭蜀，多次"移秦民万家实之"；公元221年，刘备、关
羽、张飞在成都建立蜀汉政权；明代张献忠于崇祯十七年（1644年）入川，在
成都建立大西政权。三次大的政局变革，使大量楚越文化、中原文化和武艺多
次入川，与巴蜀文化及巴蜀武术反复融合。期间，历代都有各地民间及武术名
家因各种原由迁移至此，也大大增加了峨眉武功与各地武术的交流融合，推动
了峨眉武功的发展完善及对外传播。吴信良先生还列举了"承传春秋战国时期
的'巴渝舞'，唐代峨眉田道士的'元鹤舞'，松潘羌族樊梨花的梨花枪，宋代
大文豪四川眉山人苏轼的气功著述《苏沈良方》，峨眉长老德源撰写的《峨眉
拳》，峨眉高僧白云禅师的《峨眉山十二桩》，明代四川（安徽？）新都县著名

军事家程冲斗的峨眉枪法、白眉棍法、巴子拳棍、囚拳"等，使"峨眉武术已成熟地发展为订立中华武术的三大流派之一。"（出处同上）上述说法虽有些宽泛，但仍可以从中看出峨眉武功走过的些许历史轨迹。

峨眉派武术成型于南宋，形成于明代。这也是中国武术界基本共识。而民国年间，军队招募士兵，从民间搜集各种"武术秘籍"供士兵训练，也促进了峨眉武功的传播。

至于著名武侠小说巨匠金庸所说"峨眉派源于尼姑郭襄"，那是小说家虚构的故事，权作饭后茶语娱乐而已。

（二）峨眉功夫结构与特点

峨眉武术素有"一树开五花，五花八叶扶。皎皎峨眉月，光辉满江湖"之说。"一树"指的是峨眉武术。据清初《峨眉拳谱》载："五花"是从地域角度所分的五大支派：一、黄陵派，据说从陕西流入；二、点易派，以川东涪陵点易洞而得名；三、青城派，以川东道家胜地青城山得名；四、铁佛派（云顶派），川北较为盛行；五、青牛派，以川东丰都青牛山而得名。"八叶"是从技击风格角度所分的八派：一、僧门，据说传自少林僧人，又称"申门"。特点是巧、快、灵、动，如猢狲状，别名"狲门"。二、岳门，据说由岳飞所传，特点是矮桩，手法不划圆不成拳。三、赵门，据说为赵匡胤所传，借鉴少林派太祖长拳等拳法，特点是高桩。又因习练红拳，称为"红门"。四、杜门，以传说中诸葛亮八阵图之"杜门"而得名，一说拳法传于自然门杜观印。特点是封锁严密，善于防守。五、洪门，相传以明太诅洪武年号而得名，习练大、小洪拳，特点是刚劲。六、化门，又称"蚕闭门"、"缠闭门"，三十六闭手如春蚕吐丝，绵绵不断，紧封敌手，使其不能施展。七、字门，又称"智门"，因收势摆成字形而得名，特点是高桩长手，起伏大。八、会门，又称"慧门"，以神拳为代表，讲究观师默像，念咒语，颇为神秘。

峨眉拳集众家之长，形成了独特的技法与风格。它的主要技击特点是：动作小，变化大，以柔克刚，借力打力，以静制动和以动制静并用，攻防时多顺势前钻，借力反击，以快取胜。南宋建炎年间，峨眉山白云禅师将阴阳虚实和人体盛衰之机理，与武术中的动静功法相糅杂，相融合，创编出的"峨眉气桩功"（因其类共有十二节，称之为"峨眉十二桩功"），一直传承至今。

有些资料显示，峨眉拳系中也包括一部分土生土长的拳种。像余门拳就是东乡县（今宣汉县）余氏家族的祖传拳术，到清乾隆中期始传外姓。峨眉拳系中还有一些罕见的象形拳，像慧门拳中有蛤蟆拳、蝴蝶拳各一路。余家拳中有一路"攀花拳"，动作模仿蜂蝶飞舞花丛之态，轻盈灵巧，多纵跳闪躲，讲究沾手连发。峨眉拳系中还有一套黄鳝拳，为安岳陈氏家传拳术。

此外，武当、南拳、形意、太极、八卦者大拳系也都有拳路传入四川，有的已经衍化为峨眉拳系的一部分。

峨眉派功法介于少林阳刚与武当阴柔之间，亦柔亦刚，内外相重，长短并用。攻防兼具。如拳经所说："拳不接手，枪不走圈，剑不行尾，方是峨眉"；"化万法为一法，以一法破万法"。总之是以弱胜强，真假虚实并用，融汇了南拳、少林、武当等众家之长。

峨眉派总的特点，在于亦刚亦柔，如玉树临风，是诸家武术中姿态优美的一种。有诗赞峨眉派说：

绝艺惊人侠士风，千年击技古今同。

堪开玄理树新帜，悟透禅机弃旧功。

假身玉女虚是实，真谛峨眉有非空。

诸家应复昔时面，妙处自然在个中。

四、昆仑派

昆仑派是中国武术著名流派之一。与其他武术流派不同，昆仑派最早"诞生地"是在金庸先生的小说《倚天屠龙记》中，是武侠中的一个门派，宗派位于昆仑山，以山为名。说昆仑派虽远处西域，却野心勃勃，总想在中原武林呼风唤雨，隐隐有于少林、武当、峨嵋相抗衡之意。这当然是虚构。

而昆仑派真正的身世无考。也就是说，探讨昆仑派，首先也面对的就是其

"原籍问题"。

（一）昆仑派"源头考"

中国武术流派中，唯属有关昆仑派源头的资料最奇缺。昆仑山，也作"崐仑""崑仑"，位于中国西藏和新疆之间。《汉书·地理志》载："敦煌郡：广至"。《淮南子·原道》载："经纪山川，蹈腾崑仑，排阊阖，沦天门。"在中华民族文化史上，昆仑山有"万山之祖""龙脉之祖"之美誉。这里诞生过"女娲补天、抟土造人"（见《山海经·大荒西经》《列子·汤问》《淮南子·览冥训》）、"精卫填海"（见《山海经·北次三经》《述异记》）、"西王母"（见《山海经·西次三经》《太平广记·卷二〇三》）等古老神话；诞生过"白娘子昆仑盗灵芝"（见冯梦龙《警世通言·二十八回》），"嫦娥窃西王母不死之药奔月"（见《山海经·大荒西经》《淮南子·览冥训》）等经典浪漫传说；中国古典名著《西游记》、《封神演义》都有发生在昆仑山的精彩故事；盛唐诗仙李白曾留下"若非群玉山头见，会向瑶台月下逢"的名句……巍巍昆仑历史文化积淀如此深厚，唯不见经史子集有昆仑武功的只言片语留存，甚至连当地都没有昆仑武功传承的遗迹，这是很奇怪的事情。

民间有说昆仑派源于周朝武王时期。鸿钧一道传三友：既老子、元始、通天。老子、元始为昆仑派的始祖。后来，昆仑派又分东西两家，均属道家；东晋时期，昆仑派祖师铁棱道人，下传五代；唐代有圣天云、天风、天雷三道人，以昆仑剑、乾元功、天罡掌为能（又称剑圣）；宋代王龙又叫王子，以八卦龙形剑术为能；元代有昆仑双鹤、玄真、玄机三道人，以乾元功、玉龙天罡剑掌为能；明代有"昆仑七剑"：紫阳、紫霞、紫明、紫光、紫微、紫星、紫云七道人，以乾元七星玉龙天罡剑掌为能；清代有"昆仑三英"，一心、正心、恢心三道人，以乾元七星怪龙剑术为能。

以上仅为传说，不见史载。

也有说唐宋时期，有古月上人看破红尘，厌倦名利，绝弃酒色，心道门，西奔回疆，在莽莽昆仑上潜心研习武术技艺和道门内功，传授的弟子则以当地回民为多。历经元、明、清各代，此拳种回流至山东、河北、四川等地。

有说昆仑派（混元派）是明末时兴起的道教支系，其所在地位于中国新疆的帕米尔高原东部昆仑山。

在巴蜀地区的万县、南充、泸洲等地，也有零星说法。如：抗战时期，泸洲合江的李清明曾在昆明与张云楷处学得昆仑派拳术；1947年，在四川万县的刘裕隆等在该县国术馆遇昆仑派传人刘惠元老师，并拜纳门下习昆仑派武功，颇有所得，间有所传；南充的梁光荣（中医）也幸得此派的乾元功和奇门卦掌，等等。

黑龙江省传统武学研究会会长孙学孟教授，写过一段关于昆仑派武功传承的文字，现摘录部分内容与此，以作参考：

昆仑派发端于青海昆仑山，有2500年历史；晋代因气候环境变化，昆仑派举派南迁；其长支无极门入沧州、京津诸地；清朝及民国后随闯关东者涌入东北；现传统昆仑派武功在昆仑山绝迹，沧州亦无人演练。黑龙江省现今为昆仑派武功最主要的传承地区。长支无极门始祖孙武，著有《孙子兵法》，使中国武术与兵法结合，声震古今。无极门有52代掌门，近5代掌门：侯华泰，张学敏，张廷义，吴锡臣，侯华泰，道号清风子，约于雍正十三年生于河北沧州，号"东北老剑客踏雪无痕"，乃东北驰名剑侠，一生仗义行侠，扶弱济贫，扬声宇内。

侯华泰文武兼修，擅长昆仑太极拳、阴阳掌、乾坤掌、龙虎掌、绵丝掌、锁链掌、无极掌、二十八宿夺命掌等七大名掌及二十四路长河剑、梅花剑、纯阳剑、玄门太极剑、青龙腾云剑、虎头双钩、虎头寻钩、独龙双绝、双怀杖、九节连环杖、三钢圈、子母鸳鸯钺、跨虎篮、双双头蛇、判官笔、夺命追魂枪等昆仑派武学。

张学敏，大内高手，号称"神枪太保赛蝴蝶"，约乾隆五十九年生于河北献县东高坦村颇有名气之武学世家。据张氏家族谱记载：明永乐二年，张氏家族从山西洪同县洛瓜村，迁到直隶省献县城东十八里东高坦村。据民国十四年版《献县志》载："在干、嘉、道以后，邑之武风最盛，且时出鼎甲，故各村武学林立。"张学敏自幼拜沧州昆仑剑侠侯华泰为师，勤奋苦学，寒暑无间，十年如一日，持之以恒。弱冠因武功高强，为献县出类拔萃之年轻才俊，在武林威名远播，并经州府举荐，选拔为皇宫内院禁军教头。道光皇帝曾御赐名号"神枪太保赛蝴蝶"。

张廷义，字英杰，北京苑城镖局总镖头，号"双刀盖京南行义侠"。约道光十八年生于河北献县东高坦村。自幼拜伯父学敏公为师，弱冠即闯荡江湖，四处寻师访友。早年于山东开设武馆。《沧州武术志》与《沧州武术》有载："埋伏拳法传入沧境，约在清同治初年。时，献县东高坦村张廷义从师霸县张氏习得此拳法。清光绪初年，张廷义在北京苑城镖局任总镖头，人称'盖京南'"。

吴锡臣、又名西臣、字振升，北京苑城镖局南路总镖头，号"泥里金刚赛肖月"。吴锡臣七岁从祖父昆仑派老剑侠纯芳公苦练童子功。民国十六年，在黑龙江省富锦县设武馆授徒。民国二十一年，在哈尔滨九站举行的东北武术竞技大会上，用手将鹅卵石碾成碎末，然后表演功底深厚的"燕青拳"而夺魁。日伪当局封为上尉连长兼军队武术教官，力辞不就。民国二十三年至三十四年，于哈尔滨道里创办"振升武馆"。二十七年，打败登门挑衅的日本柔道武士。二十九年，于哈尔滨太阳岛空手制服八个持利器行凶的白俄，扬名关东武坛。擅长气功、点穴，还会底水功，救过许多溺水者。医术高超，配制治红伤面药与治腰痛膏药十分灵验，一剂即愈。

在诸多昆仑派起源的的说法中，影响最大的当属金庸在其小说《倚天屠龙记》中的说法：

"琴剑天涯昆仑客，一曲清歌天地秋"。

"昆仑派本处西域，以昆仑三圣何足道始"琴棋剑"三绝名动天下，而昆仑派也开始为世人所知。此后百年间高手层出不群，渐渐成为江湖上一大门派，隐隐与中原各大门派成分庭抗礼之势。昆仑武学更是讲究参差造化、役万物为己所用，门下弟子皆多才多艺，才情号称武林第一。"

当然，这是小说家的潇洒解读，主要是用来怡情的。

台湾师范大学国文研究所博士龚鹏程先生对中国武术研究颇深。他说"昆仑派，我见过的，有一种昆仑太极拳，段智明先生传授。据说是最早由新疆提克鲁·呼图克图红教大活佛传到上海，再传到四川。共三路，我所见的是第二路，又称僧式太极，虽然他也说此拳为张三丰所创。"（龚鹏程《武艺丛谈》山东画报出版社2009年1月版第68页）这是我们所能见到的有关昆仑武功最真切的记录。

根据龚先生所讲线索，笔者终于查到了相关资料：昆仑太极拳于2014年11月被列入重庆市非物质遗产项目。资料显示，昆仑太极拳相传为张三丰所创（姑且一说），主要流传于青海、新疆、西藏等地区，并长期在宫廷、宗教场所中秘密传习，上世纪初开始才传入民间。1920年代，新疆红教大活佛提克鲁·呼图克图云游四海，抵达上海时，与军阀吴佩孚的贴身卫士王智立（后出家，人称智立禅师）相遇，两人以武会友，结成知交。活佛遂将秘传的昆仑太极拳传授给王智立。1930年，智立禅师将昆仑太极拳又传授给其结义兄弟江正南和钟建华。江正南时任四川奉节国术馆馆长，钟建华其时也在重庆任职，此乃昆仑太极拳传入四川（重庆）的源头。

钟建华在1930年代认识了中央国术馆首批学员中的叶林，后两人成为肝胆之交，钟建华遂将昆仑太极拳第一路传授给叶林，叶林从中央国术馆毕业后回江津国术分馆任教官。后来，钟建华又将昆仑太极拳第二路、第三路传授给江津人段智明，此乃昆仑太极拳传入江津的源头。后来，段明智在江津收徒传艺，将昆仑太极拳第二路、第三路传授给弟子于亚东、邹帆、雷勇等人，在江津一直流传到今天。由此可以断定，在新疆红教大活佛提克鲁·呼图克图之前，昆仑派武功传承已久无疑。

从昆仑太极拳传承过程可以窥见昆仑派的传承轨迹与特点，即以昆仑太极（乃至昆仑武功）先是长期为宫廷"私藏"，最后传至民间。而民间对上述传承过程少有所知，故而附会出种种"传承神话"也就不足为怪了。

（二）昆仑武功的结构与特点

限于参考资料短缺，关于昆仑派武功整体结构尚难描述。现仅举几例如下：

先说昆仑太极拳，又称昆仑太极手，属于内家拳种，讲究动静相间、刚柔相济，以太极桩功，八段锦，易筋经等内功锻炼为基础，包括三个套路，以松、宽、放、展、蹬、贯、侧、韧为主要特点，动作舒展大方，招式优美，古朴自然，赏心悦目。是中华传统内家拳的重要流派，也是诸多太极拳流派中稀见拳种之一。

此拳以道家气功为根基，包括三个套路共九十一式，对手、眼、身、法、步都有严格的要求。整个修习遵循"收心—巡气—凝神—展窍—开官—筑基—炼己—得药—结丹"的过程，讲究按部就班，循序渐进。

再说昆仑派弹腿。昆仑派拳术之一。其名称来源有三种说法：一说此拳腿法快速屈伸，故称为弹腿；一说此拳起源于河南省潭家沟或山东龙潭寺，故把弹腿称为潭腿；一说此拳由河南谭某人所创，故名谭腿，后讹传为潭腿。第一种说法流传范围较大，尤其在回族中颇有影响。现代流传的有十路弹腿、十二路弹腿和六路弹腿、十路弹腿发腿与裆平、十二路弹腿发腿不过膝，又叫寸腿，六路弹腿是在上述两种弹腿的基础上加以简化而成的。

弹腿有单练和对练，对练也称"双人潭腿"。要求一路一法，快速有力，左右对称，功架完整，传有歌云："手是两扇门，全凭腿打人，弹腿四只手，人鬼见了都发愁"。弹腿技术有十路弹腿歌诀：头路冲扫似扁担，二路十字巧拉钻，三路劈砸倒拽犁，四路撑滑步要偏，五路招架等来意，六路进取左右连，七路盖抹七星式，八路碰锁躲转环，九路分中掏心腿，十路叉花如箭。

现代流传的有十路弹腿、十二路弹腿和六路弹腿；十路弹腿发腿与裆平，十二路弹腿发腿不过膝，又叫寸腿，六路弹腿是在上述两种弹腿的基础上加以简化而成的。

中华人民共和国成立后，弹腿被列为全国武术表演和比赛项目。

再说魁武拳。此拳是昆仑武术中一套攻击力较强的拳法，少有复杂动作，但招式连贯，整套拳法一气呵成，招式直接，干净利落，以攻为守，即防即打，出招如闪电，收手不空回，此拳刚劲有力，出招讲究准猛狠。

再说昆仑拳。其风格特点是眼巧、心灵随变化，攻击时凶猛、刁滑，讲究吞、吐、浮、沉，每发招出手均要向对手要害部位攻击，桩马较高，发招呼气收招吸气。昆仑拳的拳术套路有卫士坝关、回门八打、八挂、九滚十八打、地躺、虎豹双刑、喜鹊双枝、二度梅等。

有一段讲述昆仑拳流传的文字，附录于此，以供参考：

昆仑拳传人称传艺祖师为五台山一长老，佛号日冠。日冠之徒佛号智原，智原授徒同义，同义晚年还俗，恢复原名罗洪德。罗，易县人，受聘于冯玉祥部办武术学堂。罗力大尤以鹰爪功为最。罗爱国之情炽盛，同冯玉祥交情甚厚。冯玉祥出国考察，罗辞职隐居，后患伤寒病去世，年90余。罗之徒萧玉玺，沧县前李寨人，自幼家贫，16岁外出谋生，至兴济遇冯玉祥部一探亲校官，携其到罗洪德所主持之武术学堂就学。萧聪明颖悟，又得名师传授。每试于八百学员中常居前十名之列，罗甚爱。三年后，留校任教官。民国二十三年（1934年），萧26岁返回家乡，在沧县自来屯、夏庄子等地授徒，后去上海，为乡人之商行作保镖，与佟忠义交行甚密。日军侵华时期，在国民军中供事。1949年之后，到黑龙江省授徒传艺。曾任沧县武协副主席，1984年去世。

再说五行拳。此拳法有劈、钻、崩、炮、横五式，分别应于金木水火土五行。练此五式，可分别有利于肺、肾、肝、心、脾五藏。五行拳有"三顶、三扣、三圆、三敏、三抱、三垂、三曲、三挺"八原则，也称形意拳的"二十四法"。五行拳属内家拳，有"《内经》之艺"的誉称。

前面文字中还涉及到"燕青拳"。以及硬气功（将鹅卵石碾成碎末）、点穴，底水功等。

昆仑派武术的器械套路有：枪。阴手枪、六合枪、八宝枪、勾镰枪、夺命追魂枪、沙家枪、马家枪、常家枪、戟；刀。单刀、双刀、春秋刀、拔步刀、连环刀、万胜刀、十二趟少林刀、乌龙双刀、匕首；剑。长河剑、梅花剑、纯阳剑、玄门太极剑、青龙腾云剑；棍，杖。双头棍：乌龙棍、步步连棍、绿竹棍、龙凤棍、三芦棍、三节棍、梢子棍、条棍、双怀杖、九节连环杖、檀木橛；钩。虎头双钩、虎头寻钩、普坛双钩、扑钩；双器械。子母鸳鸯钺、独龙双绝、双头蛇。其他还有板凳、耙头、九节鞭、铁尺、三钢圈、跨虎篮、判官笔、燕翅镗等。

从以上零星资料可以大致看出，武当派以内家功夫为主要特色，同时具有较为广泛的兼容性。

五、崆峒派

崆峒派创始于崆峒山，与少林、武当、峨嵋、昆仑、青城等武术流派一同驰名华夏。

崆峒（亦作空桐、空峒）山位于中国西部甘肃省平凉，东瞰西安，西接兰州，南邻宝鸡，北抵银川，是古丝绸之路西出关中的要塞。有道家第一山之称。

崆峒山属六盘山脉，山势之雄伟，风光秀丽。古往今来，这里留下了黄帝"西至空桐，登鸡头"（见《史记·五帝本纪》）的足迹，秦皇、汉武帝效法黄帝登崆峒山的足迹，历代文人墨客司马迁、王符、白居易、赵时春、林则徐、谭嗣同等先后登临崆峒山并留下了大量的诗词、华章、碑碣、铭文。因此，较比其他武术流派，崆峒派的"文化范儿"多了许多。

（一）崆峒派武术源头解

崆峒武术起源甚早。中国第一步辞书《尔雅·释地第九》就有"空桐之人武"的记载，佐证了当地尚武之风由来已久。汉代飞将军李广、宋代抗金名将吴磷、吴阶兄弟，都是来自崆峒地区的武术名家。平凉市博物馆珍藏的北宋天圣七年（1029年）的一口铜钟上，记载着发生于北宋庆历二年（1042年），西夏兵入侵陇东，崆峒山僧人法淳率众抵御夏兵的事迹。李白曾有"世传崆峒勇，气激金风荡"的赞誉（《赠张相镐二首》），杜甫曾留下"防身一长剑，将欲倚崆峒"的诗句（《投赠哥舒开府翰二十韵》）。

现在比较一致的说法是，崆峒武术成为流派，始自唐代的飞虹子。飞虹子是唐末甘肃人，早年曾在少年寺学艺。其后第二代传人是宋代甘肃人飞绥子；第三代云离子是元朝甘肃人；第四代飞云子（黄杉客）是明朝甘肃人；第五代眉姑（女）是清朝四川人；第六代飞尘子（曲一洪）是清朝四川人；第七代陆尘子是清朝湖南人；第八代袁一飞是清朝广东人；第九代胡飞子（胡惠民）是民国广东人；第十代燕飞霞（王进）是吉林人。2004年燕飞霞去世后，留遗嘱叫人将一块珍宝"田黄石"交与崆峒山全山佛教住持释妙林大师。妙林大师精研崆峒武学，习练发扬崆峒派武学，振兴崆峒派武术。在所有武术流派中，崆峒派的传承脉络相对清晰，极为难得。

崆峒派武术发源于中国西北地区，随着时代的推移，已传播至全国各地。尤以广东、上海等地习练者较多。现在已经传至日本东京、大坂、神户、明古屋、北海道等地，英国、美国、俄罗斯也有习练者。

崆峒派武术在当地得到了较好的保护和传承。2007年6月5日，平凉市人民政府正式公布崆峒武术为第一批平凉市非物质文化遗产保护项目，并继续上报省级、国家级保护项目。当地政府斥巨资新建崆峒文武学校，旨在弘扬崆峒武术，传播崆峒文化。学校学员在国家、省、市、区表演、比赛中屡获大奖。

2007年3月19日向国家工商行政管理总局提出正式申请，"崆峒山武术"商标成功注册。这对于崆峒派武术传承发展起到很好的推动作用。

（二）崆峒武功的结构与特色

崆峒武功，按初级到高级程度分为飞龙门、追魂门、夺命门、醉门、神拳门、花架门、奇兵门和玄空门等八门，每门有多套拳法，据说有118种之多。

飞龙门是初级武术，包括飞龙拳、飞龙掌、飞龙刀、飞龙枪、飞龙剑、飞龙棍、飞龙铲、飞龙双钩、飞龙双鞭等；

追魂门是在飞龙门的基本套路和动作上加强了对抗性，攻击时招式多变，招招紧逼，连绵不断，有排山倒海之势。其各路名称也由"飞龙"变成"追魂"，如追魂棍、追魂双钩、追魂双铲、追魂双鞭等；

夺命门比追魂门更上一层，其特点是猛烈，招招致命，绝招频出，不留活路，因此改称"夺命"。如夺命拳、夺命掌、夺命剑、夺命棍等；

醉门是夺命门的更上一层，主要是强调动作中的跃、翻、仆、腾、宕等功夫。醉门又分文武两类，称"文八仙"和"武八仙"。其套路有文醉拳、武醉拳、文醉剑、武醉剑以及拳、掌刀、枪、剑、棍、钩、铲、鞭等；

神拳门（即太极门）是崆峒派武术中攻击力最强的武功。所谓神拳，即"花拳绣腿"（不是花架子的"花拳绣腿"），特点是是拳打不实、用意不用力，如游龙一般，神出鬼没，招式诡秘，以内气伤敌内脏，各种兵器以气伤敌，是崆峒派拳术中登峰造极的功夫；

花架门是在神拳门的基础上脱颖而出，结合敦煌画上的飞天造形而创立的一门集攻击与欣赏为一体的上乘功法，其造形优美，攻击巧妙，尤适合女性习练。有出水芙蓉、香飘宇庭、笑傲乾坤风流扇、桃花扇、花架拳、花架枪、花架剑等十几种套路。现较为流行的木兰拳、木兰扇、木兰剑即根据花架门拳法改编而来；

奇兵门是崆峒派武术中最具特色的一门。其特点在于所用兵器短小及排兵布阵的阵法。其中兵器有风火五行轮、风火扇、挎虎篮、飞爪、佛尘、九齿铁耙、连枷、铁琵琶、分水峨眉刺、判官笔、翻天印、太统法铃等。阵法有太极阵、七星回天阵、八卦阵、十面埋伏阵、十二生肖阵、二十四天魔阵、二十八宿造天阵、三十六游龙阵、四十八降妖阵、六十四卦齐天阵、八十一通天奇门遁甲阵等；

玄空门是崆峒派秘传之宝，多以历代掌派独修之法。其内容有燕式古太极八式、无相神功、达摩神功，以此修炼内功；以针灸、中药、易经、气功结合而成的疗病方法《易通疗法》，是崆峒山镇山之宝。

总之，崆峒武功的特点是：根源于道家文化，融汇了佛教和儒家思想精华，以柔美为主，身、步、手法多以弧线、曲线形成。门类齐全，适合不同年龄层次的人习练。集修身、养性、健体、技击于一体，有很强的实用性和观赏性。

与所有武功一样，崆峒武功当今传承状况未必如传统武功那般齐全，随着时代的变化发展，也会有优胜劣汰，此消彼长的情势。

六、青城派

青城派发源于中国四川省都江堰市青城山。古名"天仓山"，又名"丈人山"。东距成都市68公里，西北距著名古代水利枢纽都江堰10公里。主峰老霄顶海拔1260米。在四川名山中与剑门之险、峨嵋之秀、夔门之雄齐名，有"青城天下幽"之美誉。

（一）青城派源头辨析

青城派是中国武术著名流派。相传起始于青城丈人，又有李八百等人习传之。关于青城丈人，历史几无记载。《全唐诗》中《送太乙真君酒》一诗署名"青城丈人"。所写诗句为："峨嵋仙府静沈沈，玉液金华莫厌斟。凡客欲知真一洞，剑门西北五云深"。有说青城丈人乃唐代著名文学家，故青城派武术始于青城丈人，显然可信度不高。李八百乃"蜀中八仙之一"，属于道教神仙。因活了八百岁或日行八百里而得名。神仙身世本就难考，说其习传青城武功，传说而已。

笔者手边有当今青城派掌门人刘绥滨讲述青城派历史的文字，抄录如下：

"青城武术，是以青城山为中心，以成都（涵盖都江堰、崇州、大邑、邛崃、彭州、郫县、新都区）、汶川县、泸州、雅安、重庆开县为主要流传地区的传统武术。

青城山为道教第五洞天（引者注：道教有十大洞天，即王屋山洞、委羽山洞、西城山洞、西玄山洞、青城山洞、赤城山洞、罗浮山洞、句曲山洞、林屋山洞、括苍山洞。（见《云笈七签》二七·洞天福地），历史上先后存在七个教派：天师道正一派、上清派、北帝派祇宗、清微派、丹鼎派南宗、全真龙门派、青城派。

由于青城山山高林密，交通不便，加之空气潮湿，所以修道之人在此修炼，既要练养生功夫，抵御风寒湿痹，实战跳跃、躲闪功夫也是必不可少的，因此青城山道士中出现过很多武林高手。"（见龚鹏程《武艺丛谈》山东画报出版社2009年1月版第54页）文中所说"天师道正一派"即东汉张陵（张道陵）创立的道教门派之一。其传人为其子孙世袭，后皆称为"天师"。从元世祖忽必烈开始，官方上正式承认"天师"的称号。

青城派分三大支系—道家，佛家，侠家。但总体说来，青城派受道教文化影响很深，擅吐纳养生，重实战搏击，步型、身法、手法奇特，与国家竞技武术区别很大，被联合国确定为青城山道教文化的重要组成部分。

清代，青城派武林高手铁板道人之徒独臂神尼、江南七侠甘凤池、吕四娘、"千里独行侠"刘忠等人，曾因刺杀雍正皇帝事件而名噪天下。

（二）青城派武功结构及特点

青城武术历经千余年发展，形成了集技击、演练、养生、修行为一体的青城山功夫。目前，"青城派中有孙门、生门、侠家诸分支。孙门派源出福建少林，受佛家思想影响较大。侠家又属绿林武功。古武术的青城派并不等于道教的青城山派。"孙门"受青城山道教文化的影响，变成了不尚功力、追求巧打的武功，与郫县仍保留的南少林风格完全不一致。""青城洪拳，最早与北少林传人李泰山有关。但李泰山后到青城山入了全真教，所以他的洪拳也被青城山道教文化同化。""绿林派代表人物路军建认为，绿林派是青城派的一支，但与佛道两家无关。"（参见龚鹏程《武艺丛谈》山东画报出版社2009年1月版第54—57页）

具体说，青城派"拳术有龙、虎、豹、蛇、鹤（非象形拳，也非少林五拳）、火龙滚、梅花拳、七星拳、天罡拳、洪拳（非广东洪拳）、二路洪拳、绿林小手、绿林豹拳、太子游四门。稀有拳术：猴拳、蛇拳、青龙拳、醉八仙、二十八宿、小神拳、太极拳、绵掌（非成都体育学院所传绵掌）、八卦掌（非目前流行的八卦掌）、六通拳。

器械：八母枪、紫虹剑、龙虎剑、梅花点石枪、白虎鞭、黑虎鞭、追风匕首、鸾凤剑、七星剑、八仙剑、飞剑、十三剑、二十四剑、一百零八串剑、阴把八方剑、无极剑。稀有器械：双卡、凤凰轮、雌雄剑、背箭、足箭、伞、筷子、铁针、拂尘。

技击：太极散手、缠手、太极翻花拳、十二时辰点穴术、十二残手、十二死手、串子十八手、三十六路大擒拿、三十六绝手、六大点穴术、空手入白刃。"

（参见龚鹏程《武艺丛谈》山东画报出版社2009年1月版第58页）

青城派论著有《青城秘录》《大道玄指》。其功法综合南北阴阳与双修的长处，又上肇关尹子，形成以虚无为体、以简要为用、心平实为功的基本特点。由于此派功法习传多为"密符""授受均极不易"，故知者甚少。

金庸在其《天龙八部》《笑傲江湖》《侠客行》《书剑恩仇录》等多部小说中，对青城派都有过详细生动地讲述。

七、太极拳

太极拳是中国武术中知名度最高、流传范围最广、练习人数最多、海内外影响最大的拳种。至2013年，包括中国在内全球150多个国家和地区练习太极拳者逾3亿人。堪称中国乃至世界武术界的奇观。

太极拳以中国古老的太极阴阳辩证理念为核心思想，具有颐养性情、祛病延年、强身健体、技击对抗等多种功能。同时融汇了中医经络学，古代导引术和吐纳术，练习其功法，可在身、心、气、形等多方面受益，收到"心神和畅，四体舒泰"的效果。更可贵的是，太极拳适合各个年龄段的人练习，老少咸宜。

2006年，太极拳被列入中国首批国家非物质文化遗产名录。

（一）太极拳源头辨析

关于太极拳源于何时何地，为何人所创所传，说法不一，且各有道理。

笔者以为，说法不一，各有道理的状况，符合中国武术的"发展特色"：即多为"民间练习，口传心授、家门传承，枝蔓纷繁"的发展路径所致。

总体看，有关太极拳源头的主要说法大致有六。我们按时间排序，先梳理如下：一是始于南北朝程灵洗；二是始于唐朝许宣平；三是始于宋代张三峰；四是始于明初陈卜。五是始于明中叶王宗岳；六是始于明末陈王廷。

对上述五种主要观点，我们先稍作简介，以期使读者对太极拳渊源探究有个总体印象。

1. 始于程灵洗说。民间有说梁南北朝时，梁人韩拱月（502～557年）创编太极功。皖南休宁程灵洗年轻时，从韩拱月学习太极功，苦练多年有成，步履轻快，日行二百里。尝以徒手搏数十人不喘，以太极功训练里中子弟御侮。此说出处不详。《陈书·卷十》载："程灵洗少以勇力闻，步行日二百余里，便骑善游。梁末，海宁、黟、歙等县及鄱阳、宣城郡多盗贼，近县苦之。灵洗素为乡里所畏服，前后守长恒使招募少年，逐捕劫盗。"文中记述了程灵洗从军后战功卓著，多次力解国家之危。陈元帝亦多次奖励和擢升其职务。死后"谥曰忠壮。诏配享高祖庙庭。"其子程文季"幼习骑射，多干略，果决有父风。弱冠弱冠从灵洗征讨，必前登陷阵。"可谓父子英雄。然而《陈书》只字未提程灵洗练习太极拳之事。至于"韩拱月夫子"其人其事则未见典籍记载。

2. 始于许宣平说。许宣平，唐代著名道士，安徽歙县人，《续仙传》《历世真仙体道通鉴》《唐诗纪事》都有其传记。《太平广记·卷第二十四·神仙二十四》载：许宣平"唐睿宗景云中，隐于城阳山南坞，结庵以居。不知其服饵，但见不食。颜色若四十许人，行如奔马。……天宝中，李白自翰林出，东游经传舍，览诗吟之。（许宣平曾在洛阳住的传舍中题诗）嗟叹曰：'此诗仙也'。乃诘之于人，得宣平之实。白于是游及新安，涉溪登山，累访之不得。"上述史料皆未提及许宣平创编太极拳之事。

民国初期，有宋书铭公布其"宋氏太极拳谱"，说许宣平的太极拳功名曰"三十七"。此拳又称长拳。说许宣平太极拳功隐于南山石门数百年之久，到明前期传于宋远桥时已历14代。宋氏后人将此技视为家传继承，然亦有所宣播。1992年10月，上海交通大学出版社出版了王知刚《中国唐代三十七太极拳与剑术》一书。"宋氏太极拳谱"是否可证唐代许宣平创编太极拳，尚需更多力证。

3. 始于宋代张三丰说。我们在前面讲述"武当派"时，对张三丰其人其事有过探讨，这里从略。

4. 始于明初陈卜说。此说首见于陈鑫（1849～1929年）所著《陈氏太极拳图说》。

陈鑫，陈氏太极拳第八代传人，清末岁贡生，近代中国武术史著名太极拳理论家。祖父陈有恒，祖叔陈有本，俱以家传太极拳著名。陈有本创造陈氏新架，陈有恒中年不幸溺亡于洞庭湖。1933年开封开明印刷局出版《陈氏太极拳图说》，陈鑫在该书"自序"中说："明洪武七年，始祖讳卜耕读之余，而以阴阳开合运转周身者，教子孙以消化饮食之法，理根太极，故名日太极拳。"鉴于

1711年，陈氏十世祖陈庚才逾300余年后为陈卜立碑并简述生平，其人物、事迹及有关拳术文字的可信度和权威性，尚需再认定。

5. 始于明代王宗岳说。《清史稿·卷五百五·列传二百九十二·艺术四》"王来咸（王征南的字号）"载："内家者，起于宋武当道士张三峰，其法以静制动，应手即仆，与少林之主于博人者异，故别少林为外家。其后流传于秦、晋间，至明中叶（1506～1572年，弘治—正德—嘉靖年间），王宗岳为最著，温州、陈州同受之，遂流传于温州。……清中叶，河北有太极拳，云其法出自山西王宗岳，其法式论解，与百家之言相出入。至清末，传习者颇众云。"这里面"至明中叶，王宗岳为最著"的记述，与"王宗岳，明朝万历人，精通拳法、剑法、枪法。所著《太极拳论》为太极拳经典理论，该文最早提及'太极拳'的名字"的惯常说法基本吻合。

鉴于《清史》为官方文件，因此上述文字分量极重。一是确认王宗岳为"明中叶人"，继而佐证太极拳问世距今已逾400年的史实。二是讲述了王宗岳作为内家拳高手创编太极拳并流传后世的大致史实，即内家拳"流传于秦、晋间，至明中叶，王宗岳为最著，温州、陈州同受之，遂流传于温州。……清中叶，河北有太极拳，云其法出自山西王宗岳，其法式论解，与百家之言相出入"。这对澄清太极拳源头的各种观点具有指标意义。

6. 始于陈王廷说。陈王廷（1600～1680年），字奏庭，好拳习武。《陈氏家谱》说陈王廷"明末武庠生，清初文庠生。在山东称名手，……陈氏拳手刀枪创始人也"。从生活年代看，陈王廷距王宗岳近百年之后。故称"太极拳最早始自陈王廷"有所不妥。

综上所说，可以看出太极拳的发展大致经历了太极功（或称无极功）、内家拳、太极拳三个的阶段。对王宗岳之前的韩拱月、程灵洗、许宣平乃至张三峰们与太极拳的渊源、故事和传说，从民俗地理学角度看，不宜完全怀疑。毕竟这些史料都直接或间接的记录了中华武术先人为太极拳诞生做了大量的艰苦的理论和实践探索，为太极拳的创编奠定了相当的基础。只是源于种种原因没能留下更详尽准确的史料。"王宗岳们"（不能完全排除还有人在创编太极拳有过奠基性的贡献）是在前人经年探索研习成就的基础上，根据自身研习的实践体会（这一点极其重要），创编了太极拳。这样说，既符合中国武术发展规律，也是尊重太极功夫发展的历史事实。

（二）太极拳的主要门派与特色

关于太极拳的特色，本书第二章做过介绍，也简要介绍过太极拳中的赵堡和氏太极拳、郑氏太极拳、常式太极拳、武当太极拳、神门太极拳、八卦太极拳、忽雷太极拳、原式太极拳等八个门派的概况。这里，我们着重介绍一下陈氏、杨氏、吴氏、武氏、孙氏五个影响较大的门派。

1. 陈式太极拳。因创始人陈王廷为河南温县陈家沟人而得名。此地原名常阳村，明洪武年间，陈氏家族由山西迁至此地。村中有一条深沟，随陈氏人丁繁衍，该村更名陈家沟。陈氏家族有习武传统，移居此地陈王廷是第九代。"陈式太极拳"的名称《陈氏家谱》中未见记载。民国《温县志稿》中说陈奏廷"至清初为县学武生，于拳术更加研究，尤多所心得。近今所谓太极拳，即由其发扬光大，历代相传，成为特独之秘。"中国近代著名武术史学家唐豪依据《陈氏家谱》中有陈长兴旁注"拳师"、陈耕耘旁注"拳手"，认为"就这个互证来看，足以说明家谱所注王廷创造的陈氏拳，即为太极拳。"同时，他也说"不过谱注和诗，均未说明其所造者为太极拳。"此说多有人著文宣传。陈氏传人也多崇此说，故有较大影响。

本世纪初，河南博爱县唐村发掘出《李氏家谱》，其中有"九世公讳仲、讳信（即李岩），结陈沟姑表陈公讳奏廷（即陈王廷），三表兄弟，太极门拜圣结义，树志文武，兢功成名，创艺太极养生功十三势通臂功"的记述。唐村李氏也是洪武四年由山西迁至河南的。李氏家族也有习武传统，且与陈家沟陈氏有姻亲关系。《李氏家谱》的记载，也佐证了陈王廷创编太极拳的历史史实。有专家谓之"有重大史料价值"。详细内容甚多，限于篇幅从略。

陈氏太极拳的特点是：以意导气，以气运身；内气不动，外形寂然不动，内气一动，外形随气而动；以内气催动外形，上下相随，连绵不断，以腰为轴，节节贯串，不丢不顶，圆转自如，轻轻运转，默默停止。

"据《陈氏拳械谱》，陈王廷所造拳路有太极拳（亦称十三势）五路、长拳一百八势一路（势名没有重复）、炮捶一路。"陈王廷创造的七套拳套，至陈长兴（1771～1853年）、陈有本（1780～1858年）这一代，专精于太极拳第一路和炮捶（现称陈氏太极拳第二路），陈式太极拳第一路又有老架、新架之分"。（见《中国武术史概要》湖北科学技术出版社2006年3月版第194～195页）。

有武术专家认为，陈式太极拳在传承和发展中，从戚继光所编的《三十二十拳经捷要》中汲取了精妙，这完全有可能，也很正常。中华武术整个发展过程中，始终存在互相启发、互相借鉴、甚至互为传承的现象。

另外，陈式太极拳不仅有拳术，还有朴刀、双刀、单剑、双剑、梨花枪、白猿棍、春秋大刀、长杆等传统器械。

2. 杨氏太极拳。由河北永年人杨露禅及其子杨班侯、杨健侯，其孙杨少侯、杨澄甫等人发展创编，故得名。

杨露禅（1799～1872年），名福魁，字露禅。幼时家贫，少时到河南温县陈家沟陈德瑚家为僮，随著名武师陈长兴学习太极拳。陈长兴喜其敏慧，正式收其为徒，尽传己术。杨露禅学成返回故里，传习太极拳，因其能以柔克刚避开并制伏强硬之力，故人称其拳为"沾绵拳""软拳""化拳"。后经人举荐到北京教拳，清朝王公贵族多向他学艺。因为武功高强，故有"杨无敌"之称。同治、光绪两代帝师翁同龢曾称赞杨露禅说："杨进退神速，虚实莫测，身似猿猴，手如运球，犹太极之浑圆一体也。"为杨露禅亲题对联："手捧太极震寰宇，胸怀绝技压群英。"（参阅任德泉《第一次练武术就上道》北方联合出版传媒（集团）股份有限公司2010年9月版第165页）

据传，杨露禅曾说自己的拳技老师是陈家沟陈长兴，陈长兴的老师是蒋发，蒋发则师从王宗岳。此说在永年流传甚广，今杨家传人还宗此说。

杨氏太极拳的特点是：柔和缓慢、舒展大方，速度缓匀，刚柔内含、深藏不露、轻沉兼有。所传拳术"凌得起筋，万全其骨，全得其皮"。精髓为"松"与"沉"。杨氏太极拳姿势开展，平正朴实，练法简易，深受群众喜爱，成为流行最广的太极拳。

杨氏太极拳传统拳套有：大架、长拳、中架、及小架（亦称用架和快架）。当今最流行的是杨澄甫定型的大架（俗称"大架子"）。杨家内部仍然有大、中、小和长拳的传授，而且这四个架势并不是四套拳，只是一套拳的四种打法。杨氏太极拳还有打手（即推手），大履，散手，太极功等流传于世。

另外，杨氏太极拳也有太极剑太极刀太极十三枪等器械传承。

3. 吴式太极拳。创始人吴鉴泉（1870～1942年），又名爱绅，满族，河北大兴县人。自幼喜爱武术，随其父习练太极拳。其父吴全佑（1834～1902年），字公甫，号保亭，老姓吴福氏。随杨露禅、杨班侯父子学习太极拳大、小架，久练不缀，为一代太极名师。民国元年（1912年），吴鉴泉在北京体育研究社教授太极拳，他对家传的太极拳加以充实和修改，去掉重复和跳跃动作，修改定型，自成一家，形成了一个松静自然、架式紧凑、缓慢连绵、不纵不跳、长于柔化、独具风格的新型拳术，人称"吴式太极拳"。

吴式太极拳，分南北两派，南派为吴鉴泉为宗师传承。北派为王茂斋为宗师传承。王茂斋（1862～1940年）山东掖县人，吴全佑的弟子，吴鉴泉的师兄。王茂斋被称为吴式太极拳的奠基人之一。

吴鉴泉还对太极拳推手作了改进，他的吴式太极推手别具一格，要求立身中正安静，细腻绵柔，宁静而不妄动。他的推手不仅手法严密，而且招数特别多。

吴鉴泉演练的太极拳，除了慢架子外，还有快架子。快架子是一种刚柔相济、快慢相间的太极拳术，演练起来既轻快又柔和。

吴氏太极拳共有83式，分解为326动，每式都以奇、偶为组的双数动作。奇数为开、偶数为合。开合有序，顺其自然，进舒退深，动作幅度大，应付八面，坦然处之。

吴鉴泉不仅精于太极拳，对各种器械，如太极剑、太极对剑、太极刀、太极十三枪等也非常精熟。

吴公仪（1897～1968年），吴鉴泉长子。天资聪敏，勤谨好学，悟性极高。弱冠即代父教学。北京体育讲习所首届毕业生。1924年受黄埔军校聘请，任军校学生部及高级班太极拳教官，兼任中山大学体育系讲师。1937年，在香港成立鉴泉太极拳分社，担任社长。抗日战争时期，1942年香港沦陷前回上海，担任鉴泉太极拳社社长。1948年重返香港复社。从此，吴氏太极拳风行于东南亚并在海外发展。

吴鉴泉的长子吴公仪曾多次组织吴式太极拳和陈式太极拳比武活动，影响很大。有说他与武侠作家金庸交好。曾对金庸详细讲解了吴式太极拳拳谱，相关内容，被金庸照抄为《神雕侠侣》《倚天屠龙记》的"九阳真经"、张三丰的"太极拳理论"，《倚天屠龙记》上的张三丰太极拳，就是吴氏南派太极拳的样子。

4. 武式太极拳。由河北省永年人武禹襄（名河清，1825～1893年）所创。武禹襄，出身望族，但不好功名，痴迷于武术。清道光十三年（1833年），同乡杨露禅自河南省温县陈家沟学艺返乡，武禹襄见而好之，却不得要领。后慕名去河南怀庆赵堡镇陈清平处造访。据武禹襄外省李亦畬的《太极拳小序》一文载："太极拳不知始自何人？其精微巧妙，王宗岳论详且尽矣。后传至河南陈家沟陈姓，神而明者，代不数人。我郡南关杨君，受而往学焉。专心致志十有余年，备极精巧。旋里后，市诸同好。母舅武禹襄见而好之，常与比较。彼不肯轻以授人，仅得其大概。素闻豫省怀庆府赵堡镇有陈姓名清平者，精于是技。逾年，母舅因公赴豫省，过而访焉。研究月余，而精妙始得，神乎技矣！"返乡后，武禹襄在钻研赵堡太极拳架的基础上，结合《太极拳谱》之精华，通过自身练拳体会，融汇贯通，创编出一套"圈小劲捷、紧凑灵巧、势简技繁、术法分明、古朴典雅、端庄洒脱"的新型拳术，后人称为"武式太极拳"。

武禹襄很注意总结经验，留下了《太极拳解》《太极拳论要解》《十三势说略》《十三行功要解》《四字秘诀》《身法八要》等太极拳经典著作。其外甥李亦畬有《撒放秘诀》。再传弟子郝月如著有《太极拳图解》《太极拳走架打手》《打手四要》。武式太极拳现有老架108式，新架有32式、48式、180式之分。

5. 孙式太极拳。为清末民初著名武学家孙禄堂（名福全，1860～1933年）所创。

孙禄堂，河北省完县人，9岁丧父，家中一贫如洗，由母亲抚养成人。自幼勤奋好学，喜爱武术，曾拜江湖拳师学习少林拳术，练得一身好功夫。11岁去保定做学徒谋生。之后拜河北著名拳师李魁元为师，学习形意拳；被李魁元推荐给其师傅郭云深，学形意拳；经郭云深举荐，跟八卦掌名师程廷华学艺。1885年，经程廷华建议，孙禄堂只身游历径河北、河南、湖北、四川、湖南、广东、江西、安徽、浙江、江苏、山东等地。到访少林、武当、峨嵋。1888年，孙禄堂返归保定，创办蒲阳拳社，广收门徒。1912年，遇到武式太极拳名家郝为真（李亦畬的徒弟）。郝为真将太极拳心得传于孙禄堂。1918年，孙禄堂将太极拳、形意拳、八卦掌三家合冶一炉，融会贯通，革故鼎新，创编了"动作小巧轻灵，架高步活，柔缓圆活，转换轻盈，运动方向变化多样，步法进退相随，运转开合相接"的太极拳新套路，自成一家，人称"孙式太极拳"。

孙氏太极拳是陈、杨、武、吴、孙五大流派太极拳中，最晚产生的拳种。

孙禄堂晚年，正值列强环伺，国力衰微，民族危亡日趋严重，在外侮面前，孙大义凛然。年近半百时，他曾信手击昏挑战的俄国著名格斗家彼得洛夫；年逾花甲时，力挫日本天皇钦命大武士板垣一雄；古稀之年，一举击败日本5名技术高手的联合挑战，不负武林"虎头少保"，"天下第一手"之美誉。

孙禄堂一生弟子众多，遍布海内外。其子孙存周，其女孙剑云皆能传其父业。孙禄堂著有《太极拳学》《形意拳学》《八卦掌学》《拳意述真》《八卦剑学》《八卦枪学》《论拳术内外家之别》《详述形意、八卦、太极之原理》等重要专著和文章。1933年冬天无疾而终，享年73岁。

孙氏太极拳的特点是：进退相随，舒展圆活，动作敏捷，既有形意拳的跟步，又有八卦拳的身法，动作紧凑，犹如行云流水，绵绵不断，每转身则以开合相兼，以抱球为主，快慢间一。故又称"活步太极拳"、"开合太极拳"。

孙氏太极拳由孙禄堂钦定的套路为97式。后来因为各种需要，由孙氏后代改编的简化太极拳有72式、13式，其他还有53式、24式等。

关于太极拳，门派很多，话题很多，争论很多。这是正常现象。可喜的是，无论何门何派，凡称太极拳者，都一以贯之的将中国传统的阴阳思想作为立身之本，并在具体研习中，用刚柔并济，阴阳相济的法式，有意无意的体现着、坚守着。如果说太极图是用极简的方式将中国的易学思想创造性的"画"了出来，那么，太极拳就是以通俗易懂、简单易行的身法，将易学思想"打"了出来。这同样是了不起的历史贡献。

现在，中国的太极拳已成为东方文化的一种符号象征，成为促进东方文化与西方文化交流的重要桥梁和纽带。

第六章

中国武术的"独门绝技"

在中国武术中，所谓的"独门绝技"最神秘、最具传奇色彩。

从古代神话、话本小说、武侠传奇，到现代武侠影视、武侠动漫等各类文化形式中，武术的"独门绝技"历经千年，魅力不减，始终是"最大的卖点"，而且大有绝技越来越"绝"，神话越来越"神"，传奇越来越"奇"的趋势。观众和读者在茶余饭后的娱乐欣赏中获得乐趣，少有人深究那些独门绝技的真实与否。

然而从武术专业角度看来，独门绝技非但没那么多的浪漫和神奇，相反，练习独门绝技的过程既艰苦又漫长枯燥，即便愿意付出，真正练成者也是寥若晨星。有鉴于既往的武术专著均少有涉及"独门绝技"的内容，而文学文艺文娱又乐此不疲，让这个话题始终保持很高的"关注度"。这一章我们就简要说说这个话题。"知其然知其所以然"，以期帮助广大武术爱好者深入理解武术的精髓。

下面我们分三个章节来探讨。

第一节　中国武术独门绝技的定义与范畴

独门绝技，顾名思义，应该是"独家拥有、绝世之技"者，方可称得。

在现代中文里，"独门绝技"一词的用途很广泛。凡是在本行业中技术技艺高超，有独到的理论与实践心得者，常常被冠以"独门绝技"的美誉。这里面自然有形容渲染的需要，也有修辞中的溢美之意。

在武术行当中，独门绝技一词是不益轻易使用的。现在，常常会听到有人将武术各门派或流派的特色专长技艺称为"独门绝技"。其实这样的称谓有所不妥，至少是不严谨。为什么这么说呢？理由很简单，各门派或流派的武术专长无论练得多么炉火纯青，都还属于拳术或器械范畴，只有套路、着力点不同而已，称不上"独家拥有、绝世之技"。从实践看，武术的独门绝技至少应该具备三个特征：一是唯有优秀武者方能练成的功夫；二是属于拳术和器械以外的功夫；三是具有武术技击功能的功夫。简化成定义就是："唯武术行内独有的拳术和器械之外的用于技击的顶级功夫"。中国武术的独门绝技属于武术全行业的"共有财富"。

这里要特别提醒读者：武术的独门绝技的功用与专门用于表演的非技击型"独门绝技"的功用有着本质的不同。二者不能混为一谈。

第二节　中国武术独门绝技的种类与特色

依据之前定义，武术的独门绝技主要包括气功、轻功、点穴三大类。这三大类绝技中又包括若干技艺。我们分别做一介绍。

一、气功

中国的先人很早就知道气是有形的，是物质的一种运动形式。

有多种史料记载，气功（古称炁功）在中国已有2000多年（一说4000多年）历史。古时称吐纳、导引，内功或静功，是人们修身养性、强身健体、祛病延年的一种方法。古羌人就深谙气功之术，或在祭山、除秽、消灾等仪式中采用，或用以防治某些疾病。发功时，先意念片刻，由静功开始，出现动功时即达到高潮，再回到静功告终，成为具有民族特点的中国古老传统气功之一。繁体字的"氣"，由"乞"和"米"构成。"乞"字在甲骨文中是河水断流的示意图。由此产生结束、缺乏的含义。"乞"和"米"组成"氣"字，表示用米做饭时产生的气体，由此引申出雾气的含义。《说文解字》的解读是："气，云气也。

按，云者，地面之气，湿热之气升而为雨，其色白，干热之气，散而为风，其色黑。"

气功运动方式，就是如前所说的吐纳、导引。所谓"导引术"，就是通过静功（呼吸运动）与动功（躯体运动）与人体经脉运行有机地结合起来，从而达到相互影响、相互促进的作用。《黄帝内经·灵枢·经脉第十》载："经脉者，所以能决生死、处百病、调虚实，不可不通。"庄子在《刻意编》中说："吹昫（旭）呼吸，吐故纳新，熊经鸟申（顺其自然），为寿而已矣。"明代著名医学家李时珍在《奇经八脉考》中多次强调，"医而知乎八脉，则十二经、十五络之大旨得矣；仙而知乎八脉，则龙虎升降、玄牡幽微之窍妙得矣"。由此，气功被视为中医的组成部分。有资料显示，庄子、张仲景、华佗、葛洪、陶弘景、巢元方、孙思邈、朱熹、苏东坡、沈括、陆游、李时珍等著名学问家、医学家，对气功都有较深的体验和精辟见解。

中国气功门派众多，但总体不外乎医疗气功、内家气功、武术气功三大范畴。我们这里着重介绍武术气功。

武术气功是指技击与养生结合而形成的一种特殊气功。武术气功着力于把气集中于形，加强形的功能；主张动静双修，通过调理和增强人体经脉的功能，不断增强自身体能，继而增加技击攻防的能力。所谓"练拳不练功，到老一世空"就是这个意思。

武术气功的练习总体有6个方法。即：1. 咽气法；2. 文吸法；3. 武吸法；4. 沉气法；5. 转睛法；6. 吐气法。练功者需根据自己的身体强弱，体态阴阳来适当掌握练功进度。以上6法可以同时练，也可分开练，不强求一致。

这里特别提醒大家：武术气功的练习具有很强的专业性和实践性。训练过程除了具有整体性、系统性，科学性，还需要因人而异因人施教。因此，练习者（尤其是初学者）一定要在老师的具体指导下练习，切不可按照书本自行练习，那样很容易练坏身体甚至出大问题。

武术气功主要有柔功和硬气功。

所谓柔功，是指身体关节、肌肉、韧带之活动幅度及伸展性能。柔功最好从童年就开始训练，故又成"童子功"。训练范围包括头颈、肩、肘、腕、指、腰、臀、胯、踝、趾等各部关节及肌肉韧带。武术的柔功不仅仅是柔软性训练，而是以备在技击中"以柔克刚"之用。身形伸缩开合、变化随心，攻防消打，加之以拳术或器械击敌，以达到出其不意、"四两拨千斤"之作战目的。

从这个意义上来说，柔韧素质练习对于练习武术具有基础性作用。

武术的硬气功与柔功的练习和功用完全不同。因而可看性和传奇性更强。

硬气功历史久远，何时何人所创已不可考。硬气功的原理是"气集中于形"的典型表现。正所谓"外练筋骨皮，内练一口气"。现今人们常见的武术硬气功有"金钟罩、铁布衫、铁砂掌"等。

·金钟罩。通过运行真气保护内脏配合身体某些部位的反复训练，使得皮肤摩擦发生的角质增厚，并形成皮肤的一种反射性保护性反应，其反应特点是"外软内硬"，即打上去表皮软而内里坚硬。借以保护内脏在击打和震动时不受伤害。金钟罩属中华武术基本功里的外功，也是传统说法七十二艺硬功中最难的功夫。当然，这并不意味着金钟罩的功法像武侠小说里渲染的那般神乎其神。

·铁布衫。铁布衫与金钟罩一样，都是中国功夫中最有名的护体硬气功。武谚说"力不打拳（只有蛮力的人奈何不了精通拳术的人），拳不打功（精通拳术的人奈何不了身怀横练大功的人）"，这个"功"多指金钟罩和铁布衫。

铁布衫的功夫原理与金钟罩完全相同，但却又是两种（两类）功法。二者最大的不同是铁布衫是将内气散布到身体表面，使人体表面像石头般坚硬。正因为此，通常练习者是在金钟罩练成之后，再联系铁布衫。铁布衫在武术技击中的作用是，全身坚硬如铁而不畏拳打脚踢，棒击不损皮肉筋骨，以"金刚不坏之躯"，抵挡和震慑对手。

·铁砂掌。又名黑砂手。是用铁砂（实际上是细砂石）练出来的掌功。拳谚云："气贯掌心，劲达四梢""拳从心发，劲由掌发"。有"龙虎派铁砂掌"、"少林铁砂掌"等功法。铁砂掌是武术技击中既可攻击又可防守的一种功法。素有"腿打七分手打三，全仗两掌布机关"的说法。此功法也有很强的观赏性。

湖南张家界的大庸气功，是土家族传统武术项目，分健体气功、武术气功两类。大庸气功在海内外享有极高名望。

限于篇幅，其他不用于武术技击的硬气功功法，这里就不作介绍了。

这里还要特别提醒各位读者：有道是"手大遮不住天"。武术气功（包括所有人体气功）的能量，都源自一个人的个体（不可能有所谓集体气功），而人的个体力量是十分有限的。上世纪80年代中国曾经出现过"气功热"，"千里之外发功治病"，"用气功扑灭大兴安岭火灾"，甚至还有"用气功拦截原子弹"、"气功治国"之类违背科学常识、不着边际的奇谈怪论，居然大行其道。这些连科幻作品都不能接受的"妄想"，大大伤害了中国传统气功的声誉，留下了惨痛教训。

（2）轻功

轻功，亦称"弹跳功"。是武侠传奇类作品中渲染较多的一种武术功法。在现实生活中，武术的轻功同样没有那么多神奇色彩。何谓轻功？就是不依赖体重变轻，没有外力帮助的情况下，却有超好的弹跳和奔跑速度和平衡站立或行动于不可承重的物体之上、甚至可以借用轻小物体腾起的功夫。

轻功的原理其实不复杂。即超好体能＋功法练习。体能练习以负重练习为主，增加肌肉的韧性和弹性。自不必说。轻功功法练习原理是：经过练习气功，可以具备迅速聚集人体的生物电能（即人体生物电），使之可以连同体能瞬间爆发，以达到超强的类似"蹿房越脊、飞檐走壁、水上漂"那样（当然不像影视作品中那般玄乎）的能力。

气功功法注重意守丹田。当练功达到一定境界时，百会穴区域正电荷大量富集，整个头部有向外膨胀的感觉；脚底涌泉穴区域的负电荷与地球表面的负电荷相排斥，人体就获得了向上的浮力。功夫越深，浮力越大。炼气行功，其理玄妙，除了老师教导，个人有恒心苦练外，尚需有较高的悟性。在身体素质方面，要求健康，无疾病，还要求身体动作轻灵。也就是说，不是人人都可以练习轻功的。由于体质条件所限，纵使苦练，也难望大成。

从武术技击角度说，轻功在古代施展空间很大。无论是武术比武，还是战场搏杀，具有飞檐走壁，疾走快跑，越崖跳涧等本事的人，获胜或是生存几率较比常人会多很多。历史上轻功名家的案例也很多。譬如，"燕子李三"，河北沧州献县临河乡东镇上村人，侠义大盗，名震中华。本名李云龙，乳名"小龙儿"。1837年出生。擅长轻功飞檐走壁。劫富济贫、抑强扶弱。是最早版本的"燕子李三"。其所传"献县轻功"，2015年正式列入沧州市第五批市级非物质文化遗产名录。

如同要科学看待气功一样，对于轻功也要持科学谨慎的态度。"冰冻三尺非一日之寒"。所有超人超常的功夫或本领，都是经过艰苦科学训练研究和探索方可成功。还是那句话，看看武侠小说电影，用以休闲娱乐可以，切不可轻信所谓"××功夫速成"的说法。否则破费钱财事小，损害身体则贻害无穷！

（三）点穴

在中国武术的独门绝技中，点穴术是最具中国文化特色、最神奇的一种。此功夫不用拳打脚踢，无需攻防回合，无形无式，出手就得，"一招制胜"，防不胜防。按现今说法，属于典型的"不对称"战法。无论对手技艺多么高超，力量多么强大，在精通点穴术的人面前，都有可能"不堪一点"，立刻丧失战斗力。黄宗羲《王征南墓志铭》中有"凡搏人皆以其穴"的记述。

点穴术的另一大特点是，毫无秘密所言。人体经络、人体穴位、经络与穴位的关系人人可知。因此说，点穴术也是武术技艺中最真实的功夫。

既然点穴术原理如此透明，又不强求点穴者具有其他武功那样高强度体能，如何还将其列为"独门绝技"呢？这就牵涉到点穴术的另外一个特点——易学难精。

诚然，人体的生理特点，包括经络、穴位的有关知识普及程度很高。至少中国人都会略知一二。然而，有道是"天下既人身"。人体是自然界中最精密的结构。其综合性、精密程度、个体差异之大、时时变化之快，都是其他结构体难以比拟的。以针灸为例，同样的病症，同样的针灸穴位，下针深浅、患者疼痛反映强弱、针灸时间长短都因人而异。情同此理，点穴术的运用也要因人而异。对手的性别、身高、力量强弱、功夫深浅、肌体反应快慢、身体敏感部位等，甚至包括性格特征、心理素质，都会成为制定和实施点穴术的方式、方法、时机、着力的参考，并且这一系列复杂的判断和实施都必须在瞬间完成。非有深厚的武术、医学（中医）、心理学、洞察力功底及过人胆识者，难以练成。如此一来，"精于点穴"也就变得难乎其难了。

　　点穴术的基本原理是：根据经络脏腑的生理病理变化在人体相关穴位上产生一定的反映，在技击中用拳、指、肘、膝等骨梢之强固点或借用器械击打人体的某些薄弱部位和敏感部位（主要穴道），使之产生麻木、酸软或疼痛，失去反抗能力，造成人体伤亡，从而达到战胜和制服对方之目的。

　　点穴又称打穴。打穴有七种技巧：斫、戳、拍、擒、拿、撞、闭。其中，以以指点啄为最常见，亦有一指点、二指点，撮指点等等。

　　所谓穴位，就是穴道。穴道又分为腧穴、气穴、孔穴等。穴位是位于体表的人体精气血在经脉循行过程中的聚集、灌注和传输部位。人体内上下纵横分布着十二经路及脏腑八大脉，有上千个穴位。在经路线上循行的叫"经穴"或"络穴"，人体14经脉线上的穴位有360多个。它又分为井穴、募穴、郄穴、络穴、俞穴、原穴、会穴、荥穴、经穴、合穴等等。

　　《黄帝内经·灵枢·经脉》上说："经脉者，所以能决生死，处百病，调虚实，不可不通。"在搏击中，点击人体上某些主要穴位可产生麻、哑、晕、死、咳、笑等效果，有些穴位虽轻打亦承受不起，重则死亡，称为死穴。人体穴位中包括经外奇穴在内有致命穴70个。

　　此外，点穴术所打击的部位还包括皮肤表层的敏感神经、神经丛、重要血管、骨缝等人体薄弱部位。

　　这里要特别提醒大家，点穴术是专业性和实践性很强的中医和武术技艺。非专业人士切忌盲目模仿或练习。精于点穴的人士都具有点穴和解除的技艺。不熟悉点穴术的人尤其不要乱学乱用，否则会产生危险后果。

　　（四）擒拿

　　擒拿，亦称"分筋错骨手"。擒拿是从武术技击中演变而来。利用人体关节、穴位和要害部位的弱点，运用杠杆原理与经络学说，采用反关节动作和集中力量攻击对方薄弱之处，使其产生生理上无法抗拒的痛疼反应，达到拿其一处而擒之的效果。擒拿分为拿骨（俗称反关节）、拿筋、拿穴三类，其中以拿骨为核心技术。擒拿以不伤害对手而达擒敌之目的，充分体现中华武术"巧打拙，柔克刚""四两拨千斤"的智慧。与点穴术有异曲同工之妙。

　　擒拿形成于武术的鼎盛时期。明代嘉靖年间，擒拿法已风靡一时，著名武将戚继光在《纪效新书.拳经》中，对"鹰爪王的拿"便有赞誉。少林武术中亦有叫做"缠丝擒拿手"的功夫，包括72路擒拿手和32路小擒拿、以及108路擒拿手。由于擒拿实战性强被融入中国军警格斗体系，在维护社会治安和保证国家安全中发挥了重要的作用。

擒拿的主要招式有刁、拿、锁、扣、扳、点、缠、切、拧、挫、旋、卷、封、闭等招法，和擒伏与解脱，控制与反控制的专门技术。根据关节活动与手法运用特点，常用的有下列17个基本手法：

（1）拿。握捏对方肢体关节，使其内旋和外旋，称里拿和外拿；

（2）缠。双手抓握对方肢体远端，使关节扭屈，有小大缠之分；

（3）背。将对方肢体反关节背负肩背上，使其过度伸展，如背肩、肘、腰；

（4）卷。使关节过度屈曲，如卷肘、卷腕、卷指；

（5）压。用力向下压，使关节肢体过伸，如压腕、别肩、别肘、压腿等；

（6）展。使关节过度伸展，如展臂、展指；

（7）蹬。蹬踹对方腿部，使关节过度内翻，如蹬小腿；

（8）抱。双手环抱，使对方肢体不能运动，如抱腿、抱臂、抱腰等；

（9）转。使关节肢体过度扭转，如错颈、转臂；

（10）锁。使活动部位活动受阻，旋转不动，如锁喉、锁肩等；

（11）分。施力分离关节的正常部位，如分指；

（12）抓。抓住对方要害部位，使其不能活动；

（13）推。使肢体关节远离身体重心，如撑颚、推颈、揣耳等；

（14）搬。使关节过度展转，如搬头、搬腿；

（15）抠。用指深掐五官或要害，如抠眼、抠鼻、抠腮、掐肩等；

（16）托。紧握肢体一端，反关节用力上托，如托肘等；

（17）点。进攻穴道，如点死穴、点哑穴、点晕穴等。

练习擒拿有五大要诀：

1.胆大。所谓"胆大"，是指临阵杀敌时的胆略。这一点很重要。

2.力雄。与点穴术相比，擒拿对人的体能要求要高许多。尽管是"四两拨千斤"，但在实施擒拿的一瞬间，体能是关键因素。

3. 准确。擒拿动作技术复杂，规格严谨，使用时要求精细准确。否则后果不堪设想。

4. 快速。有道是"拳似流星眼是电"，"伸手擒拿快打慢"。擒拿术是应敌防身之术。快速的擒拿与解脱，能使自己主动灵活，在快速中赢得制胜的时间。以达到先发制人的效果。

5. 狠毒。所谓"狠毒"，比喻临敌必须下狠手，否则非但失去战机，而且会为敌方所俘获。

这里笔者有个建议，女士或身体较弱的男士，可以在老师的指导下，学一点擒拿（包括点穴）术，对在日常生活中保护自身安全很有用处。

本篇所介绍的武术的独门绝技，是中华武术不可分割的组成部分，也是民族文化瑰宝中的一部分。喜爱和关系中国武术的人们，都有责任和义务继承和发扬其强身健体，净化灵魂的的精髓。切不可以各种理由和方式，假借"武术独门绝技"的名义，做各种损害其声誉的事情。

第七章

"侠士之风"，中国武文化的标识

"未学艺先学礼，未习武先修德"。这是中国武术界最常说的一句话，是千百年来中国武行一以贯之的规矩。

纵观世界武坛，拳法出众，战力超群，而德行不彰者有之；争凶斗狠，恃强凌弱者有之；重训练轻教育，重成就轻管理者有之……再看中国武坛，真正的武术家绝少道德败坏之流，且绝大多数武者在生活中都具有谦谦君子之风度（成就卓著者更甚）。何故？中国武术选人、育人、用人的道德规矩使然。这或许是中国武文化最大的特点之一。

一、"海纳百川"，中国武术的文化基因

中华民族是具有尚武精神的民族。然而在中国，纵使功夫超强，但缺少德行的人依然为大众不屑。何故？中华优秀传统文化浸染所致。

回望中国武术发展历程，对武术有过深刻影响的文化现象大致有四：

首先，中国思想先哲孔子是开启中国武术科班教育第一人。孔子晚年杏坛讲学，将武术科目融入"六艺"（礼、乐、射、御、书、数）教学科目，目的是为了培养"深通六艺"的"全科人才"，避免习武之人成为头脑简单，四肢发达的赳赳武夫。孔子此举远见卓识，为中国武术的"内外兼修"之路打下了坚实基础。此后数千年，尽管武术发展之路艰辛而又曲折，但是"以德为先"的习武之路，从未偏废。

《左传·宣公十二年》载："武有七德"，"禁暴、戢兵、保大、定功、安民、和众、丰财者也"。（即禁止暴力、消除战争、保持强大、巩固基业、安定百姓、团结民众、增加财富）这是中国历史上关于"武德"的最早文献记载。将

武术之术艺与兴国安邦连在一起，这在全世界绝无仅有。

其次，老庄思想（或称道家思想）。"老"即老子（李耳，字聃），春秋时期哲学家、思想家。"庄"即庄子，战国时期哲学家、思想家。老庄是道家学派的创始人。老庄的《道德经》（又名《老子》）和《庄子》（又称《南华经》）名闻遐迩，既是道家的经典著作，又是著名的哲学、文学经典。道家思想的核心是"道法自然"（顺其自然，因势利导）；"清净无为"（内心淡定，收放自如）；"正言若反"（即阴阳对立统一）。

就武术而言，道家思想主要体现在天人合一、综合训练以及"以柔克刚，以刚克柔，刚柔并济"的博弈层面。知敌强弱，知己短长，不蛮干，知进退，以己之长，击敌之短。拳术、器械、绝技等套路无一例外。

再次，佛家思想。佛教是外来文化。佛法认为，"每一事物必然保持它自己特有的性质和相状，有它一定轨则，使人看到便可以了解是何物。例如水，它保持着湿性，它有水的一定轨则，使人一见便生起水的了解。反过来说，如果一件东西没有湿性，它的轨则不同于水的轨则，便不能生起水的了解。"即"任持自性，轨生物解"。（参阅赵朴初《佛教常识答问》中国佛教出版社1983年版第80页）佛家思想体现在武术上就是禅宗。禅是静中思虑的意思，一般叫禅定。

参禅悟道，是习武之人的基本功。中国武者热爱武术，练习武术，努力参透武术之"轨则"。同时又不局限于此，而是博采儒家、道家、佛家、乃至兵家、墨家、法家之长，融会贯通，为我所用，以求达到更新更高更深的境界。

第四，传统道德文化。比儒释道对武术有更广泛、更深刻、更深远影响的是中国传统道德文化。生于斯长于斯的中国武者，生来就受到自强不息，厚德载物；仁、义、礼、智、信、忠、孝、勇；家国情怀，尊老爱幼；见义勇为，扶危济困等优秀传统文化的熏染。这是中国武术最大的"文化基因"。

在口传心授、师徒传承，到与时俱进，精益求精，上述所有优秀的"文化基因"与武术发展相生相伴，也随之浸润到武术的"骨髓"里。以"拳打千遍，其理自现"的严谨治学到"凡事恭敬谦虚，不与人争，方是正人君子"的做人原则，形成中国武术独有的博弈理念深邃，技战术套路丰富，实战意志坚韧，击打适可而止的强大"职业心理"。

二、"行侠仗义"，中国武者的形象标识

古往今来，中国人对习武之人有个约定俗成且亘古不变的称谓——"好汉"。这里的"好"字，是对武者为人处世普遍的评价。在中国武术行内，扶危济弱，尊老护幼，是武者常见的举止；"汉"字是形容武者矫健的身姿和一身的功夫，国家和民众危难时刻，敢于挺身而出。因此，中国的老百姓对武者有着天然的亲近感和安全感。

武行的人由于职业关系，大都为人豪爽，举止粗犷。有人将此形容为"头脑简单，四肢发达"，这即便不是恶意中伤，也是对武术和武者的无知判断。身逢乱世，敢于揭竿而起，反抗压迫的"绿林好汉"；"路见不平一声吼，该出手时就出手"的"江湖好汉"；危难时刻，扶危济困，扶弱济贫的"侠义好汉"；国家有难，仗剑而出，慷慨赴死的"英雄好汉"……武者们这些壮举是中国武术和武文化的"特有气质"，是中华民族性格的气质。当然，也是"好汉"一词的根源。

在中国，"行侠仗义"一词是对武者的最高褒奖。中国民间素有过年贴门神的习俗。诸多门神中，"出镜率"最高的是尉迟恭和秦琼。《旧唐书·卷六十八·列传第十八》载有"尉迟敬德"（尉迟恭）和"秦叔宝"（秦琼）的生平。说二人同为归降于唐太宗麾下的隋末名将，都是身怀绝技、勇武善战、屡立战功，皆因功勋卓著而身居高位，都是纯朴忠厚，"颇自矜尚"（尉迟恭曾居功自傲，经唐太宗"诚勉"而改正如初）。后来，他们的"英雄事迹"被写进了著名古典神话小说《西游记》第十回：说唐太宗与大臣魏征下棋，期间魏征打盹儿，在梦中斩下老龙的头。太宗对此深感不安，之后晚上睡觉，常听到卧房外抛砖掷瓦，鬼魅呼叫，心中害怕，难以入眠，于是秦琼自告奋勇和尉迟恭手持兵器在门前站岗，这样他便能够安心入睡。秦琼和尉迟恭夜夜守候很是辛苦，太宗便找人将二位将军形象画在纸上，贴在门上，"夜间也即无事"。此事传入民间，演化成过年贴门神的风俗。《隋唐演义》中也有类似故事。好汉秦琼

和尉迟恭的故事由此妇孺皆知，世代相传。

在中国，声誉最大最好的武者好汉当属三国时期蜀汉名将关羽。《三国志·卷三十六·蜀志卷六》载："关羽，字云长，本字长生，河东解人（解xiè县，今山西运城）也"。说"羽威震华夏"。民间百姓对关羽的称谓多种多样，"关公、关老爷、关二哥，关二爷，关帝，关圣，武圣，财神"等等。从这些称谓中，可以大体看出关羽是个什么样的人。譬如说到关羽之勇，人们就会想到"过五关斩六将"、"水淹七军"、"单刀赴会"、"温酒斩华雄"、"擒于禁、斩庞德"、"斩颜良诛文丑"等精彩叫绝的故事。甚至有句民谚，"关公面前耍大刀"，专门用来讽刺某些不自量力的人和事。

在老百姓眼里，更让人感佩关羽的忠义善良。关于关羽的忠义，《三国志》中有这样的记述："先主与二人寝则同床，恩若兄弟。而稠人广坐，侍立终日，随先主周旋，不避艰险。"先主即蜀汉开国皇帝刘备。著名古典小说《三国演义》中"桃园三结义"的桥段就取材于此。刚刚起事时，"先主于乡里合徒众，而羽与张飞为之御侮。先主为平原相，以羽、飞为别部司马，分统部曲。"虽然与开国皇帝是同床共枕的"战友"，然关羽从不炫耀，而是谨遵君臣之道，从不越雷池。"土山三约"，"夜读春秋"，"千里走单骑"，"华容道义释曹操"等故事，都是彰显关羽重义脍炙人口的精彩故事。

关羽为时人称颂，去世后逐渐成为神话。关公还被商人们奉为财神，甚至设立了"财神节"。为什么呢？因为商界最棘手的是"义"和"利"的关系，最在乎的是诚信。而关公恰恰是诚信、重义的榜样，于是就成了商人心中的守护神。历代朝廷对关羽也多有褒封，清代奉为"忠义神武灵佑仁勇威显关圣大帝"。现今中国，关羽庙成为遍布最多的庙宇。世界各地30多个国家和地区建有关帝庙达3万余座，已然成为了"关公文化"氛围。这在中国武术史上绝无仅有。

三、"剑胆琴心"，中华文明的"护花使者"

"中华文明上下五千年"，时代划分是从夏代（约公元前21世纪）起至今。

这是中国人自谦的说法。若以生活生产文明遗迹算起，如河姆渡遗址发现的大量稻谷堆积以及采集食用的橡子、菱角、葫芦种子等农作物，距今已超过七千年；若从北京周口店山顶洞人算起，中华文明历史已逾一万八千年；若从云南元谋人算起，中华文明历史则已逾一百七十万年……中华文明还是世界上唯一没有断代的文明。

这里我们不是要讨论中华文明的源头，而是要探讨如此灿烂悠久辉煌的中华文明，为什么会绵延不绝，生生不息？答案是："天行健，君子以自强不息。地势坤，君子以厚德载物"。武术是中华文明重要的组成部分。一文一武，刚柔相济，"文武之道"是中华文明破浪远行的两翼。"生存还是毁灭"，这是人类文明始终面对的课题。"物竞天择，适者生存"。再好再伟大的文明，若不能得到有效保护，也难以为继。中华先人创造了万里长城、京杭大运河、乐山大佛、石窟崖刻、四大发明、丝绸之路等人间奇迹，这期间除了超人的智慧，中国武术是功不可没的"护花使者"。

人类文明经常要面对天灾，也经常面临人祸。譬如战争。残酷的战争对文明的破坏力以及传播有着重大而深远的影响。最典型的事例就是殖民统治。"乱哄哄你方唱罢我登场，反将他乡作故乡"，殖民者来了，被殖民的"地方文明"也跟着遭殃。如非洲曾有法、英、西班牙、葡萄牙、荷兰等国殖民地。殖民的结果是被掠夺矿产、经济等资源，语言、民俗等人文状况也遭受严重打击，贩卖"非洲黑奴"更是罪恶昭彰。"覆巢之下，安有完卵"，国之不国，何谈文明？从某种意义上说，人类历史就是强者的历史。

千万年来，中国几经改朝换代，但国家统一的基本形态始终没有大的改变，因此中华文明得以持续不断的进步、发展和强大。中国武术伴随文明而生，护佑文明而行。中国武者历来就有家国情怀，每每会在国难之时挺身而出。"十三棍僧救唐王""岳家军抗金""戚继光抗倭寇"，都是武术界的榜样和荣耀。近代以来，中国饱受帝国主义列强的侵略和蹂躏。众多武术仁人志士不顾个人安危，挺身而出，投身于救国救民的时代潮流中，留下了可歌可泣篇章：

"精武英雄"霍元甲（1868～1910年），清末著名爱国武术家。光绪二十四年（1898年），谭嗣同变法遇难，避难津门，与元甲一见如故，遂成至交。"大刀王五"（王子斌）京城遇难，被八国联军枭首示众。霍元甲与刘振声潜入京城，盗回首级，在文人刘鹗的帮助下将义士身首合葬。1909年，霍元甲在上海创办"精武体操会"。次年，英国大力士奥皮音在上海刊登广告，侮辱中国人是"东亚病夫"。霍元甲准备赴约比武，奥皮音畏惧他的声威闻讯而逃。霍元甲的"欲使国强，非人人习武不可"的胆识，得到孙中山很高的评价，曾题写"尚武精神"四个大字，以示对霍元甲的纪念。

"民国第一保镖"杜心五（1869～1953年）。中国近代著名武术家。其父杜佳珍，曾任清军都司，官居四品。1859年，在抗击英法联军的大沽口战斗中，力主开炮还击敌舰，并英勇率部迎战，光荣负伤。杜心五自幼习武，其练功房贴有"练成武艺，誓杀洋鬼"的字样。十八岁时到重庆金龙镖局当镖师，走镖川、黔、滇、桂一带，保护商旅安全。1940年夏，东渡日本求学，与吴玉章、林伯渠交谊笃厚，受其思想影响较深。留日期间，曾与日本著名相扑师斋藤一郎比武，赢得柔道比赛的冠军，名噪东瀛。他1905年加入同盟会，并担任孙中山的保镖，多次保护孙中山免于刺杀。抗战时期，杜心五亲眼目睹日军侵华暴行，写下"祖国沉沦堪痛哭，同胞应起拯危亡"的诗句。曾当场拒绝日本人请他出任"华北自治政府主席"，撕毁日方馈赠的日本正金银行200万元支票。杜心五积极从事抗日救国活动，社会影响巨大。他一生致力于弘扬中华武术，被称为继创中华武功自然门之武林宗师。

"长江大侠"吕紫剑（1893～2009年）。母亲倪久英，绰号"屠龙女侠"。20世纪30年代，中国正处在灾难深重之中。当时外国船只霸占长江水域，抢占中国市场。著名爱国企业家、民生航运公司董事长卢作孚，为维护民族产业，特请吕紫剑来帮忙。吕紫剑利用自己的影响力，号召中国人不坐外国的船，外国人很恼怒，重金聘请日本浪人向吕紫剑发出挑战，结果被吕紫剑当场打得吐血而死。在上海，他还和霍元甲并肩作战，打死3个日本武士。1945年，美国马歇尔将军访华，其保镖汤姆口出狂言，扬言要打败所有的中国人。时年52岁的吕紫剑用八卦掌将汤姆打死，大涨了中国人的志气。新中国成立后，吕紫剑继续弘扬武术事业，被誉为"中国武林泰斗"。

中国政界和军界也有许多武林高手。中国共产党主要领导人之一周恩来就其中的杰出代表。在世人眼里，周恩来一向是温文尔雅，运筹帷幄的君子之风。殊不知早在天津南开学校求学的青年时代，他就曾拜津门大侠霍元甲比肩的韩纂侠为师，习学"形意八卦"，且很有造诣。后孙中山在黄埔开办军校，周恩来任军校政治部主任，韩纂侠被聘为黄埔学校首席国术教官。韩纂侠曾说："翔宇（周恩来的字）年少志高，深谋远虑，我教他怎样强身，他却教我怎样做人。"周恩来长期担任中共中央军事领导人，亲自创建并领导"中央特科"，专事惩奸除霸。期间，周恩来课堂上是武术教师，也常亲自指挥红队，抢救被捕同志，镇压叛徒特务。新中国成立后，周恩来作为国务院总理，日理万机，常年超负荷工作。但他始终精力旺盛，思维敏捷，记忆超群，为中外人士所叹服。这与他早年练习武术打下的良好身体素质有很大关系。

"少林将军"许世友，新中国开国上将。他幼年家贫，8岁时跟一个武僧进了少林寺。苦练8年功夫，臂力过人，刀枪棍棒等多种武艺都学过，一生从未中断武功操练。参加红军后，七次参加敢死队，两次担任敢死队长，身经千百次战斗，八次负伤，戎马一生，依然体健。当了高级将领后视察部队时，多次在战士面前演示少林功夫。在东海舰队，见水兵正在锻炼，他将60多斤重的铁锁举过头顶，风趣地说："水兵能举，老将也能举。"他还曾应毛泽东的邀请，在专列上表演过少林拳。

"朱砂掌"钱钧，新中国开国中将。他与许世友是同乡，都因家贫到少林寺当杂役。13岁入少林寺练习武功，18岁离开。特别以"朱砂掌"和大洪拳著称。钱钧一身武艺，身如铁塔，在战争中遇到常人极端困境时，总能化险为夷。1933年，他任鄂、豫、皖特委手枪队长，一次围歼地主武装"红枪会"战斗中，五六十个匪徒想攀墙突围，钱均纵身就跃上墙头，伸出铁掌，老鹰捉小鸡般的叉起一个就往外摔，一连摔了十几个匪徒，很快完成战斗任务。1938年，在滕县八里沟粉碎敌人围歼、保卫省委机关的战斗中，身为团长的钱钧为夺回被敌人抢走的两部电台，率领一个连冒死冲进敌阵，他高举大刀，左砍右劈。刀起首落，敌人土崩似地倒下，将两部电台夺了回来。他一生负过十九次伤，身中十五颗子弹，皆因体质强壮都得以康复重返战场。

　　"洪拳元帅"贺龙，新中国十大元帅之一。贺龙曾对人说，"我家祖上几代人都会武术，练的是武当派拳术，一个人对付八九个人不成问题，连老太婆都欺负不得，可有真本事。"身为国家体委主任，他很重视武术。说"武术是宝贵的文化遗产，要认真的批判继承下来，要批判江湖上的一套，那是武术的糟粕，技术上的好东西一定要继承，不要降低技术水平，要有搏斗的本领。""武术要注意武术化，不要化武术。"

　　"神腿将军"陈赓，新中国开国大将。戎马一生，战功赫赫。其祖父陈翼怀任清军管带，善使大刀，他自幼随爷爷练功习武，棍棒、拳脚样样精通，是村里"娃娃兵的统领"。陈赓身边常带着"古传昭阳拳歌诀"，时时温习。从军后，军阀队伍中一个老兵上士对他颇为不屑，于是二人比武。老兵自恃人高马大，恨不得一拳把陈赓打死。而陈赓灵活闪展，不让老兵近身。结果是陈赓用肘部磕开来拳，飞起一脚，把老兵仰面踢倒。"神腿陈赓"从此扬名。黄埔军校里有"蒋先云的笔、贺衷寒的嘴，灵敏不过陈赓的腿"之说，可见陈赓的腿功了得。战争年代，在中共特科的工作期间，他从"少林昭阳拳"中选出有实战意义且简便易学的十八个招式，传授给红队队员，使队员们格斗技能大增。当时上海的租界巡捕和国民党特务都称他们"红色魔鬼队"。解放战争初期，陈赓在"军调处"工作，曾经遇到美军参谋开车撞伤撞坏老百姓的事情。陈赓与美方交涉，对方却说"那些农民像病夫一样，不撞也会倒的"。对方还挑衅说，"陈将军，你要是能摔倒我的卫兵吉姆，那么我将不再认为你们是病夫，并按照你的意思去办。"那个叫吉姆身高近一米九，比陈庚高出一大截。陈赓毫无惧色，交手开始，他大喊一声，冲到吉姆的面前，猛抓其右臂，滑步上前突变马步，用肩肘发力将吉姆撞倒在地。还没回过神儿来的吉姆从地上直喊叫"什么摔法，太不可思议了！"

　　"再世关公"贺炳炎，新中国开国上将。贺炳炎幼年时，曾投师于武当一清道长门下学习"凌霄剑"，后来他觉得使剑不过瘾，就改学了"玄虚刀法"。这些武术，在他后来的岁月中常练不辍，日臻纯熟。长征途中，时任红五师师长的贺炳炎在湘南瓦屋塘东山战斗中，右臂被炸成肉泥状，骨头全碎了，若不立即截肢，会有生命危险。当时医疗条件极差，救护医生当即让人从老乡那里借来一把锯木头的锯子，用它来锯掉贺炳炎的右臂。没有麻药，有人提出用吗啡。但吗啡吃少了不管用，吃多了则对大脑有损伤。贺龙说"我还需要贺炳炎冲锋呢，你们就没有别的办法？"昏迷中醒过来的贺炳炎听见了，说"我不吃吗啡。关云长还能刮骨疗毒，何况我是共产党员！"贺炳炎对医生说："麻烦你们给我找块毛巾，塞到我嘴里就行了。"他看到医生的手在发抖，就鼓励医生说："我自己都不怕，你还怕什么，来吧！"贺炳炎忍住剧痛，豆粒大的汗珠直往外涌。他左手死死地抠着床边，熬过那艰难的一刻……手术终于做完了，贺炳炎嘴里的毛巾已被咬得稀烂。手术后，贺炳炎仅在担架上躺了6天，就又率部纵马驰骋沙场。成为红军中著名的"独臂将军"。

"西北第一刀"吉鸿昌，抗日名将。1913年入冯玉祥部，从士兵递升至军长。当时中国军队武器装备很差，白刃战是不可或缺的战术方式。冯玉祥的西北军，一贯重视武术，将劈刀、刺枪列为西北军的战术必修科目，而且经常亲自检阅基层军官和士兵的劈刀、刺枪和打拳等训练。吉鸿昌将军最擅刀法，号称"西北军第一刀"。西北军佟麟阁、张自忠、赵登禹、董振堂、冯治安、刘汝明等高级将领，也都是武术好手。1926年初，张之江代替冯玉祥主持西北军全局，这一易学而实用的刀法迅速推广到西北军各部，形成了西北军自成风格的著名大刀术。

以上所说的几位为护国奋战、壮烈捐躯的武林英杰，仅仅是众多中国武者中的代表，数千年来，为发展壮大中国武术事业，护佑中华文明而孜孜努力、辛勤付出的武行人士何止千万。今天，弘扬中华武术精神，传承武术文化，蔚然成风。武术健身已为中国广大民众所喜爱，然而武术锻炼不仅仅是服务于人民强身健体之所需，更具有增强全体国民尚武精神和身体素质的战略意义。

第八章

中国武术的"五大关系"

中华文明是一个博大精深的有机体。在千万年发展过程中，各种文化现象和成果相互滋养，相互促进，相互渗透，共同进步。

武术是中华文明重要组成部分。在担当"中华文明的护花使者"责任的同时，也同样受到其他文明成果的促进和滋养。有些文化现象与武术的关系还比较"密切"。这里我们重点说说与武术与军事、武术与中医养生、武术与哲学、武术与体育、武术与戏曲等五个关系。

一、武术与军事，"姑表兄弟"

武术与军事的关系就像"亲生兄弟"。武术"先出生"，是"哥哥"；军事"后到来"，是"弟弟"。

在人类没有战争的时期，人们解决相互之间矛盾的"最高手段"是相互掐架（包括拳打脚踢、挥棒扔石）。及到生产力发展了，产生部落了，掐架就发展成打群架了。打群架从"一窝蜂"发展到"讲战术"，于是"兵法"萌芽了。当部落战斗从手无寸铁发展到铁矛兵器时，打架形式变成军事斗争了……《词源》说"武术，犹言军事"（《辞源》1991年版，903页），就有这个意思。从这个意义上说，武术和军事是一对"打虎亲兄弟"。

"与军事融合"后，武术迎来了巨大的发展机遇。核心因素就是实战。军队是用来打仗的。打战是要死人的。作为军队指挥者，要千方百计"保存自己，战胜敌人"。作为军队主要成员的武者们，如若没有能力保护自己，不能及时有效战胜敌人或对手，其结果就是非死即伤。于是，武术"在战争中学习战争"，诸如"以技击为核心"、"攻防兼备"、"一招制胜"等武术套路（或称形态）和"以技之长，击敌之短"，"敌众我寡，务求其生；我众敌寡，务张其势"等兵法相继出现。甚至形成了军事与武术融为一体的"军事武术"。

冷兵器时代，军事器械与武术器械几乎等同，武者与兵者亦融为一体。原为武术器械的刀、枪、剑、戟等，逐渐成为战争的主要兵器。诸如蒙古马刀，峨眉刺，大梁氏剑，岳家枪，环子枪，夷矛，铲钺等器械；武术套路其练习和实用也将武术与军事用途合为一体了。

军队的素质是决定战争胜负的决定因素。没有过硬的士兵，武器装备再好也是枉然。古今中外概莫如此。中国历代军队都把军事武术、个人技战术作为战胜敌人保护自己的重要法宝之一。即便是到了军事装备高科技现代化的今天，中国军队的个人体能训练，始终贯穿于各兵种、各个军事环节之中。先秦兵书《吴子》载：魏武侯问吴起说："军队打仗可什么取胜？"吴起答道："管理得好才能取胜。"魏武侯又问："不在乎兵多吗？"吴起答道："如果一切法令都不明确，赏罚没有信用，鸣金不收兵，击鼓不前进，虽有百万之兵，有什么用呢？"（见《吴子·治兵第三》）

明代抗倭英雄戚继光训兵之严堪称一绝。他在其名著《纪效新书》中开宗明义就说："兵之贵选"。（《束伍篇》）对于选兵标准，他认为"丰伟"、"武艺"、"力大"、"伶俐"固然好，但"惟素负有胆之气，使其再加力大，丰伟，伶俐，而复习以武艺，此为锦上添花。"（《束伍篇》）至于练兵，戚继光尤其重视按实战要求从难从严训练。他说"设使平日所习所学的号令营艺，都是照临阵的一般，及至临阵，就以平日所习者用之，则于操一日，必有一日之效，一件熟，便得一件之利。"（《纪效或问》）将训练当实战，真打起来，就会如平日训练一样淡定。训练一天就有一天的收效。戚继光严斥训练方法玩儿"虚套"，说"就操一千年，便有何用，临时（战时）还是生的。"（《纪效或问》）"凡武艺，不是（你）答应官府的公事，是你来当兵防身立功杀贼救命本身上贴骨的勾当。你武艺高，决杀了贼，贼如何又会杀你。你武艺不如他，也决杀了你。"（《比较篇》）正是他有一支训练有素的部队，在打击来犯倭寇中的战损比堪称奇迹：

· 1561年台州花街（今浙江临海）之战：消灭倭寇1000余人，斩首308颗，生擒2名倭首，明军牺牲陈文清等3人；

·1562年，横屿岛（今福建宁德）渡海之战，消灭倭寇1000余名，斩首348颗，俘虏29名，明军牺牲陈文彪等13人；

·1563年，仙游（今福建莆田）之战，击溃10000余名倭寇，杀死倭寇1000余名，斩首498颗，生擒1名，明军牺牲童子明等24人……

仅上述几个战例，可以看出戚继光的部队战斗力之强。

"练为战"，"平时多流汗，战时少流血"。这是中国人民解放军将士最常说的话。在解放军战史上，以弱胜强，变被动为主的战例比比皆是。抗日战争的中的游击战、破袭战，解放战争中的运动战、攻坚战，抗美援朝中的肉搏战，都体现了这支军队钢铁般的意志和连续作战、长期作战的超强能力。"人的因素第一"。这也是解放军制胜法宝之一。

情同此理。武术也伴随着军事活动的不断演进日臻完善成熟。经过连年战火的历练，中国武术也随之变得日臻成熟完善强大。无论是勇猛刚烈，以快制快；还是以静制动，以柔克刚，中国武术的搏杀技艺不断提高。直至明清时期达到鼎盛。

至于军事决策者作战战略和战术的选择对战争胜负的影响，那是武术以外另外的话题。此处不赘。

二、武术与传统医学，"孪生姊妹"

武术与传统医学关系最为密切，可谓"孪生姊妹"。原因很简单，就是武术与传统医学都致力于对身体自身状况的研究。只不过武术着重进行的是身体的锻炼、体能的增强和使用，而传统医学则着重于对身体的调理、养护和疾病伤痛的治疗。如此一来，有趣的现象发生了——传统医学倒成为了武术的"保护神"。

中国传统医学主要内容包括：研究人体生理、病理以及疾病的诊断和防治等的一门学科。具体说，就是以阴阳五行作为理论基础，将人体看成是气、形、神的统一体，通过"望闻问切"四诊合参的方法，探求病因、病性、病位、分析病机及人体内五脏六腑、经络关节、气血津液的变化，判断邪正消长，进而得出结论并制定相应的论治原则和方法。如"汗、吐、下、和、温、清、补、消"等正装的治疗，有中药、针灸、推拿、按摩、拔罐、气功、食疗等多种治疗手段，使人体达到阴阳调和而康复。

传统武术从锻炼人的角度讲，是从人的整体观出发，内养性情，外练筋骨，即所谓内外兼修，使人身心得到全面、健康的发展。传统医学某些治疗手段，甚至被直接或嫁接到武术技艺之中。中医理论指导着武术的养生与技击，如点穴（针灸、拿脉）、擒拿（反关节、解骨、正骨）、气功等。同时，武术的某些手法手段，也可以助力传统医学的治疗，如"一指禅推拿"、"拍打疗法"、身段体能训练，对于患者的治疗和康复都有很好的作用。（参阅任德全《第一次练武术就上道》北方联合出版传媒（提团）股份有限公司2010年9月版第279页）武术练习讲究因人而已，因人施教，传统医学治疗也讲究因人而异，对症下药；武术讲究"拳打四方"，传统医学讲究"辨证施治"；武术讲究进退有据，传统医学讲究循序渐进；武术讲究攻其重点，一招制胜，传统医学讲究标本兼治"固本培元"。

在中国，传统医学家同时又是武术专门家的现象并不鲜见。汉代著名医学家华佗创编的五禽戏既是健身项目，也是武术项目。《抱朴子》《肘后方》的作者、东晋著名学者葛洪更是有"方士、医药学家、将军、武术高手"等多个头衔。

同样，有众多的武术家同时也兼有高超的医术。

近代著名武术家杜心五通晓医药，尤擅长治跌打损伤。他自制千捶膏与丸、散，用以救死扶伤，施善积德。1946年，有个14岁的男孩不慎从五丈多高的树上跌下来，人事不省。杜心五先给四十一粒小丸子用酒灌下，约二十分钟，小孩子就排出血尿。后又送去三粒半大药丸，伤者服下后不久，淤血即从大便排出。次日，又给膏药四张与麝香和敷，数天后，伤者即渐痊。杜心五的徒弟万籁声，学得一身好功夫，曾在全国国术比赛中获得轻量级散打冠军。晚年，以传授武术和伤骨医生为业。

"长江大侠"吕紫剑，几十年一直以医术为人治病。

"神力千斤"王子平，出身武林世家，尤其精于武术弹腿，曾击败过多个外国大力士和日本浪人。新中国成立后为武术界领军人物之一，曾任中国武术协会的副主席，晚年从事武术教育与中医研究工作。他也是著名的中医骨伤科专家。

　　互相依存，互相帮助，共同进步。武术与传统医学"一帮一，一对儿红"。

三、武术与哲学，"体魄与魂魄"

　　这个题目，我们在第七章中国武术的"文化基因"一节中曾经说过，主要探讨的是儒释道及传统道德对武术技艺及武者本身的影响。这里讲的是中国武术的世界观。世界观亦称"宇宙观"，是哲学名词，是指人们对整个世界的根本看法。中国古典哲学虽然对世界观有多种表述，但都具有"天下一家，和协万邦"共同点。这本身也是中国哲学的"中国特色"。这样的哲学观念，反映到武术上，可称之为"大武术观"。人们都知道中国人信奉"天人合一"的思想。做事讲求"天时地利人和"。就武术而言，体现"天人合一"的方式就是讲求从社会、人文、政治、经济、文化、民俗等多个方面，去完成和完善武术的行为。这样说又故作高深之嫌，我们再具体一些说。

　　譬如武术比武。看似双方比试武艺高下，但这之前双方会先了解对手师从何门、技艺特点、身体状况、性格特征、成长经历、为人之道、比武目的，还要了解比武胜负对对手个人、家庭、门派等多方面的意义和影响。可能有人会问："比武嘛，比出高低胜负来不就行了？"至于其他方面的是不是"想多了"？恰恰相反，这就是中国人常说的"知己知彼、百战不殆"。了解对手的情况越多，对于自身制定比武计划、博弈战术约有帮助。高手过招，势均力敌的情况下，彼此的综合素质高下对比武结果影响极大。我们来说个具体事例。

　　1914年秋，中国云南的昆明来了一个法国大力士拳师。那个年代来华的外国大力士几乎"统一型号"，人人自称"打遍天下无敌手！"这个法国大力士十分狂妄，公然叫嚣"有人打败我，我不在昆明立脚，无人打败我，昆明就是我的天下"。设擂两天，大力士连连获胜，洋洋得意。第三天，来了一个穿草鞋的人，此人身材瘦削，个头比大力士矮半头。上得台来，漫不经心一抬脚，草鞋便从大力士头上飞过。还没等大力士回过神来，只见那人一个"和尚撞钟"，双拳和头部同时撞过来，大力士当即被撞倒，来人随即上前将其压住。刚刚还趾高气昂的法国大力士只好认输。来人是否练过"铁头功"不见资料记载。但此人的身份了得，他就是后来的国民党二级上将、爱国将领、云南省主席龙云。龙云是彝族人，自幼家道中落，流浪江湖，曾拜江湖术士马德胜为师，学得一身好拳法。此时的龙云是云南陆军讲武堂骑兵科学员，他此前两天都在观察这个法国大力士的武艺，寻找战胜这位大力士的方法。

无论案头工作多么周密，真正比武开始，还需要在进行实战中的观察、试探，进而决定即时的"作战方正和策略"。这个看似繁复的过程要在一瞬间完成。龙云闪电般战胜法国大力士，就是判定对方因骄横而轻敌，轻敌则精力不集中。龙云瞬间发力，以快打强，取得胜利。此次打擂，龙云一战成名。此后仕途一路飙升。

诚然，能做到"知己知彼，百战不殆"者，未必都是武林中人。然而但凡称得上武者的中国人都会这么做。因为，这是中国武术传统教育的基本功。

我们再举一个事例。

1932年5月上旬，鄂豫皖苏区党代会在新集召开。代表们在竹棚里开会，各级首长带来的警卫员无事可做，便聚在一起"摆龙门阵"。他们中不少人都知道红军方面军副总指挥王树声的警卫员何福圣会功夫，便鼓动他表演功夫。何福圣禁不住大家鼓动，稍一凝神，气好运，便打将起来，只见他气势勇猛，动作干净利落，顿时激起一片叫好声。之后，何福圣找来了一根木棍代剑，舞了一套"惠灵剑"，引来阵阵喝彩。没想到此事被前来参加会议的红军团长许世友听到，执意要会会何福圣。何福圣一听就急了，他知道许世友在少林寺当过和尚，武艺高强，尤擅腿功，更知道许团长身负重伤刚刚出院。他一个小小的警卫员，怎么能跟许团长比武呢？谁知王树声笑呵呵说："崽哥，你莫怕他，把他丢翻了，我这里有赏！"许世友也豪爽地说："你莫怕！我要挂了红、带了彩，决不怪你。大家都是练家子，武德为重嘛。"说罢，示意他出招。何福圣只好出手相迎，几招过后，何福圣知道许团长底盘扎实，身手朴实严谨，绝非花架子。但许似未摸到何福圣的虚实，所以也不敢贸然起腿。双方交手十余个回合，谁也没占到便宜。王树声在一旁见何福圣的警卫仅是一味游走闪避，知道他心中有压力，就大声喊着："崽哥，莫打让手！丢翻了他，我赏你两板子弹！"王树声的助威声反倒刺激了许世友，他大喝一声："小心，我来了！"随即展开猛攻，何福圣虽仍是一味游走闪避，却渐渐看出许在急欲求胜中露出了可乘之机。于是他便以"克法"出拳，让许团长占尽上风。许世友果然腿上功夫厉害，裹风挟雷，频频袭来。当许世友又一腿向他腰部扫来之际，何福圣提足气，身子猛地一扭，装着避闪不及的样子，用肩背之际硬接了对方一记飞腿。围观者看来他是重重地挨了一下，许世友脸上却露出惊讶之色。再度交手时当许世友刚一起腿，何福圣突然急步上前"抢背"，紧跟着一记"劈山靠"，将许世友掀翻在地。此时，何福圣慌忙上前，双手去搀扶许世友。许世友连声道："厉害，厉害！暗地里让着我三分，我许世友仍不是他的对手。"此后多年，许世友常夸奖何福圣的功夫比自己好。

在这个实例中，何福圣心理活动的过程，就是很典型"中国哲学思维方式"。权衡利弊，进退有据，输赢掌控，和谐共赢。这些已远远超出比武本身的意义了。

哲学这个词儿，对于很多人来说，似乎不相干，很陌生。但是恰恰是这个掌管着世界观的学问，时时刻刻指引或者说指点着人们的日常生活。只是"百姓日用而不知"罢了。中国的传统哲学，作为"武术的魂魄"，自武术发端之时起，始终伴随和影响着武术的发展进步。世世代代，无论哪种门派或流派的技战术思想，无不体现着中国传统哲学的身影。

有武术专家说，"为什么武术经久不衰有如此强大的生命力？究其原因，与武术深厚的文化内涵和哲学基础分不开。"此话有理。

还有人把中华武术称为"东方哲理运动"。此话说得更形象。

四、武术与体育，"一母两兄弟"

从武术发展是角度看，武术与体育的关系应该称为"一母两兄弟"。理由很明确：一是二者都诞生在中华文明的怀抱。从本能自卫到学会强身健体，从经验技艺到有理论指导，武术和体育相生相伴，一路前行；二是"体能和脾气"也都相似或相近。武术需要好体能，体育也需要好体能，武术需要有精气神，体育也需要有精气神；三是在漫长的历史长河中，"兄弟俩"从未分手。武术为了生存发展不断探索传承有效的方式和新的拳法套路，体育为适应生存需要也不断创新出新的体育形式和比赛表演项目，而且两者的创新成果常常是互相启发、互相借用、互相分享。

然而，"兄弟俩"终究不是一个人，因此武术和体育还是有区别。主要区别有三：一是对"体格"的要求不一样。体育因所练项目不同，对选手身体要求亦不同。比如长短跑项目，要求选手必须身材瘦长、耐力、爆发力要好；投掷项目，如铅球、链球、标枪等，要求选手必须身体要壮硕，肌肉要有力量和爆发力；跳高选手身材必须要有弹跳力，等等。武术则不然。身材高矮胖瘦都可以练，力量大小都有的练。二是练习目的不尽相同。体育练习是为了竞赛，同场竞技看成绩，判输赢。武术练习则为了技击，同场比武看"生死"（点到为止），判高下。三是训练方法不同。这是"兄弟俩"最大的不同。体育训练程式化很强，标准很明确，以单一动作训练为主。武术训练则注重综合性（心理、体力、精力一起练，以套路训练为主，标准很宽泛，允许甚至提倡个性化发挥。

武术是中华民族宝贵的文化遗产。能否尊重武术形态（或称行业）自身发展规律，建立健全与之相适应的教育培养体系，是关乎武术传承发展的大事。由此，笔者认为有必要分析一下武术现在的发展现状。

目前在中国，"武术隶属于体育"。国家体育总局设有武术运动管理中心。国家权威文件对其职能的介绍是："国家体育总局武术运动管理中心是国家体育总局直属事业单位，带有部分行政职能，作为中国武术协会常设办事机构，被赋予对武术运动项目的全面管理。"武术运动管理中心对武术的管辖方式是：出台政策法规性文件，如《武术裁判员管理办法》《经营性武术组织管理规定》《关于审批举办国内、国际武术活动的通知》《中国武术会员制》《中国武术段位制》等；加强竞技武术、社会武术和武术与全民健身活动的开展、管理工作，组织推动武术科研、宣传、市场开发和武术的国际推广工作。武术运动管理中心下设：办公室、训练竞赛一部、二部、三部、社会活动部、青少年活动部、研究发展部、推广培训部、外事部、财务部等职能部门。

从武术教育方面看，高等教育武术专业均设立在体育学院。各大体育学院都设有武术系。关于这方面情况，人民日报出版社2016年6月出版的《传统武术文化传承与发展研究》（陈珊著）一书第五章第二节有专门论述，我们这里摘编一小部分内容：

关于"传统武术在高校中的教学现状"：1. 教学单一。中国传统武术种类繁多，高等院校在传统武术课程设置所及拳种很少（其实武术器械课程更少）。2. 重视教学实践，忽略理论课教学。3. 传统武术教材选用存在问题。(1)内容过于陈旧，体系不合理。(2)教材质量低下。(3)教材内容繁杂，缺乏针对性。4. 传统武术考核存在问题。(1)考核内容过于片面。(2)缺乏武术理论考核。(3)考试形式落后。

关于"教学方法与组织形式现状"。由于传统武术教学具有特殊性，因此对传统武术教师的教学方法有了更高的要求。目前，现代化的教学技术，只有17.8%的传统武术老师在使用。（关于武术教育现代化问题，需要慎重对待。担任过国家体委主任的贺龙元帅说过："武术要注意武术化，不要化武术，可以参考舞蹈，体操，技巧。使动作优美，但如果把武术化成舞蹈，体操，技巧，就不是武术了，挂羊头卖狗肉是不行的。"）

关于"师资现状"：高校传统武术教师多为高等院校毕业生。由于高校也只有有限的教学时间，各大高校教师只能选择在有限的时间内安排所有的教学任务。

该书探讨武术高等教育现状内容很多，很重要，很难得。我们从这些"只言片语"中，已经能了解到传统武术的教育培养所面临的难题。该书是在按照普通高等教育的思路探讨传统武术教育的新思路新方法。而笔者认为，武术与体育的关系，就像音乐和戏曲的关系，有相同之处，但更有区别。传统武术的传承发展有其自身的特殊规律，讲"现代教育方式"套用于传统武术教育的方式值得商榷。

常言说，"一把钥匙解开一把锁"。生搬硬套的将传统武术与体育教育捆绑在一起，远不如建立完善的高中低武术教育系统来得更有效。事实上，全国各地武术学校、武术馆、拳社、武术辅导站等各种习武组织和场所已经发展的十分迅速，对于弘扬中华民族优秀的传统文化，普及群众性武术活动，培养武术人才，提高全民健康水平，已经起到很好的基础性作用。国家要做的就是将受多头管理的武术教育、武术协会、武馆等社会武术组织的现状加以有机整合，按照武术自身发展规律建立武术小学、武术中专、武术学院等高中低武术教育体系，建立健全相应的组织管理系统，这对解决传统武术的保护、传承、师资、场所以及有序管理，全面发展等都会产生极大推动用。

当然，鉴于部分武术技艺具有很强的竞技和观赏价值，仍然可以与体育赛事等适合武术参加的其他项目联合联姻，这对武术的传播有进步仍具有积极意义。

五、武术与戏曲，"姻亲关系"

武术的很多项目极具观赏性。如拳术、身法、器械、辗转腾挪等，常常被其他文化现象所借鉴、吸收、嫁接。比较典型的是中国戏曲艺术。武生、刀马旦是戏曲中的"专业武者"，戏曲演出中常见的所谓"武场""开打"，通常都是最叫好的部分。戏曲人物表演极讲究"精气神"，而许多有造诣、有名气的戏曲名角，常常会借用武术中的"起势""收势""架式""走圈""挺胸站立"等动作，展现自己的"精气神"。武术中有"手眼身法步"（手疾、眼快，身形敏捷，拳法熟练，举步进退得法），戏曲中也有"手眼身法步"，成为"五法"（姿势要美；神情要动人；气息要顺畅；唱念做打要符合"擒纵"规律；形体要有节奏且富有韵味），二者遂要求不尽相同，契合度还是很高。另外，中国戏曲中还有专门的武戏，如《三岔口》《挑滑车》《孙悟空三打白骨精》《泗州城》《奇袭白虎团》等等，都是对演员武功要求极高、观赏性很强的剧目。有资料显示，著名的中国京剧"四大名旦"梅兰芳、尚小云、程砚秋、荀慧生，虽然扮演的都是旦角，但他们四人个个武功高强。梅兰芳自幼习武，终生坚持不懈。程砚秋酷爱武术，1932年赴欧洲各国巡演，还曾到日内瓦世界大学讲授太极拳；武生泰斗杨小楼刀枪剑戟十八般武艺都练得很纯熟，他表演武戏久负盛名，其招牌动作"犀牛望月侧身卧"难度极高。演《挑滑车》，他的反把枪刺快如闪电，演《长坂坡》，台步用的就是八卦步。

第九章

中国55个少数民族武术简介

中华民族是中华人民共和国以汉族为主体的56个民族的统称。全国各族人民共同创造了灿烂的中华文明。在漫长的历史长河中，中华民族逐渐形成了大杂居、小聚居的局面。各少数民族因地域和发展历程的不同，形成了各自的民族特色。中国少数民族武术是中国武术的重要组成部分，也是各少数民族文化中颇具特色的组成部分。

这一章，我们对中国55个少数民族的基本情况及特色武术逐一做介绍。（按各民族名称第一个字的英文字母排序）

一、阿昌族

中国人口较少的少数民族之一。主要居住在云南德宏州陇川县的户撒和梁河县遮岛、大厂、九保、囊宋等阿昌族乡。阿昌族武术以"户撒刀"著称于世。户撒刀又称"阿昌刀"，"制炼极精纯，柔可绕指，剁铁如泥"。可像腰带一样围系在腰间，需要时解下，立即自然伸直，其技艺堪称一绝。因多产于陇川县户撒、腊撒地区而得名。阿昌族称拳术为"砍过"。有四方拳、十字拳、猴拳、公鸡拳、大蟒翻身拳、四马回头拳等。四方拳从中间一点打到四角，形成四方形。此拳左击右防，一般人因左手无力，不防从左边击来，阿昌族往往利用这一心理战术，以四方拳出奇制胜。

二、白族

中国少数民族之一。白族受汉文化影响较深。具有白族本民族的武术项目中，以射箭、赛马为最。桑植白族仗鼓舞舞武同源，受战争和恶劣自然环境的影响，节奏明快，粗犷大方，动作威猛，武术充分融入舞蹈。另有九子鞭又叫"天神鞭"，流行于汉、白、土家各族民间，尤以白族人民最为喜爱。

三、保安族

中国人口较少的少数民族之一。主要居住在甘肃积石山保安族东乡族撒拉族自治县的大河家、刘集一带，少数散居在临夏回族自治州各县和青海省的循化县。保安族武术以弓箭独特而著名。弓用劈开的大竹竿做成，2至3片扎成一股，弓两端套有水牛角，弓绳由牛筋绳做成，铁制箭头呈三角形，一般射程可达200米左右。保安腰刀与新疆英吉沙刀、阿昌族户撒刀号称中国少数民族三大名刀。保安刀朴实大气，整体上简洁骠悍实用，兰州以西各族群众都喜欢佩保安腰刀。

"夺腰刀"是保安族喜爱的集武术与体育于一身的活动项目。

四、布朗族

中国历史悠久的少数民族之一，主要居住在云南西双版纳布朗山、西定、巴达、打洛等地区，澜沧、墨江、耿马、水德、镇康、云县、保山等地亦有分布。

布朗族武术与生产劳动、自卫或模仿野兽动作相关联。布朗语称拳术为"整弟"（手上功夫、手上武术）。种类有真格尼（猴拳），真敢嘎（蛤蟆拳），真色南永（野兽拳）。武术器械种类有真歪（双刀术），真铁合易（尖刀术），真狂（单棍术），真腊（刀板术），真狂多（双棍术），真麻冷生（绳标）等。

五、布依族

中国较大的少数民族。主要居住在贵州黔南布依族苗族自治州、黔西南布依族苗族自治州、镇宁布依族苗族自治县、关岭布依族苗族自治县、紫云苗族布依族自治县，贵阳市、盘县、六枝、织金县也有布依族聚居，云南、四川等地亦有分布。

布依族武术"生活化"气息浓厚，练拳时随手拿起板凳就可以练，因此又称为"板凳拳术"。连头上戴的自织头帕也成了武术器械，看似柔软的头帕被布依族武术高手舞动起来，刚劲有力，打在人身上如钢鞭一般威猛。平时用来打糯米粑的棍子，一头粗一头细，也成为武术器械。

六、朝鲜族

中国少数民族之一。主要居住在吉林、黑龙江、辽宁等地。

朝鲜族武术最典型的是铁连极武术、棒槌武术、木锤武术等。铁连极类似中原传统武术的大梢子。在齐肩高的棍端，有一圆环，环上套连着三根并列成放射状的短节，长度尺余，双手握棍舞动，风格勇猛，控制范围大，有砸、抢、扫、缠、盖、架、格等技法。棒槌武术、木锤武术，快如风，疾如电，得心应手，虎虎生威。

七、达斡尔族

中国少数民族之一，主要分布于内蒙古莫力达瓦达斡尔族自治旗、黑龙江省齐齐哈尔梅里斯达斡尔族区、鄂温克族自治旗一带，少数居住在新疆塔城、辽宁省等地。

达斡尔族能征善战，民族武术以射箭为最。男子自儿童时期就开始练习射箭，射箭技艺也是达斡尔族军队的专长。摔跤既是武术项目又是体育项目，是达斡尔人最为喜爱和普及的活动之一。作为草原民族，马术自然会受到格外重视，各种节日上，是达斡尔人展示马和骑术的最佳机会。

八、傣族

中国少数民族之一。主要分布在云南西双版纳傣族自治州、德宏傣族景颇族自治州以及耿马傣族佤族自治县，孟连傣族佤族拉祜族自治县、新平彝族傣族自治县、元江哈尼族彝族傣族自治县、双江拉祜族佤族布朗族傣族自治县、景谷傣族彝族自治县、金平苗族瑶族傣族自治县。

傣族武术被称为"凤凰拳"。傣族武术突快突慢，刚柔相济，手步灵敏，种类繁多。拳术有三坑、四坑、五坑、六坑、十二坑式，有四门拳、美人拳、木桩拳、卧式翻桩拳、25掌梅花拳以及虎、猫、打狗、孔雀、象牙等拳路。器械有单双刀、三把刀、四把刀、象牙刀、傣族大刀、匕首、长棒、两节棍、三节棍、铁铣、铁齿、铜夹等。傣族武术32套拳术拳路相传至今，弥足珍贵。

九、德昂族

中国人口较少的少数民族之一。主要居住在云南德宏傣族景颇族自治州潞西三台山区和临沧地区镇康县，其他分布在盈江、瑞丽、陇川、保山、梁河、龙陵、耿马等县。

德昂族具有尚武精神。在德昂族山寨，经常会看到摔跤玩耍的孩子们。武术运动中刀术、棍术以及双节棍等项目都为德昂人所喜爱。通常没有传统武术技击性强，更多的是通过伏身飞跃，蹲跳闪转，上下翻飞的动作，完成武术运动演练。德昂族的刀术运动用木质刀进行表演，但不乏有其技巧灵活与刚柔并济的雄健特点。

十、侗族

中国少数民族之一。主要分布在贵州、湖南和广西壮族自治区的交界处，湖北恩施也有部分居住。

侗族是具有尚武精神的民族。侗族武术分为拳术、棍术和刀术，既有强身健体之功效，也有攻防技艺之特点，是集体育与技巧、健身与攻防为一体的民间武术。其中黎平县双江镇觅洞村一带，当地称为"黑虎拳"的一种拳术至今已有300年的历史。侗族武术具有动作简洁明了、易学易会的特点，深受侗族群众的喜爱。

十一、东乡族

中国人口较少的少数民族之一。主要聚居在甘肃省临夏回族自治州洮河以西、大夏河以东和黄河以南的山麓地带。少数散居在青海省、宁夏回族自治区和新疆维吾尔自治区。因居住在河州（今甘肃临夏地区）东乡地区而得名。

由于民族形成的多元化，东乡族武术的内容兼具汉、蒙、回等多民族特点。其中击剑和太极拳较为普及。

十二、独龙族

中国人口最少的少数民族之一。主要居住在云南贡山独龙族怒族自治县独龙河谷地带，怒江两岸及澜沧江边亦有少数分布。

独龙族人口虽然较少，却继承了氐羌人豪放强悍的民族气质，武术内容包括摔跤、射弩、赛马等。

十三、鄂伦春族

中国人口较少的少数民族之一。主要居住在内蒙古自治区鄂伦春自治旗、布特哈旗、莫力达瓦达斡尔族自治旗以及黑龙江省呼玛、逊克、瑷珲、嘉荫等县。

作为狩猎民族，鄂伦春人很擅长射箭。"男人不怕山高，女人不怕活儿细"。鄂伦春男人冬季狩猎要带上弓箭和猎刀。好猎刀是鄂伦春人的"标配"和骄傲。每逢重大节日，都会上演射箭、拔河、拉杠、打布鲁等"力气活儿"。

十四、俄罗斯族

中国人口较少的少数民族之一。主要集中聚居在新疆伊犁、塔城、阿勒泰和乌鲁木齐等地。其余分布在黑龙江、内蒙古自治区东北部。

鉴于中国俄罗斯族人口不足一万人，因此其民族武术尚未形成完整形态耳朵与居住地类同或类似。

十五、鄂温克族

中国人口较少的少数民族之一。主要聚居在内蒙古自治区呼伦贝尔盟的鄂温克自治旗，其他散居在陈巴尔虎旗、额尔古纳左旗、阿荣旗、布特哈旗、莫力达瓦达斡尔族自治旗、鄂伦春自治旗和黑龙江的讷河县和新疆伊犁地区。

鄂温克族武术因人口较少且散居各地而未形成自己的态势，多与驻地民族武术类同或类似。如射箭、摔跤、骑马等。鄂温克萨满舞在表现原始宗教信奉万物有灵和图腾崇拜的同时，动作大抵模拟野兽或雄鹰，抓鼓舞蹈动作非常丰富，技艺性很强，脚下步伐包括前进、后退、回旋步以及"地滚"等技巧，颇似古代武舞。

十六、高山族

中国少数民族之一。主要聚居在台湾省山区和东部沿海纵谷平原及兰屿上。少数散居在福建、浙江、北京、上海、武汉等地区。

因历史上台湾多次被外敌入侵或殖民，高山族有很强的尚武精神，用以抵御和反抗外来压迫。他们在打仗前，有跳战舞、唱战歌的习俗。战舞有挥手、蹈足、挥刀、顿足和其他一些剽悍的动作。一是为了熟悉战斗技术，二是为了增强集体的凝聚力，从而在作战中密切配合。

十七、仡佬族

中国少数民族之一，主要聚居在贵州道真仡佬族苗族自治县和务川仡佬族苗族自治县。其余分布于贵阳、六盘水、遵义、铜仁、毕节、安顺、黔西南等地，少数散居于云南和广西境内。

仡佬族武术的特点是融技击、体育和娱乐于一身，集节庆与强身于一身。武术内容包括档把术、板凳拳、棍术以及南拳、长拳、刀术、剑术等。

十八、哈尼族

中国少数民族之一。主要聚居在云南红河哈尼族彝族自治州、江城哈尼族彝族自治县、墨江哈尼自治县、元江哈尼族彝族傣族自治县、普洱哈尼族彝族自治县，云南中部、北部亦有分布。

哈尼族武术被称为"磕腊敌"，意为"脚手打"。其特点是强悍武勇。哈尼族武术基本功包括肩、臂、腰、腿、跳跃、滚躺、桩功和鼎功。拳术套路主要有哈尼拳、滚躺拳、象形拳等。器械套路主要有矛、抢、棍、镰刀、弯刀、匕首等。哈尼族武术的精华在于实战，踢、打、摔、拿、跌扑翻滚以及气功的技法，形成制胜对方的自由搏击运动。

十九、哈萨克族

中国少数民族之一。主要分布于新疆维吾尔自治区伊犁哈萨克自治州、木垒哈萨克自治县、巴里坤哈萨克自治县，以及甘肃省阿克塞哈萨克族自治县。

哈萨克族属于游牧民族，其武术往往融练武、体育和娱乐于一体。摔跤是哈萨克族人最喜爱的健身运动。"平地摔跤"，时间不限，直至一方把一方摔倒且肩腰着地才算胜利；"马上摔跤"则是比赛双方在马上交手，直至将对方拉离马鞍，摔在地上；"穿麻袋摔跤"其摔法限制于下肢活动，只能依靠上肢用力把对方摔倒。

二十、赫哲族

中国人口最少的少数民族之一。主要分布在黑龙江同江、饶河、抚远等地。勒得利、苏素屯、佳木斯、富锦、集贤、桦川、依兰等地亦有分布。

赫哲族传统武术与体育项目常常融为一体，如射箭、叉草球、摔跤、拉杠等。

二十一、回族

中国少数民族之一。主要居住在宁夏回族自治区，在新疆、青海、甘肃、陕西、山西、河北、天津、北京、上海、江苏、云南、河南、山东、内蒙古、辽宁、吉林、黑龙江也有不少聚居区。

回族有尚武的传统。回族武术项目与汉族重合度极高且名家辈出。十路查拳、十趟弹腿、回回十八肘、汤瓶七式拳，均为回族独有的拳种，有"回回拳"之称。

二十二、基诺族

中国少数民族之一。主要居住在云南西双版纳景洪县的基诺山。

基诺族武术与体育和娱乐融为一体。主要有射弩、射箭、扔石头、打鸡毛球、翻竹竿、顶竹竿、扭竹竿、打陀螺、打泥弹弓等。

二十三、京族

中国人口较少的少数民族之一。主要居住在广西壮族自治区防城港的巫头岛、山心岛、尾岛以及恒望、潭吉、红坎、竹山等地区，北部湾陆地上亦有分布。

中国的京族长期从事渔业，加之与汉族融合，其武术大都与汉族类同或类似。京族最具特色的运动是竹竿舞。"竹竿舞"又称竹杠舞，被誉为"世界罕见的健美操"。跳舞者要在竹竿分合的瞬间进退跳跃，而且还有"穿山过海""情人上路""遨游八卦阵""骏马跳桩"等多种套路。"跳竹竿"过去是"女打男跳"，如今已形成了"男女混合打跳"。

二十四、景颇族

中国少数民族之一，主要聚居在云南省德宏傣族景颇族自治州各县的山区，少数分布于芒马、古浪、岗房以及耿马、澜沧等县。

景颇族吃苦耐劳、热情好客、骁勇威猛。他们最常说的成语是"要像狮子一样勇猛"。景颇族武术被称为"以刀论显的武术"。刀既是景颇人最密切的生活伴侣，也是景颇族传统武术的突出代表。景颇刀术包括三刀半（长刀术）、文蚌刀舞、双刀术、蹲砍单刀、蛇形双刀等刀术套路。景颇刀术尤善进攻，体现着其民族勇猛强悍的风格。拳术有三木冬拳、踏四方拳、五行八法、八仙掌等。器械有景颇棍术、景颇枪术、景颇叉术等。

二十五、柯尔克孜族

中国少数民族之一。主要居住在新疆西南部克孜勒苏柯尔克孜自治州、新疆北部特克斯、昭苏、额敏三县，新疆南部乌什、阿克苏、喀什、莎车、英吉沙、皮山、和田、精河、博乐、巩留，黑龙江的富裕县亦有分布。

柯尔克孜族武术具有草原民族特征。马上角力是比较典型的传统武术，古柯尔克孜族人在唐代就开始有了角力的活动。最初是为与敌人骑兵取得优势而进行的士兵操练，民间亦有通过马上角力解决矛盾（决斗），后来逐渐发展为柯尔克孜族人民广泛喜爱的集马术、体能、技巧等于一身的综合性活动。

二十六、拉祜族

中国少数民族之一。主要分布在云南澜沧拉祜族自治县、双江拉祜族佤族澜沧江两岸普洱、临沧两个地区。

拉祜族武术有自由拳术、虎拳、鸭拳，猴子拳，鸡爪拳和老熊翻身拳等。器械有扁担术、单刀防兽术、双月、双棍及掏心棍等。其中，自由拳术有动作模仿大象，有较强的攻防意识；扁担术简练实用；掏心棍实战性极强；单刀防兽术多模仿拉枯族"砍地"的动作，直砍对方的脚跟；拉祜刀一肘多长，刀头成月牙形，很适应丛林作战和格斗，既是生产工具，也是拉枯族男子随身携带之物。

二十七、黎族

中国少数民族之一。主要聚居在海南陵水、保亭、三亚、乐东、东方、昌江、白沙、琼中、五指山等县市，万宁、儋州、屯昌、琼海等县市以及贵州等地亦有分布。

黎族武术以射箭、射弩见长。史书中有"黎岐无不能射者，射必中，中可立死"的记述。黎族弩弓以竹、木弯制（后改为金属制作），弓弦多用藤、兽皮、筋，箭镞由兽骨或石片打磨而成。器械以钱玲与双刀为最，勇猛刚强，动作敏捷。黎刀在历史上也赫赫有名。

二十八、傈僳族

中国少数民族之一，主要聚居在云南怒江傈僳族自治州和维西傈僳族自治县以及丽江、保山、迪庆、德宏、大理、楚雄等地，四川西昌、盐源、木里、德昌等地也有分布。

傈僳族武术以弩刀为最。弩刀是傈僳族男人的"标配"，认为"拉不开弓的就不算男子"。傈僳族居住在高山峡谷和原始森林中，常有飞禽猛兽出没。因此有弓不离身、刀不离手的习惯。劲弩毒矢不仅是传统狩猎工具，还曾作为武器反抗历代封建统治阶级的民族压迫和外国侵略者。傈僳族弯尖刀制作精美，刀锋锋利尽显威武之气。傈僳族的"刀杆节"，是少有的以武术为主题的节日。

二十九、珞巴族

中国少数民族之一。主要居住在西藏东南部的珞瑜地区以及相邻的察隅、墨脱、米林、隆子等地。

珞巴族武术主要形式有射箭、刀术、摔跤、剥格。居住在高山峡谷中的珞巴族最擅长射箭，珞巴族男子从小都要进入到森林训练射猎。剥格是珞巴语，意即刀舞，是由珞巴族远古部落围猎活动发展而来的一种武舞形式。

三十、满族

中国少数民族之一，主要居住在辽宁省，黑龙江、河北、内蒙、新疆、甘肃、宁夏、山东和北京、成都、西安、广州等地都有分布。

由于满族与汉族融合广泛，满族本民族的武术项目绝大多数与汉族无异。在中国武坛上，满族武术名家辈出，对传承发展中国武术做出了很大贡献。具有本民族特色的武术有满族绊跤，交手双方身着摔跤衣互摔，以把对手摔倒为胜。

三十一、毛南族

中国人口较少的少数民族之一，主要居住在广西壮族自治区西北部环江县的上南、中南、下南一带山区，有"毛南之乡"的别称。云贵高原的茅南山、九万大山、凤凰山和大石山一带亦有分布。

毛南族武术内容不多，但尚武之风很盛。"学董"是毛南族各村、峒负责办学的长者。武相公负责办拳术学堂，召集年青人学武强身健体。村、峒的武相公则必须精习拳术武艺，掌握一套骑马、射箭的本领，需到县或府应试，考中合格才赐武相公称号。如有外敌入侵，武相公负责组织团练抵御。逢年过节，武相公还带队表演武术助兴。

三十二、门巴族

中国少数民族之一，主要居住在西藏自治区门隅地区，墨脱、梅楚卡、巴加西仁、更仁和林芝排龙山区等地亦有分布。

门巴族长期与藏族相处且互相通婚，因此门巴族的武术内容与藏族基本相同。如拔河、角力、抱石头、射箭等。

三十三、蒙古族

中国少数民族之一，主要居住在内蒙古自治区、东北三省、新疆、河北、青海，河南、四川、贵州、北京和云南等地也有分布。

蒙古族又称为"马背民族"，其武术项目也颇具草原风格。有广为人知的摔跤、赛马、射箭，还有鲜为人知的贵由赤、布鲁、安代。贵由赤，蒙古语，赛跑的意思。赛程比现代马拉松还要长。"布鲁"是蒙古语，投掷的意思。但又是个器物的名称。具有木制且无装饰、金属制品或兼具装饰功能、木质且有滑翔功能之别。安代，蒙古族传统民间歌舞，是古代"武舞"的一种演变。

三十四、苗族

中国少数民族之一。主要聚居于贵州、云南、湖南、广西、四川、广东、湖北等地。

苗族武术内容十分丰富，各种拳种套路有近百种。如：苗族拳、四门拳、杨家拳、张家拳、花拳、矮拳、猴儿拳、猫儿拳、犟子拳、八门拳、六合拳、小令、五虎闯优僧、八步赶蝉、八门擒打、八路连环、娃崽拳、养身拳等；器械套路有苗族棍、牛尾棍、四门棍、三步棍、八方棍、排棍、桥棍、苗刀、苗族双刀、环首刀、双环刀、环钩刀、竹刀、三解阴叉、苗族刀矛、苗族双锤、竹条镖、烟杆、棒棒烟、苗族刺、苗族斧、苗族鞭、苗族戈等等。动作小巧多变，注重实战和交手，民族性与地域性特征鲜明。

三十五、仫佬族

中国人口较少的少数民族之一，主要聚居在广西壮族自治区。

仫佬族武术有鲜明区域特点。由于历史的原因，仫佬人居住地多是深山密林，生产生活方式多是狩猎和种植玉米。由此形成仫佬族拳术手式变化多，腿部动作少。如膝抖、援手、推磨、挑拳、拂手、柳叶掌等，皆以手部动作为主。象步虎掌是仫佬族民众最喜爱的集武术与体育于一身的民间体育活动，不受场地限制，无需任何器材，比赛双方以马步站桩姿势相对，双方掌掌相合，各自发力妙用巧劲，使对方脚掌错位即可赛出胜负。

三十六、纳西族

中国少数民族之一，主要居住在云南西北部的丽江市，其余分布在其他县市和四川盐源、盐边、木里等县及西藏芒康县。

纳西族有尚武的传统，频繁的战争环境，为纳西族传统武术打下了浓郁的东巴文化色彩。诸多武术经籍与神灵文化融为一体。佩刀、佩剑、长矛、弓箭、棍、盾的套路，常常以武舞的形式展现出来。如"练刀跳""弓箭跳""刀叉舞""格姆搓""甲搓舞""胜利舞"等，极具民族特色。

三十七、怒族

中国人口较少的少数民族之一。主要居住在云南贡山独龙族怒族自治县和福贡、碧江及兰坪县。维西县和大理州及丽江地区亦有分布。

怒族武术集生产、生活、强身健体于一身，多以射弩、赛跑、扳腕等民族体育竞技活动方式出现。

三十八、普米族

中国人口较少的少数民族之一。主要居住在云南怒江州傈僳族自治州兰坪县、丽江地区宁蒗彝族自治县，玉龙县、维西县。云县、凤庆、中甸以及四川的木里、盐源、九龙等地亦有分布。

普米族武术内容主要有赛马、摔跤、射弩。赛马一是赛速度，快者为胜。一是赛马上捡拾东西，技术性较强，多者为胜。摔跤是普米族历史最悠久的竞技活动，双方互相握住对方的腰带或互相抱腰，不允许使绊、抱腿，只能用肩、臂和腰作动作摔倒对手，脊背着地者算输。射弩。弩弓是普米族男子防身和狩猎的工具。箭弩用竹子制成，用牛骨做扳机。箭头细，箭尾粗且平，箭花削得很整齐，杀伤力很强。

三十九、羌族

中国最古老的少数民族之一。现主要居住在中国四川阿坝藏族羌族自治州、茂县、汶川、理县、北川县、平武县等地，贵州、甘肃、云南亦有少数分布。

羌族武术被称为"羌术"。《后汉书·西羌》载：羌人"以力为雄"，"虽妇产子，亦不避风雪。性坚刚勇猛。""战死为吉利，病终为不祥。"羌民常相聚习武，身体强健，武艺高强者得到羌族社会广泛的推崇和尊重。武术器械有刀棍、拳脚、骑射等项目。以弓箭见长，百姓尤喜好剑。许多武技高明的"勾松巴"（即保镖），还精于藏刀、弹石、索镖等。

四十、撒拉族

中国人口较少的少数民族之一，主要居住在青海循化撒拉族自治县、化隆回族自治县及甘肃积石山保安族东乡族撒拉族自治县。青海西宁市及黄南、海北、海西等自治州和甘肃夏河县、临夏县，新疆伊宁县、乌鲁木齐市等地亦有分布。

撒拉族人口较少，有多与回、藏、蒙古族杂居，因此，撒拉族的武术内容多与回族、蒙古族相同。

四十一、畲族

中国少数民族之一。主要分布在福建、浙江、江西、广东、安徽等地。其中半数以上居住在福建宁德地区。

畲族武术以畲拳最著名，棍术次之。畲拳为畲族独创，已有300多年的历史。主要技艺有冲、扭、顶、搁、削、托、拨、踢、扫、跳等。畲族武术分棍术和拳术两大类。棍术种类多，动作名称复杂多样。拳术十分普及，作为拳术的一部分，有令人叫绝的点穴功夫。武术精通的老拳师一般都会点穴术和医术。

四十二、水族

中国少数民族之一。主要聚居于贵州省南部及东南部地区，广西壮族自治区、云南省和江西省亦有少量水族人居住。

水族武术内容较为丰富，有水族拳、扔子拳、八步追拳、鱼拳、虾拳、鸭拳、独凳拳法、双凳拳法等；器械有水族双铜、双双头矛、链夹、坦把、三须叉、扁担棍法等。生活在云贵高原的水族人民，其武术形态大多与生产生活中的劈、砍、挑、刺、拉、提动作有关，总体风格为"短"，拳路动作多呈短小精悍的风格，武术器械则多与狩猎有关。具有浓郁的地域特色。

四十三、塔吉克族

中国少数民族之一。主要居住在新疆省西南塔什库尔干塔吉克自治县，少数分布在莎车、泽普、叶城和皮山等县。

塔吉克族武术高原特色浓郁。其中"牦牛叼羊"最具典型性。叼羊比赛，一般都在马背上进行，而塔吉克人骑在牦牛背上进行比赛，这是全国唯一的民间竞技项目。牦牛脾气倔强，性情暴烈，难以驯服。骑牦牛叼羊远比骑马叼羊危险性大，足见塔吉克人的骁勇和胆量。另外，塔吉克人的"鹰舞"融舞蹈与武艺于一身，动作模仿鹰的习性和动态，舞姿俊健、纯朴、粗犷，其间还兼有"马舞""箭舞""刀舞"。

四十四、塔塔尔族

中国人口最少的少数民族之一。主要居住于新疆的伊宁、塔城、乌鲁木齐以及布尔津、哈巴河、霍城、奇台、吉木萨尔、阿勒泰、昌吉等地。

塔塔尔的武术活动与其他草原民族类同或类似。如摔跤、拔河、攀竿、赛跑、赛马等，独具特色的体育娱乐活动是"赛跳跑"。每个参加者将一个鸡蛋放在匙中或衔于口内，然后在规定的距离内边跳边跑，必须保证鸡蛋不能落地，最先跑到者胜。这项活动不受场地和器材限制，多作为家庭或朋友聚会时进行，娱乐性大于竞技性。

四十五、土族

中国少数民族之一。主要居住在青海省互助土族自治县、民和回族土族自治县、大通回族土族自治县、黄南藏族自治州的同仁县和海东市乐都区。部分散居于海北、海西等地。甘肃省天祝、肃南、永登、临夏、甘南等地区亦有分布。

土族人口较少，且多与回族、藏族杂居，因此土族武术内容也多与回族和藏族重合。譬如被称"西棍"的重要组成部分的天启棍，在土族聚居区亦有流传。天启棍棍法风格独特、技击性强。八门拳是西北地区主要的武术拳种，广泛流传于甘肃、青海、宁夏、新疆等地，土族人也有练习者。

四十六、土家族

中国少数民族之一。主要居住在湘鄂川渝黔交界的湘西土家族自治州、湖北鄂西土家族苗族自治州、长阳土家族自治县、五峰土家族自治县、贵州沿河土家族自治县、务川土家族仡佬族自治县以及四川的秀山、西阳、彭水、黔江、石柱等地。

土家族武术源远流长。主要包括拳术、器械和散手三大类。武术派别有达哈、达布、湘西土家拳、三峡土家拳之分。达哈是土家族武术中主要击打拳脚功夫土家语泛称。风格凶狠，技术全面。达布即土家族摔跤，擅长以一连串毁伤关节技术杀伤敌人。三峡土家拳，粗犷豪放，尚武成性。向氏武术既能健身又能征战，形成刀、枪、铜、棍、锤、鞭、镖、叉、拳等诸般武术套路，技艺独特精绝。

四十七、佤族

中国少数民族之一，主要居住在云南沧源佤族自治县、西盟佤族自治县、孟连傣族拉祜族佤族自治县、耿马傣族佤族自治县、双江拉祜族佤族布朗族傣族自治县以及澜沧、永德、镇康等县。

佤族武术最大的特点是与木鼓舞蹈融为一体。木鼓，佤族人叫做库洛、克拉。木鼓舞相当于武舞，用作鼓舞士气、庆祝胜利，也用作祭祀、巡逻、防卫。佤刀锋利无比，是刀耕火种民族的重要生产、防身和进攻武器。佤族刀舞流传很广，也是一种自卫防身的民间刀术，属男性集体舞，由蹲步动、左膝跪地动、右膝跪地动，左上步左膝跪地动，右上步右膝跪地动五个部分组成。

四十八、维吾尔族

中国少数民族之一。主要居住在新疆维吾尔自治区天山以南的喀什、和田一带和阿克苏、库尔勒地区，其余散居在天山以北的乌鲁木齐、伊犁等地，少量居住在湖南桃源、常德以及河南开封、郑州等地。

维吾尔族武术最具特色的当属"达瓦孜""天山拳法"，维吾尔族式摔跤。"达瓦孜"是维吾尔族一种古老的传统杂技表演艺术。"达瓦孜"的意思是高空走大绳表演。天山拳法即天山白鹤拳法。该拳法起源有说是义和团运动失败后，由被流放到新疆伊犁的义和团高层人士所传；也有说是林则徐发配伊犁时，由随军士兵传播到新疆。其拳法没有套路，只有身法和一些散打招式，最大特点是实战性很强。维吾尔式摔跤，双方可用扛、勾、绊脚等动作将对方摔倒为胜。

四十九、乌孜别克族

中国人口较少、居住较为分散的少数民族之一。主要分布在新疆维吾尔自治区境内。多数居住在伊宁、塔城、乌鲁木齐、喀什等城市。其余散居在南北疆的城镇、农村、牧区。

由于长期和其他兄弟民族杂居相处，乌孜别克族武术活动与维吾尔、哈萨克族大体相同，喜好赛马、叼羊、摔跤等活动，这些活动既具有自己的民族特色，又具有广泛的群众性。

五十、锡伯族

中国少数民族之一。主要居住在新疆察布查尔锡伯自治县和霍城、巩留等地。辽宁的沈阳、新民、凤城、开原和吉林的扶余、前郭尔罗斯蒙古族自治县、黑龙江大兴安岭阿里河地区、内蒙呼盟鄂伦春自治旗等地亦有分布。

锡伯族素以"善骑善射"著称。史书记载锡伯族的先民"俗善骑射，以战死为荣，特产角端弓。"有很多的历史名将，以弓箭闻名，以武艺称雄。作为一个一生伴随着弓箭的民族，锡伯族很好地将中华儒家思想继承下来。每次射箭之前对手双方都会相互致意，人称"射礼"。尔后更会有精彩的祭祀、叫阵等活动。锡伯族也是中国56个民族邮票上唯一一个和弓箭印刻在一起的民族。

五十一、瑶族

中国少数民族之一。主要居住在广西金秀、巴马、都安、富川等四个瑶族自治县，区内各县以及湖南、贵州、云南、海南地区亦有分布。

瑶族武术与众不同，以药功为主，习武时吃上七七四十九天的药，即可练得一身功夫。这种现象的形成或许与瑶族迁徙生活有关。当地也有谓之传统派的，坚持的维护套路的价值，认为套路才是武术的真正精粹。

五十二、彝族

中国少数民族之一。主要聚居在云南、贵州、四川、广西等地。

彝族传统武术历史悠久。主要有决打、花哨、功法三大类。决打，即对打。特点是动作快，攻防性强。花哨，只演练器械，没有拳术。演练器械包括棍、刀、剑、叉、钩镰、流星、链夹、杆、钺、绳标、双匕首、虎尾鞭等。功法是指对单类动作长时间练习以提高某种技击能力的方法。如练习手劲的"虎爪劲"。

五十三、裕固族

中国人口较少的少数民族之一。主要居住在甘南裕固族自治县的康乐、大河、明花、皇城区及马蹄区的友爱乡，其余居住在酒泉市黄泥堡裕固族乡。

裕固族崇尚骑马和射箭。"顶杠子"是裕固族最具特点的民间传统竞技项目，裕固族叫"木尔格"。由两位汉子将一根木杠子抬起并互顶在腹部，开始顶杠子。除了两人顶杠子，还有多人顶杠子。

五十四、藏族

中国少数民族之一，主要居住在西藏自治区、青海省和四川省西部，云南迪庆、甘肃甘南等地区也有分布。

藏语称武术为"拳巴"或"则娄"。藏族传统武术有骑术、射箭、攀登、跳跃等武术动作和以"白嘎"为代表的藏族武术器械。白嘎由棒杆和牛皮绳所组成，有方、圆两种，由硬质木料精制而成。文成公主进藏时，带去了许多随从武士，促进了藏族武术的发展。藏族语中有许多武术专有名词，如白嘎、古浪（藏马）、打什吉后（鞭棍）、拉只（短剑）、多什吉后（套索）、则松木东（三叉）、多希侯（线锤）、东（矛）、大伊（弓箭）、唉什恰（炮石）、多日结（魔杆）等。

五十五、壮族

中国人口最多的一个少数民族，主要分布在广西、广东、云南、贵州、湖南等地。

壮族武术具有鲜明特色。壮拳动作粗犷，形象朴实，拳式刚猛，多短打，腿法较少。主要分为套路、器械、对练三大类。套路有擒功大王拳踢打四门、三桥手、三打罗汉拳、打虎拳、天字功等。器械有霸王锤、八卦棍、白鹤棍、铁线棍、九子连环棍、三叉、鱼尾叉、雪花盖顶刀、壮族流星、壮族绳标等。对练有八卦榔棍对练和三叉靶头对棍等。

后　记

　　历时一年半，终于完成《中国武术》的全部书稿。搁笔之际，还有几点想法。

　　一、作为中华文明宝贵的文化遗产，目前中国武术的传承发展状况与实现中华民族伟大复兴的中国梦的要求还有很大距离，中国武术的传承任重道远。

　　二、弘扬中国武术优秀传统文化，需要建立健全符合武术发展规律的教育管理体制，改革和完善武术的基础教育训练及提高机制，尤其需要注重优秀武术师资队伍发掘和使用，建立健全年轻武术人才培养和使用的扶持政策。目前应从着力解决武术发展瓶颈难题入手，以点带面，不断完善和提高武术工作管理机制和水平，提高武术技术级别评选、交流、竞赛等活动的质量与效率。

　　三、积极探索武术门派研究、保护、传承以及各武术流派之间的交流与借鉴的有效路径，摒弃门户之见，提倡武术资源共享，促进共同繁荣。

　　四、注重加强中国武术在新时代中国特色社会主义文化事业发展中，如何保持活力，发挥更大作用的理论研究和实践探索，为中国社会主义文化自信作出应有的贡献。

作者
2017年11月19日

　　本书在出版过程中，得到了部分徒弟的大力支持，在此表示感谢！

（按姓氏拼音排序）

包维军　　冯　珍　　高文超　　李　军　　李福建　　李君美
李庆柱　　刘东强　　卢　群　　罗广胤　　苗如意　　孙长军
王洪宝　　王洪学　　王长昊　　肖金铭　　张　良　　张道玉
张恂恺　　张玉柱　　张志刚